साहित्य, साहित्यकार और प्रेम

साहित्य, साहित्यकार और प्रेम

(हिन्दी के मूर्द्धन्य लेखकों की आपसी बातचीत)

संकलनकर्त्ता

गोविन्द मिश्र

वाणी प्रकाशन

प्रकाशन के उत्कृष्टतम 63 वर्ष

सजिल्द पहला संस्करण : 2006
सजिल्द दूसरा संस्करण : 2026

vaniprakashan.com

वाणी प्रकाशन
4695, 21-ए, दरियागंज, नयी दिल्ली-110 002
फ़ोन : + 91 11 23273167, 23275710
शाखाएँ
अशोक राजपथ, पटना-800 004, बिहार
कॉफ़ी हाउस कैम्पस, महात्मा गांधी मार्ग, प्रयागराज-211 001, उत्तर प्रदेश
महात्मा गांधी अन्तरराष्ट्रीय हिन्दी विश्वविद्यालय, वर्धा-442 001, महाराष्ट्र
sales@vaniprakashan.in
vaniprakashan@gmail.com

Sahitya, Sahityakar Aur Prem
by Govind Mishra

ISBN : 978-93-7348-421-1
Interview

मूल्य : ₹ 495

आर. टेक ऑफ़सेट, दिल्ली-110 032 में मुद्रित

वाणी प्रकाशन का लोगो मक़बूल फ़िदा हुसैन की कूची से

अनुक्रम

साहित्य, साहित्यकार और प्रेम

(जैनेंद्र कुमार, धर्मवीर भारती, गोविंद मिश्र, रामवचन राय, पुष्पा भारती
स्थान—शिखरकुंज, कारमाइकल रोड, मुंबई : 1983)

गोविंद मिश्र : जैनेंद्रजी, वत्सल निधि लेखक-शिविर में जब मैं वृंदावन गया तो लगा कि संतों और साहित्यकारों का वार्तालाप जो पहले कभी था, अब क्यों नहीं है। आपके समय में था क्या?

रामवचन राय : मध्य युग तो इसका गवाह है। मध्ययुग में तो रहा ही है।

गोविंद मिश्र : नहीं, आपके समय में क्या साहित्यकारों का वार्तालाप इन लोगों से था?

जैनेंद्र : कम था, बहुत कम था। गाँधी ने आकर बीच की खाई को कुछ कम किया, लेकिन दो क्षेत्रों के लोग अलग थे।...

गोविंद मिश्र : लेकिन पारस्परिक विचार विनिमय...

जैनेंद्र : नहीं के बराबर। अब जैसी स्थिति है कि साहित्य का अपना ही वृत्त बन गया है। उस वृत्त के भीतर बैठकर अगर बराबर में राजनीतिक है या धार्मिक है, तो अलगाव अनुभव होता है। यहाँ तक कि व्यंग्य प्रहार भी हो सकता है। बीच में दूरी है, गलत-फहमी है। साहित्य में बुद्धिवाद चलता है तो धर्म में श्रद्धा की प्रमुखता। प्रगति परंपरा से उल्टी पड़ गयी।

गोविंद मिश्र : राजनीतिज्ञ तो बात भी करने की मुद्रा में नहीं होता शायद, क्योंकि उसका ख्याल होता है कि साहित्य कोई पढ़ता नहीं...

जैनेंद्र : मुझे लगता है, राजनीतिज्ञ ज्यादा खुला है, अपेक्षाकृत।

गोविंद मिश्र : अच्छा...किस अर्थ में, क्या वह आपसे कुछ सीखने...

जैनेंद्र : नहीं नहीं, बात कर सकता, सुन सकता है। लेकिन मालूम होता है कि साहित्यिक राजनीतिक के पास जाकर किसी प्रकार के कॉम्पलेक्स से घिर जाता है। साहित्यिक-गोष्ठियों में राजनीतिकों के अवमूल्यन के सिवाय कुछ मिलेगा नहीं, समझ जैसी चीज कम मिलेगी। उसे लगता है कि जैसे राजनीतिक प्रतिपक्ष है, या कि विपक्ष है—वे कुछ गैर लोग हैं...

गोविंद मिश्र : आक्रोश है, जो भड़क उठता है।

जैनेंद्र : वही न? बीच के व्यवधान में नेगेटिव भाव है, जब कि पॉजिटिव भी हो सकता है।

डॉ. भारती : पर जैनेंद्रजी, क्या आपको नहीं लगता कि जो लोग बड़े जोर-शोर से राजनीतिज्ञों की आलोचना करते हैं, निजी आचरण में वे कहीं-न-कहीं संस्थाओं से, अकादमियों से, मंत्रालयों से, सचिवालयों से कोई-न-कोई, छोटी-से-छोटी रियायत पाने के लिए उतना ही उत्सुक रहते हैं।

जैनेंद : अपेक्षाएँ रखते हैं। तभी तो कहा...'कॉम्पलेक्स'।

गोविंद मिश्र : कोशिश करते हैं बाकायदे।

जैनेंद्र : मैं भी यही कहना चाहता हूँ कि अगर नकारात्मक संबंध बन गया तो उसमें अपने भीतर का हीन-भाव कारण है।

गोविंद मिश्र : हमें इतना महत्त्व नहीं मिलता, इससे कुछ ग्रंथि...

जैनेंद्र : हाँ, उसकारण बन गयी ग्रंथि, लेकिन उस राजनीति को क्या कहिए जिसने प्रश्न को जीवन से उतारकर अस्तित्त्व पर ला दिया है।

गोविंद मिश्र : यह मैंने नयी पीढ़ी में देखा। वहाँ वृंदावन-शिविर में नए लेखकों की यह शिकायत थी कि साहित्य हमें वह स्टेटस नहीं देता, जो वह देखता है कि समाज में और वर्गों के लोगों को है जैसे इंजीनियर, डॉक्टर ही।...मुझे बड़ा दुख हुआ नौजवान लेखकों से यह सुनकर...यह हीनता...

जैनेंद्र : नहीं...सामाजिक मान्यता जिसको स्टेटस कहते हैं, पैसे पर जा बैठा है। उस स्थिति पर शायद मैं भी सौ फीसदी शिकायत से शून्य नहीं हूँ। मैं अनुभव करता हूँ कि सामाजिक मान पूरी तौर पर अवलंबित हो गया है, उस पर जिसको 'स्टैंडर्ड आफ लिविंग' कहते हैं। आप दो हजार रुपया खर्च करते हैं मासिक, या तीन हजार करते हैं तो वही आपकी औकात का माप है। स्थिति ऐसी बन गयी है। साहित्यकार इसे अनुभव किए बिना नहीं रह सकता।

गोविंद मिश्र : बावजूद इसके, भारत में और हमारे मूल्यों के परिप्रेक्ष्य में ऐसा होना नहीं चाहिए था।

जैनेंद्र : नहीं चाहिए था, पर...

पुष्पाजी : बंबई में तो बिल्कुल नहीं है। यहाँ कोई फंक्शन मनाया जाए तो साहित्यकार के आने पर धनपति उठकर खड़े हो जाते हैं। यह भी तो है कि किस साहित्यकार ने हाथ फैलाए हैं, किसने नहीं...आपने कितना अपना बनाकर रखा है।

डॉ. भारती : इसका एक और पक्ष है कि साहित्यकार...आज से समझ लीजिए कि पचास वर्ष पहले पढ़ा जाता था, उसका पाठक वर्ग था और उसमें वे लोग थे जो प्रबुद्ध थे, समाज के अग्रणी थे और उसमें और उसके पाठक वर्ग में एक संबंध था। समाज के प्रभावी वर्ग को हम छूते थे। आज हमारे पास आधार नहीं है पाठकों का, समाज को प्रभावित करने की क्षमता ही हमारे पास नहीं है...तो हमारा जो स्टेटस उस चीज से बनता था, वह बन ही नहीं सका।

गोविंद मिश्र : मैं समझता हूँ, पाठक वर्ग पर बड़ा तूल देने की जरूरत नहीं है। अगर पाठक नहीं होगा तो क्या लिखना बंद हो जाएगा, या कि क्या हम सिर्फ आज के ही पाठक के लिए लिखते हैं?

डॉ. भारती : लेकिन एक जो तात्कालिक स्टेटस...

गोविंद मिश्र : स्टेटस की माँग ही साहित्यकार क्यों करता है...जब वह करने लगता है तो वह अपने लेखकीय कर्म से थोड़ा-सा...

डॉ. भारती : हाँ, यह ठीक है, स्टेटस की ज्यादा परवाह नहीं करनी चाहिए, अगर लेखन कार्य को ही प्रधानता देनी है।

पुष्पाजी : वह तो कहा भी है—"संतन कहाँ सीकरी सों काम..."

जैनेंद्र : यह जवाब दे सके तब, जब कि उनके जीवन का आधार पैसा न था, पद-प्रतिष्ठा नहीं, सुख-सुविधा की अपेक्षा नहीं, स्वयं गृहस्थ नहीं, भिक्षा-वृत्ति पर चल रहे थे...तब उनमें क्षमता थी, दबंगपन था। अगर आधार आपका पैसा है और आप पाँच सौ के स्तर पर रह रहे हैं, तो तुलना के चक्कर से बचेंगे। मैं अपनी बात कहता हूँ। लिखा हुआ शब्द...उसका पाठक है तो ओझल है, मुझे उसका पता नहीं, लेकिन बोले हुए शब्द के तो भीड़ सामने है। आकस्मिक योग हुआ कि मुझे कलकत्ते में लेखक मानकर बुलाया गया, लेकिन खड़ा कर दिया मंच पर...मुझे कल्पना नहीं थी। मंच, यानी सामने 'एलीट' संभ्रांत वर्ग,

धर्म-चर्चा सुनने आया सबसे संपन्न वर्ग...देखा कि उनके बीच मैं चल-फिर रहा हूँ। तो बोले हुए शब्द से तो मालूम होता है आप समाज के सिर पर पहुँच गए, लेकिन लिखे हुए शब्द के सहारे हों तो दूर हैं, लेखक के रूप में आप अकेले हैं...मैं किस लेविल पर दिल्ली में रह रहा हूँ और कलकत्ते के प्रवास में जिस स्तर पर रहना हुआ, तो इसमें इतना अंतराल था कि मेरा बड़ा लड़का इसी विषय-चक्र में पड़कर टूट गया। तो इस तरह जीवन में तनाव पड़ जाता है और लेखक अपने लिए कुछ दावा रखे तो वह कटुता का, हताशा का शिकार हुए बिना रह नहीं सकता।

गोविंद मिश्र : लेकिन अगर उस तरह का स्तर आपको जीवन का दिया जाए तो आप उसे लेने से इनकार करेंगे। आपको रस आएगा नहीं उसमें...

जैनेंद्र : जब दिया जाएगा तब मेरा टेस्ट होगा। मैं आपकी बात से...(हँसी)

गोविंद मिश्र : लेकिन क्या ऐसी आकांक्षा रहती है?

जैनेंद्र : जब मैं परिवार में जाता हूँ और परिवार की बातें सुनता-सुनाता हूँ, वहाँ तो मालूम होता है कि है अभी जड़ में कुछ आकांक्षा...

गोविंद मिश्र : लेकिन मैं तो यह देखता हूँ जैनेंद्रजी, पैसे का एक सीमा के आगे कोई उपयोग ही नहीं। आप क्या कर सकते हैं पैसे से...

जैनेंद्र : अरे, जिस सीमा से आगे उपयोग नहीं है उस सीमा तक तो पहुँचने दो...(हँसी)

गोविंद मिश्र : अच्छा वह मंच की बात जो आप कह रहे थे। जब प्रेमचंद जी थे या आपने लिखना शुरू किया था, तब ये मंच और ये सम्मेलन...जैसे आज ये बोलना एक लेखक के लिए उतना अनिवार्य तो नहीं जितना लिखना लेकिन करीब-करीब वैसा ही होने लगा है।

जैनेंद्र : अरे नहीं, मैं समझता हूँ, जो सही-सही लेखक वर्ग था वह तो बोलने से बचता था, कतराता था। प्रेमचंद तो असमंजस में पड़ जाते थे। हमने एक सम्मेलन किया। प्रेमचंद को लिखा इंद्र विद्यावाचस्पति ने...तार-वार दिए, लेकिन प्रेमचंद ने कोई जवाब नहीं दिया। आखिर मैंने तार दिया यानी मतलब कि व्यक्तिगत संबंध का दांव लगा दिया तो उनका तार आया—'एग्री विद प्रोटेस्ट'।

पुष्पाजी : यह तो इन लोगों ने शुरू किया...

गोविंद मिश्र : पुष्पाजी शायद सही कहती हैं...यह नयी कहानी के समय से...

डॉ. भारती : यह शुरू हुआ मेरा ख्याल है कि 39-40 के आसपास, जब प्रगतिशील आंदोलन शुरू हुआ। तो लेखन के साथ-साथ निश्चय एक आयडियोलॉजी जुड़ी और उस आयडियोलॉजी का आधार लेकर अपने लेखन को समर्पित करना और अपने लेखन का आधार लेकर उस आयडियोलॉजी को प्रचारित करना...यह चीज साहित्य में पहली बार आयी, तो पहली बार लेखक ने मंच पर आकर यह बोलना शुरू किया—अपने लेखन और आयडियोलॉजी के संबंध में। उसके बाद आया 'तार सप्तक' का युग, जिसमें पहली बार कवियों ने सवक्तव्य अपनी कविता के बारे में कुछ लिखा। इसके पहले कोई कवि जो लिखता था, अपनी कविता के बारे में कम लिखता था...लगभग नहीं लिखता था, केवल '**पल्लव**' की भूमिका में पंत ने लिखा था, लेकिन वो भी अपनी कविता के बारे में नहीं लिखा था, बल्कि पुरानी कविता के बारे में लिखा था।

गोविंद मिश्र : सोच क्या था इसके पीछे?

डॉ. भारती : उस समय उनको लगा कि उनको समर्थन देने वाला आलोचक नहीं है और इसलिए अपनी व्याख्या वे खुद करेंगे, फिर उसके बाद 'परिमल' और 'पी. डब्लू. ए.' इन दोनों जगहें ये बातें शुरू हुईं और उस समय चाहे जितने भी सम्मेलन हुए, परिमल के या तरक्कीपसंद वालों के हुए या दोनों के सम्मिलित...जैसे साहित्यकार-सम्मेलन...इलाहबाद में कई हुए... उनमें बाकायदे शास्त्रार्थ...वे अपना पक्ष रख रहे हैं, हम अपना पक्ष रख रहे हैं। वहाँ से यह परंपरा शुरू हुई।

रामवचन राय : डॉ. साहब, इससे पाठकों की कुछ सहायता भी तो हुई।

डॉ. भारती : हाँ, कुछ सहायता भी हुई।

रामवचन राय : ऐसा कहा जाता है कि एक युग में कुछ खास तरह की चीजें लिखी जाती हैं और उस समय उसके पूरे तेवर से लोग परिचित नहीं होते हैं या जो नए-नए मुहावरे आते हैं, मिथक आते हैं तो कवि या रचनाकार खुद उनको सुलझाता है। इससे एक सहूलियत होती है उन तक पहुँचने में।

डॉ. भारती : हाँ...पर एक सीमा तक ही।

रामवचन राय : अभी जब अज्ञेय जी ने '**चौथा सप्तक**' निकाला तो उन्होंने यह शिकायत की कि आज की कविता बहुत बोलने लगी है। अब यह जो बड़बोलापन...एक समय था जैसे आपने 'तारसप्तक' का नाम लिया...'तारसप्तक' में कवि वक्तव्य जरूरी समझता था। वहाँ तो वक्तव्य दिया गया, लेकिन इधर अब स्वयं अज्ञेयजी ही कह रहे हैं कि कविता के साथ कुछ जोड़ने की या

वक्तव्य देने की जरूरत नहीं है या कविता खुद इतना अधिक बोलने लगी है कि उसके बारे में अलग से कुछ नहीं कहना चाहिए।

डॉ. भारती : हुआ क्या कि उस समय जो वक्तव्य दिए गए थे, उनका समर्थन सृजनात्मक कृतियों से हुआ। अब लेखक बोलता है, सृजनात्मक कृतियाँ कुछ नहीं हैं और सम्मेलनों में ज्यादातर जो लोग बोलते हैं उनका सृजनकार्य नगण्य होता है।

जैनेंद्र : मुझे लगता है कि संप्रेषण के अतिरिक्त आवश्यकता अनुभव होने लगी है प्रक्षेपण की। आज के साहित्य में यह जो प्रक्षेपण मुझे अधिक दिखाई देता है और वह प्रक्षेपण आता कहाँ से है। संप्रेषण में से संतोष नहीं मिलता तो कुछ हीन-वृत्ति रह जाती है तो वह प्रक्षेपण में से...

गोविंद मिश्र : प्रक्षेपण बोलने में या कि लिखने में :

जैनेंद्र : लिखने में, बोलने में तो प्रक्षेपण आगे आया तो प्रहार तक हो जाताहै (हँसी) लेकिन प्रेमचंदजी ने मुझसे कहा कि कुछ मुस्लिम नौजवान हैं, अच्छा लिखते हैं, उनको परेशान किया जा रहा है। वे मिलेंगे तुम्हें, उनकी सहायता करना...उसके बाद मैंने देखा लखनऊ में प्रोग्रेसिव राइटर्स को...तो मुझे पता चला कि जिन मुस्लिम नौजवानों के बारे में वो कह रहे थे, वही वर्ग है। तो प्रेमचंद ने कहा...अरे भाई तुम आए नहीं, तार मिला; मैं पहुँच गया, तो प्रेमचंद के ही सामने कहा गया कि हम लोगों ने मैनिफेस्टो तैयार कर लिया है...मुझे ताज्जुब हुआ कि अभी तक तो आए भी नहीं लोग, कब मिले लोग...कब मैनिफेस्टो तैयार हुआ...प्रेमचंद के सामने रखा...तो मैं पढ़ने लगा, प्रेमचंद बोले, यार! क्या है...साइन कर दो। मैंने कहा, पढ़ तो लूँ...तो मैं अटक गया। कहने लगे, यार क्या रखा है...उन चीजों में...कर दो साइन नहीं कर दो, क्या फर्क पड़ता है मैंने कहा यह जो 'डिवोशनल लिटरेचर' के 'रिएक्शनरी' होने की बात इसमें है, मेरे गले नहीं उतरती है। अच्छा ये बताइए कि यह ओपेन है डिस्कशन के लिए?...जवाब नहीं...बात यह कि प्रेमचंदजी का पेट्रिनाइजिंग एटिट्यूड, उनको और चीजों से वास्ता नहींथा।

गोविंद मिश्र : पेट्रिनाइजिंग था या उदासीनता कि भई कुछ भी होता रहे...रहेगा तो आखिर लेखन ही।

जैनेंद्र : कुछ भी होता रहे, इससे भी तो पेट्रिनाइजिंग रुख रह सकता है। आप लखनऊ आ गए हैं वहाँ से चल के, तो यह पेट्रिनाइजिंग ही है। नहीं तो तुम किए जाओ, हम अपने बनारस में बैठे हैं। तो मैं मानता हूँ कि कुछ

लोग जिनको कि लगता था कि साहित्य के द्वारा कुछ सिद्ध होना चाहिए, यानी साहित्य साधन होना चाहिए, कुछ इधर साध्य के लिए...और प्रेमचंद का तब तक नाम था, तो प्रेमचंद का उपयोग हो सकता है। मैं समझता हूँ कि कुछ लोग जो केवल कृतिकार नहीं थे, सृजनकार नहीं थे, बल्कि...

गोविंद मिश्र : क्यों, वहाँ ऐसे ही लोग शामिल हुए थे जो ज्यादातर कृतिकार नहीं थे, रचनाकार नहीं थे। लखनऊ वाले...

जैनेंद्र : कुछ न कुछ तो लिखते ही थे। कोशिश तो करते ही थे। लेकिन मुख्य मुझे लगता था, यह वर्ग सोशलइलीट वर्ग था। जहीर साहब की कोठी पर सब जमा थे। प्रेमचंद वहीं ठहरे हुए थे। मैं पहुँचा तो परीक्षा ही हो गयी मेरी प्रगति की। हम जैनी लोग कुछ पहले ही खा लेते हैं, पर मैं इंतजार कर रहा हूँ, आठ, नौ, दस, ग्यारह, बारह, साढ़े बारह बजे कहीं पुकार हुई, मेज पर बैठे तो मेरे लायक कुछ खाने को ही नहीं। यानी कि यह सोचा ही नहीं जा सकता था कि कोई प्रोग्रेसिव बनकर यहाँ आएगा और निरामिष होगा...(हँसी)

गोविंद मिश्र : एक बात मैं पूछना चाहता हूँ कि आपने जो कहा, डिवोशनल लिटरेचर, यह भी उसमें था, रिएक्शनरी...और ज्यादातर उसके और्गेनाइजर मुस्लिम लोग थे...तो क्या इसकी कोई 'बायस', कोई कम्युनल नहीं थी क्या?

जैनेंद्र : नहीं, कम्युनल कैसे हो सकती थी, क्योंकि मुस्लिम कम्युनलिज्म डिवोशनल को रिएक्शनरी कैसे कहेगा?

पुष्पाजी : प्रेमचंद तो उनको इसलिए स्वीकार्य रहे होंगे, क्योंकि वे उर्दू में लिखते थे, लेकिन आपका उर्दू में लिखने का तो कोई सवाल ही नहीं था, तो आप भी उनको उसी रूप में स्वीकार्य हुए या भेद था दोनों में।

जैनेंद्र : मैं समझता हूँ। मैं दस्तखत ही नहीं कर पाया मैनिफेस्टो पर तो क्या इसी से कुछ भेद नहीं आ गया।

गोविंद मिश्र : प्रेमचंद जी ने बाकायदे विश्वास करते हुए दस्तखत किए?

जैनेंद्र : मैं समझता हूँ कि उनमें एक अभिभावत्व का भाव था, जिसको कमिटमेंट इत्यादि कहते हैं...वह नहीं...

गोविंद मिश्र : पर उसका इस्तेमाल तो देखिए...

जैनेंद्र : प्रगतिशीलता का आंदोलन शुरू हुआ, तो नरेंद्रदेव, जयप्रकाश इस तरह के लोग जो कम्युनिस्ट बिलकुल नहीं थे, सब साथ थे, मेरे जैसा आस्तिक भी शामिल होता रहा। मुझे लगता है कि सामाजिक कर्म और मान-सम्मान की दृष्टि से जो एक मन में माँग रह जाती है, एक भूख रह जाती है, उससे

प्रच्छन्न हीन भाव आता है और वह साहित्य में प्रक्षिप्त किया जाता है। प्रक्षेपण में क्या प्रगति को मानना होगा।

गोविंद मिश्र : लेखन इतना क्यों नहीं दे पाता लेखक को कि कम से कम इस हीन भावना से ही मुक्त कर दे?

जैनेंद्र : तुम्हारे लिए इस चीज को अनुभव करना मुश्किल है। तुमको उसमें से गुजरना नहीं पड़ा।

गोविंद मिश्र : अच्छा एक चीज। इस पर आप कभी सोचते कि ठीक है ये प्रोग्रेसिव राइटर्स और ये सम्मेलन जो चलते रहते हैं। पर अब जिस कदर वैमनस्य ...हम लोग बात कर रहे थे लेखक का संवाद धर्म या दूसरे क्षेत्रों से होना चाहिए, पर लेखक ही साथ बैठ नहीं पाते हैं, लेखक-लेखक का ही संवाद नहीं हो पाता।

रामवचन राय : मिश्रजी, मैं जैनेंद्रजी को एक बात याद दिला दूँ, पिछले साल आप प्रेमचंद पर बोल रहे थे पटना में। आपने कहा था कि प्रेमचंद के प्रति जो मेरे मन में सम्मान है, वह इसलिए भी है कि इन्होंने जैनेंद्र को जैनेंद्र रहने दिया। कभी कोशिश नहीं की कि जैनेंद्र, प्रेमचंद की राह चले और यह उनका बड़प्पन था कि उन्होंने जैनेंद्र को जैनेंद्र रहने दिया। और अब स्थिति यह है कि प्रेमचंद का नाम लेकर लोग शोर कर रहे हैं, अपने ही शिविर में शामिल करने के लिए हल्ला मचा रहे हैं। उनमें वह सहिष्णुता नहीं है जो प्रेमचंद में थी।

जैनेंद्र : नहीं, सहिष्णुता से बड़ी भी वह चीज...अर्थात् मैं प्रेमचंद की नकल करने की कोशिश करता तो प्रेमचंद मुझे निरुत्साहित करते। मेरे मन से शब्द निकले हैं जो लोग कहते हैं, मैंने कहा कि प्रेमचंद की सबसे बड़ी विशेषता थी कि वह प्रतिभाहीन थे। चौंके कि मैं क्या कह रहा हूँ लेकिन जब आगे कहा कि गाँधी उनसे भी ज्यादा प्रतिभाहीन थे, तब लगा कि कुछ बात है। यानी मेरे लेखे प्रतिभावान का लक्षण यह कि दूसरे में अनुभव जगाएँ कि वह कम है। ये बात इन दोनों में नहीं थी, तो प्रतिभा का लक्षण है कि आप औरों के और सबके बीच चमकें...प्रेमचंद में यह बिल्कुल नहीं था और गाँधी में तो उल्टा था। गाँधी में ऐसा था कि जैनेंद्र उनके पास से सवा जैनेंद्र बन के लौटता था। प्रत्येक आदमी अपने से सवाया जाता था। विरोधी भी जाएगा, वह अपने विरोध तक में कुछ प्रेरणा ही लेकर लौटेगा। यह बड़ी विचित्र बात है गाँधी की कि उस आदमी ने एक को भी अपना अनुयायी बनाना नहीं

चाहा। प्रत्येक व्यक्ति को स्वयं और स्वाधीन बनाया। कहा कि हरेक अपने में से ही बने...यह दलवाद, पार्टीमेन वाद...

गोविंद मिश्र : अच्छा, जो दूसरी तरह की चीजें लिखते थे जैसे प्रसादजी। और प्रेमचंद ने तो बंगाली साहित्य के बारे में तो कहा ही था कि भावना प्रधान...तो प्रसाद, प्रेमचंद जैसों के आपसी संबंध कैसे थे...जैसे आजकल बहुत दूरियाँ...

जैनेंद्र : थोड़ी गलतफहमी तो थी पर वह आसपास के लोगों ने पैदा कर दी थी। प्रेमचंद जब लखनऊ से बनारस आए तब वो इधर से और प्रसाद उधर से चलते और दोनों बेनियाँ पार्क में साथ घूमते थे। काशी होता तो मैं भी साथ घूमता था। यानी इतना अनौपचारिक और सौहार्द का संबंध था उनमें। अज्ञेय का तब तक कुछ छपा न था। बहुत भावना थी उनमें कि प्रसाद उनके 'अग्रदूत' पर कुछ पंक्ति लिख दें...अज्ञेय की इस मनोकामना के मिशन को लेकर मैंने कहा कि प्रसादजी की तरफ जाना है। प्रेमचंद बोले, चलो, और खुद भी साथ हो लिए। मतलब इतने अनौपचारिक संबंध थे। मैंने प्रसादजी से कहा कि मैं वकालत के लिए आया हूँ, उसकी जो स्वयं आ नहीं सकता। प्रसाद बोले, जैनेंद्र तुम क्या कभी कल्पना कर सकते हो कि तुम माँगो और मैं शब्द न दूँ, लेकिन विनोद शंकर...

पुष्पाजी : क्यों?

जैनेंद्र : विनोद शंकर जी ने चाहा होगा कि प्रसादजी कुछ लिखें, प्रसाद ने लिखा नहीं होगा (हँसी) लौटने लगे तो प्रसाद बोले, जैनेंद्र, तुम कहोगे तो कि प्रसाद से एक बात कही तो इनकार कर दिया। मैंने कहा कि वाह कहूँगा क्यों नहीं, जरूर कहूँगा। हम तीनों इस पर हँसे और मनोविनोद रहा।

पुष्पाजी : जो प्रेमचंद और प्रसाद के बीच गलतफहमी वाली बात थी, वह क्या पर्सनल लेवल की थी या...

जैनेंद्र : नहीं...नहीं...उन्होंने 'कंकाल' पर सम्मति दी थी, वह अनुकूल नहीं थी...तो लोगों ने बनाना शुरू किया।

गोविंद मिश्र : अगर हम भारतीजी की पीढ़ी में देखें तो एक-दूसरे के बीच खासा वैमनस्य देखा हमने...

जैनेंद्र : तब से एक अंतर पड़ा है। हिंदी में से पैसा आने के रास्ते खुल गए हैं जो पहले नहीं थे, इसलिए वैमनस्य बढ़ा इस वजह से भी काफी...

डॉ. भारती : हमारी पीढ़ी के शुरू में सैद्धांतिक झगड़े होते थे और मूलतया लेखक की स्वतंत्रता, सामाजिक या राजनीतिक प्रतिबद्धता को लेकर होते थे, लेकिन उनमें वैमनस्य नहीं आता था, उदाहरण के लिए जैसे कि प्रयाग में थे हम लोग 'परिमल' वाले, तो हम लोगों की ज्यादातर गोष्ठी नेमिचंद्रकांत जैन की दूकान पर होती थी। और नेमिचंद्रकांत जैन हम लोगों से सैद्धांतिक रूप से एकदम अलग थे। और जब गोष्ठी में बहुत तेज बहस होती थी, एक-दूसरे को काट गिराते थे उसके बाद दोनों वादी प्रतिवादी को एक साथ एक ही दूकान पर पान खाना लाजिमी था तो उतना वैमनस्य उस समय इस स्तर पर नहीं था। वैमनस्य वास्तव में बाद में ही बढ़ा जिस समय यह लगा कि परिमल कुछ रिकगनिशन दे रहा है, पी. डब्ल्यू. ए. कुछ रिकगनिशन दे रहा है। भारती को ज्यादा मिल रहा, कि साही को मिल रहा है, कि शिवदान को मिल रहा है...इससे यह स्थिति पैदा हुई।

गोविंद मिश्र : अच्छा? लेखकों को यह ख्याल नहीं आया कि जो रिकगनिशन दिया जाता है वह कितने दिन टिकेगा, टिकेगा तो आखिर लेखन के स्तर पर हुआ रिकगनिशन। वैसे यह चक्कर तो अब इस हद तक पहुँच गया है कि लोग अलग-अलग लिस्टें जेबों में लिए घूमते हैं और तर्क देने की भी जरूरत नहीं समझी जाती कि कोई रचना क्यों अच्छी है।

जैनेंद्र : प्रतिष्ठा, रिकगनिशन, यह सब बातें पहले नहीं थीं जैसे यशपाल ने एक लेख लिखा। काफी तेज था। जवाब में जो मैंने लिखा, अपने 'विप्लव' में उन्होंने छापा। बहस में चार-पाँच बार एक्सचेंज हुआ। उसके बाद मुझे लगा कि भई अब इसका उत्तर जानना ठीक नहीं है...तो बंद। उसके बाद हमारे यशपाल के मिलने-जुलने, सद्‌भाव में किसी तरह कोई अंतर नहीं आया।

डॉ. भारती : इसका कारण यह था कि अपना सृजनात्मक जो भी लेखन था उसका आधार था और उसका आत्मविश्वास था। बाद में ज्यों-ज्यों यह आधार क्षीण होता गया, तो हमारे पास लेखन तो कुछ है नहीं जिसके आधार पर हम खड़े हो सकें, तो हमें लगने लगता है कि हमारा दुश्मन तो हमें तुरंत उखाड़ फेंकेगा तो इसलिए दुश्मन के प्रति हम इतनी भी उदारता नहीं बरत सकते।

गोविंद मिश्र : एक चीज जो हम देखते हैं, जो सम्मेलनों में खासतौर से दिखाई देती है और लेखन में भी कि भीड़ दरअसल ऐसे लोगों की है जो वास्तव में लेखक हैं ही नहीं, न ही उनके लेखकीय सरोकार हैं, ये ज्यादा हो

गए हैं, मुझे यह भी लगता है कि ये वे लोग हैं जो साफ जानते भी हैं कि हमें लिखना नहीं है।

पुष्पाजी : इसका एक कारण यह भी हो सकता है कि पत्रिकाएँ इतनी हो गयी हैं कि कोई कुछ भी लिख देता है तो कोई न कोई छाप ही देता है।

जैनेंद्र : इस वक्त दिल्ली में, पाँच-सौ-हजार के बीच...आदमी होगा जो फ्रीलांसर है...क्योंकि इतनी पत्र-पत्रिकाएँ हैं, इतनी माँग है, परिचर्चा, फलाना-ढिकाना...ऐसा मालूम होता है कि सबको ही अपने लिए एक स्थिति प्राप्त करनी है। शब्दों के व्यापार से, कलम से ही करनी है...

रामवचन राय : इतनी सुविधाएँ हैं, इतनी पत्रिकाएँ निकल रही हैं, फिर भी लेखन का स्तर ऊँचा नहीं हो रहा, जबकि आपके समय में जब सुविधा नहीं थी प्रकाशन की, तब स्तर था।

जैनेंद्र : मैं समझता हूँ हमारे और पहले जब मुद्रण की सुविधा भी नहीं थी, तब स्तर कुछ ऊँचा था...लेकिन एक बात और भी है। तुलसी के जमाने में तुलसी की गणना कवियों में नहीं की जाती होगी। कवि जरूर रहे होंगे, तब भी अनेकानेक। लेकिन उनमें होगा कि तुलसी भी कोई कवि है। बैठकबाज, जलसाबाज, कवि-समाज में क्या उन्हें प्रवेश तक मिल सकता होगा! और अब तो प्रचार-प्रसार विज्ञापन की विशेष ही धूम है...इस दुनिया से तो बहुत अलग रह जाती है साहित्य की आत्मा। एक वह स्तर है साहित्य का...दूसरा यह जहाँ 'परस्परं प्रशंसति' सब चलता है, वह सब फैल रहा है।

गोविंद मिश्र : चीजों को लोग अब बहुत मिला-जुलाकर देखने लगे हैं, जैसे पत्रकारिता और लेखन का घोलघाल...

जैनेंद्र : नहीं साहब, कुल मिलाकर तो मुझे लगता है कि पत्रकारिता ने साहित्य को चेतावनी दी है। यह बहुत आवश्यक है कि साहित्यकार किसी अहम्मन्य शिष्टता में डूबकर संप्रेषणीय स्तर से दूर न हो जाए, एकेडेमिक जार्गन या कुछ ऐसी भाषा में न बोलने लग जाए, यह नहीं चलेगा...यह बड़ा काम किया है पत्रकारिता ने कि बात को ऐसे कहो कि समझें तो लोग। भारी-भरकम शब्दों वाले विद्वानों का एक अलग संप्रदाय बने। साहित्य के नाम पर तो बना रहे, औरों को उससे क्या लेना-देना।

गोविंद मिश्र : जैनेंद्रजी, साहित्य क्या हमेशा से विशिष्ट लोगों की चीज नहीं रहा है? हम कहते हैं कि हम इसे साधारण जनता तक ले जाएँगे, और

हमें यह करना चाहिए...पर मुझे लगता है कि साहित्य हमेशा से समाज के एलीट वर्ग, समाज के एक खास वर्ग के लिए ही लिखा जाता रहा है।

जैनेंद्र : वाल्मीकि भी हैं, व्यास भी हैं, इनके सामने कालिदास भी हैं। कालिदास तो राजदरबार में थे। एलीट जिसको आप कह रहे हैं...वैसा...

गोविंद मिश्र : कालिदास भी जनता तक नहीं पहुँच पाए। जनता तक तो जो भी साहित्य पहुँचा है वह धर्म का सहारा लेकर पहुँचा है।

जैनेंद्र : आप कहते हैं धर्म का सहारा लिया। आप यह क्यों नहीं कहते, कि धर्म ने साहित्य का सहारा लिया। मैं कहता हूँ कि धर्म, राजनीति सबको सहारा लेना पड़ जाएगा साहित्य का, अगर उधर संप्रेषणीयता और सहजता भाषा की रहेगी और इधर कला और मूल्य की भी...इन दोनों का संगम रहेगा तो देखेंगे...धर्म जो थोड़ा बहुत टिका हुआ है पुराणों के बल पर...पुराण बृहत् उपन्यास ही तो हैं...कथाओं के सहारे टिका हुआ है धर्म और आज अगर राजनीति की अपेक्षा धर्म कुछ हीन, अधीन स्थिति में आ गया है तो उसका एक कारण तो यह है कि या तो साहित्य सिद्धांत की नाव की भाषा में फँस गया है या पत्रकारिता तल पर उतरकर 'सैंसेशनल' हो गयी है, इसलिए धर्म भी...

रामवचन राय : लेकिन अब तो इधर यह देखा जा रहा है कि धर्म और राजनीति का रिश्ता एक दूसरे ढंग का बनने लगा है, तंत्रवाद या...

जैनेंद्र : आप देखिए कि जर्नलिज्म के क्षेत्र में एक तो वो है जो समाचार को लेकर चलता है, एक वह है जो समाचारों के पीछे कारणों का विश्लेषण करता है और वह भी है जो पोलिटिक्स की फिलासफी तक पहुँचता है। तो इस तीसरे प्रकार की पत्रकारिता का राजनीति; राजनेता पर प्रभाव है...ऐसे कालेमिस्ट हैं—आप उनको यह नहीं कह सकते कि वह साहित्यकार नहीं हैं।

डॉ. भारती : इसीलिए कि उनके पीछे पाठकों का बल है।

जैनेंद्र : यही नहीं...सहज सामान्य पाठक उनका है, जो घटनाओं में रहता है, पर मूल्यों की बात करता है वह भी उनको अछूता नहीं समझता है...मालूम होता है कि नहीं उनका कंसर्न है तत्त्व का तो साथ तथ्य की दुनिया से। यह जो एक समग्रता है, यह साहित्य का बुनियादी तत्त्व है...

गोविंद मिश्र : मुझे लगता है हिंदी में पाश्चात्य साहित्य से प्रभावित होकर जो हमारे कुछ लेखक आए उनकी वजह से ये फॉर्म का ज्यादा आग्रह, दुरूह हो जाना, विचार पर ज्यादा जोर...

जैनेंद्र : जी नहीं, पश्चिम के अनुगमन में भाषा की दुरूहता आयी, यह मैं नहीं मानता।

गोविंद मिश्र : भाषा नहीं, फॉर्म को लेकर जटिलता...

जैनेंद्र : टैक्नीक्स वगैरह के प्रयोग आए हैं नकल में, लेकिन मैं मान सकता हूँ...

डॉ. भारती : फ्लावरिंग भी हुआ है...

रामवचन राय : लेकिन उपन्यास की जो धारणा आज है, वह तो पश्चिम की धारणा है...

गोविंद मिश्र : महाभारत हमारा क्या था, मुझे तो हमेशा वह एक उपन्यास जैसा ही लगता है कि उस समय गद्य नहीं लिखा जाता था, इसलिए उसे पद्य में लिखना पड़ा होगा...और वह भी श्लोक, आप देखें तो इतनी सरल संस्कृत में हैं और उपन्यास का जो सर्वसमवेती स्वभाव वह भी है...जो जब मैं अपने उपन्यास को देखता हूँ तो मैं नहीं ट्रेस कर पाता कि यह पश्चिम से आया होगा। जब प्रेमचंद यहाँ लिख रहे थे तो उन्हीं दिनों के आसपास जेम्स जॉयस भी थे वहाँ, कैसे यह हुआ कि यहाँ तो अपने बचपन के स्तर पर चल रहा है और वहाँ उस स्तर पर पहुँचा हुआ है...अगर बिल्कुल आयातित विधा थी तो...

डॉ. भारती : उस समय भी डिकेंस और बाल्जाक ही थे, उसके आगे नहीं...

जैनेंद्र : लेकिन यह बताइए कि जेम्स जॉयस कोई दूसरा हुआ या किसी दूसरे ने होने की कोशिश की। वह एक सिनिकल फिगर के रूप में अकेले खड़े हैं। वहाँ भी उनकी नकल में कोई खड़ा नहीं हुआ है।

रामवचन राय : यह भाषा की क्षमता और विकास पर भी निर्भर है कि उसमें कैसे लोग होते हैं, उस समय तक हिंदी का वह रूप नहीं निखर पाया था।

डॉ. भारती : और आज भी लोगों ने अधिकतर जेम्स जॉयस की समीक्षाएँ ही पढ़ी हैं, जेम्स जॉयस को मैं भी दस पन्नों से अधिक नहीं पढ़ पाया।

गोविंद मिश्र : वह तो खैर कहता भी था कि उसे सिर्फ एक ऐसा पाठक चाहिए तो जीवन भर उसे ही पढ़े।

जैनेंद्र : वह जेम्स जॉयस कुछ ऐसे 'अनयूजुअल हैं' इस रूप में उनको थोड़ा बहुत याद कर लीजिए...बाकी तो उन्हें कोई स्थान नहीं मिला। लेकिन मैं समझता हूँ कि पश्चिम के प्रभाव से जो एक बहुत बड़ा लाभ हुआ है, वह है सीधी, स्ट्रेट भाषा...जो संस्कृत की परंपरा में विशेषणों का अतिरिक्त प्रयोग...ओवर स्टेटमेंट को माना जाता था कि अलंकृत है, साहित्य है...अँग्रेजी से अंडरस्टेटमेंट आया...यह बड़ा स्वस्थ प्रभाव है।

डॉ. भारती : उसका एक परिणाम यह हुआ है कि जो संस्कृत से आता है लेखक हिंदी में, उसको बड़ी मुश्किल होती है।

गोविंद मिश्र : मेरे विचार से एक बड़ी समस्या आज यह है कि अब जो वक्त है उसमें चीजों को हथियाने की जो दौड़ है इतनी ज्यादा है कि साहित्य पीछे ढकिलता जा रहा है। इसमें आप दुरूहता कम भी कर दीजिए तो भी बहुत लोगों तक फिर भी पहुँचेगा नहीं...

जैनेंद्र : जो अभाव में जी रहा है वह क्या करे? वह अपने कलम को नीचे लाता है, न लाए तो करे क्या...ऊपर जहाँ कलम चलती है वहाँ उस अखबार तक...वह पहुँच नहीं सकता, कहीं पहुँच नहीं सकता तो उसका अभाव-बोध और गहरा होता चला जाता है।

गोविंद मिश्र : तो क्या आप सोचते हैं कि दिनोंदिन जैसे-जैसे आर्थिक दबाव बढ़ते जाएँगे साहित्य उतना ही पीछे ढकिलता चला जाएगा?

जैनेंद्र : हाँ गिरेगा...पैसा सस्ता होगा...तो सभी कुछ सस्ता होगा...

डॉ. भारती : जैनेंद्रजी, साहित्य पर तो बहुत बात हुई, अब अगर इजाजत दीजिए तो कुछ साहित्य के कच्चे माल पर बात कर ली जाए, यानी कि जिसे रॉ मैटीरियल कहते हैं।

जैनेंद्र : यानी कि अब तुम सम्यक बात करने लगे...(हँसते हैं)।

डॉ. भारती : आपने कल एक बात कही थी—लेखक की सृजन-प्रक्रिया के बारे में—यह कि सृजन-प्रक्रिया सत्य को पहचानने की ही प्रक्रिया है, लेकिन उसके पीछे जो प्रेम की भावना थी, वह आज लेखक ने बुझा दी है।

उस संबंध में प्रेम की व्याख्या करते हुए आपने कहा था कि प्रेम वह है जो निःस्व हो। यानी प्रेम, जो सिर्फ अपने को देना जानता हो। लेकिन जैनेंद्रजी, क्या ऐसा नहीं है कि प्रेम, प्रेम होता ही नहीं, जब तक अधिकार की, 'पजेशन' की भावना न हो। कबीर जैसा व्यक्ति भी जब कहता है—

आजा मेरे प्रीतमा नैनन बीच झपे।
ना मैं देखूं और को, ना तुझ देखन दे।।

इतना पूर्ण अधिकार! और इतना ही पूर्ण अधिकार राधा कृष्ण पर चाहती है। वही पूर्ण अधिकार रतनसेन पद्मावती पर चाहता है। तो प्रेम तो अपने को देने और दूसरे को लेने, पूर्णतया अपने को विसर्जित करने और पूर्णतया दूसरे को समाहित कर लेने में है। इन दोनों के बिना तो प्रेम होता ही नहीं है, प्रेम केवल निःस्व कहाँ हुआ?

जैनेंद्रजी : हाँ, पूर्ण शब्द से मैं सहमत हूँ। पूर्ण देने और पूर्ण लेने में प्रेम है। पूर्णता में कमी होती है, तो फिर भयंकर संकट उत्पन्न होता है।

पूर्णता में जरा भी अगर कमी रह गयी, यानी उधर से विवशता नहीं है, तब ऐसा मालूम हुआ कि मेरे प्रेम का तिरस्कार है, ऐसा मालूम होता है कि मात्र स्वीकृति नहीं मेरे प्रेम की, उतना ही प्रेम उधर से आना चाहिए। एक ओर से जाए तो दूसरी ओर से स्वीकृति हो। लेकिन जिसको आप अधिकार कह रहे हैं, उससे सहमत होना मेरे लिए कठिन है। मुझे लगता है, एक-दूसरे में से हम अपने-अपने स्व की मृत्यु प्राप्त करते हैं, स्व समाप्त हो जाता है। उसका जो रस है, वह इसमें है कि, जो हमको परेशान कर रहा है—स्व—उससे एक क्षण की छुट्टी...

दोनों को एक साथ जिस क्षण छुट्टी मिलती है—वह है, जिसको कि क्या कहते हैं—योगानंद, ब्रह्मानंद इत्यादि-इत्यादि। वह सिर्फ यह है कि दोनों ने परस्पर में अपनी-अपनी मृत्यु प्राप्त कर ली है दोनों के लिए। एक-दूसरे की सहायता से। यह परमानंद की स्थिति है।

पुष्पाजी : लेकिन उसमें भी शर्त है कि वह मृत्यु जीवन में रस-बस जाए और उसका भान भी न हो...

जैनेंद्रजी : न... न... मृत्यु में भान कहीं होगा? पर वह क्षण, उस क्षण के बाद ऐसा मालूम होता है, फिर स्व कायम रह गया। तो परमानंदता क्षण तक ही रह गयी है—पर चाहते हैं कि यही व्याप्त हो जाए। नित्यप्रति इस प्रेम की हमको जो अनुभूति होती है, उसी में पजेसिवनेस है। मैं किसी को प्यार करता हूँ और मुझे लगता है कि वह प्यार है दूसरी तरफ जा रहा है, तो ऐसा मालूम होता है कि मेरा सारा प्यार द्वेष और ईर्ष्या में बदल गया है, यानी जिसको मैं प्यार करता हूँ, उसको मार देता हूँ।

गोविंद मिश्र : कुछ बिजनेस की भी बात शुरू हो जाती है कि मैं इतना दे रहा हूँ, वह भी इतना दे रहा है कि नहीं।

जैनेंद्रजी : नहीं-नहीं। कांशसली नहीं। बात यह है कि देने में अहं नाम की चीज पूरी तरह समाप्त नहीं होती न...

डॉ. भारती : एक बात बताइए जैनेंद्रजी, कि अपने-अपने स्व की मृत्यु होती है और इसलिए वह पजेशन उस रूप में नहीं होता; लेकिन जिस स्व को मारने की बात आप प्रेम में कहते हैं, उस स्व के बारे में दूसरा पक्ष देखिए, जिस आदमी ने हमारे पुराणों में सबसे ज्यादा प्रेम किया है... कृष्ण... वे कहते हैं गीता में—स्वधर्मे निधनं श्रेयः परधर्मो भयावहः ...स्वधर्म से टलो मत...प्रेम हो या कुछ हो, जो स्व है, वही तुम्हारा धर्म है, उससे हटे कि तुम्हारी मृत्यु निश्चित है। कृष्ण तो स्व को मानते हैं।

गोविंद मिश्र : कृष्ण तो मुझे कभी अपील नहीं करते कि वे प्रेम करनेवाले व्यक्ति थे। प्रेम के प्रतीक रूप में तो राधा ही आती हैं।

जैनेंद्रजी : राधा हमें इसलिए प्रेम की मूर्ति मालूम पड़ती हैं कि राधा का प्रेम कृष्ण में अर्पित दीखता है। कृष्ण का प्रेम सर्व-व्याप्त जो अस्तित्त्व है, उसके प्रति अर्पित है; वह अर्पण हमें समझ में नहीं आता। इसलिए प्रेम में पगी हुई राधा हमें दिखाई देती है। लेकिन प्रेममयता में केंद्र समाप्त नहीं हो जाता। राधा का तो कृष्ण में समाप्त हो जाता है।

गोविंद मिश्र : कल आप जो बात कर रहे थे कि अपने को एकदम होम कर देने की...

जैनेंद्रजी : मैं यही कह रहा हूँ कि प्रेम में जब हमको यह लगता है कि हमने दूसरे के प्रति अर्पित कर दिया तो वह दूसरा मात्र उपलक्ष्य है। लक्ष्य वहीं जाना है, यानी प्रेम का अर्पण जा वहीं रहा है उसके द्वारा। उपलक्ष्य से अधिक उसको लक्ष्य माना, तो आप देखेंगे कि प्रेम वहाँ से उड़ा। विवाह में यही तो होता है। जो उपलक्ष्य था, उसको हमने ही लक्ष्य समझ लिया। अब मालूम हुआ कि अरे, बात कुछ गड़बड़ हो गयी।

पुष्पाजी : तो उससे विवाह नहीं करना चाहिए जिसको प्रेम करो...

जैनेंद्रजी : हाँ।

पुष्पाजी : अरे...? जैनेंद्रजी, यह कहकर सिर्फ चौंकाना चाह रहे हैं?

गोविंद मिश्र : यह बात तो हमेशा कहते रहे हैं जैनेंद्रजी। अगर आप प्रेम करते रहना चाहते हैं तो...

जैनेंद्रजी : मैं तो शुरू से ही कहता रहा हूँ...

गोविंद मिश्र : लेकिन एक बात हमें बताइए जो आप प्रेम पर हमेशा लिखते रहे हैं, मुझे कुछ ऐसा लगता रहा है कि वह कुछ दूसरे लोक की बात हो जाती है। हम इस लोक की बात करें तो प्रेम की कुछ स्थितियाँ हैं। एक वह है, जहाँ हम कुछ पाना चाहते हैं; दूसरी स्थिति वह है, जहाँ आप पाते नहीं हैं, तो एक जलना जैसा है; और तीसरी स्थिति वह है जब आप खो भी चुके हैं, तब भी आपकी आत्मा के भीतर एक उजाला सा बना रहता है...

जैनेंद्रजी : वह जो उजाला-सा बना रहता है, वह इसी शर्त पर नहीं बना रहता क्या कि वह प्राप्ति नहीं हुई? मैं एक बात कहता हूँ कि आप प्रेम करें और प्राप्ति न हो, यह अगर आप सिद्ध करना चाहते हैं...

पुष्पाजी : देह को ले करके ही कोई प्रेम करे तो हमें प्राप्त हो या न हो,

फर्क नहीं पड़ता, लेकिन मन के प्रेम को प्राप्त न करने की कामना हास्यास्पद लगती है। प्राप्त तो करना ही है।

जैनेंद्रजी : करना है कि नहीं करना है, यह सवाल नहीं है। मैं समझता हूँ कि कबीर ने जो लिखा है, सो लिखा। वह तो कहेगा कि करना ही है। प्राप्त करना ही है। भगवान को भी अगर वह प्रेम करेगा तो यह थोड़े ही कहेगा कि प्राप्त नहीं करना है। तो दूर रहकर वह प्राप्त नहीं होता है...तो उस विरह में भी प्रेम की अनुभूति होती है।

डॉ. भारती : पर जैनेंद्रजी, एक बात बताइए, कहीं ऐसा तो नहीं कि यह मजबूरी का जीवन-दर्शन है, जो आजादी के पहले हमारे देश के समाज की विवशता थी, जाति-धर्म के बंधन, कि आप जिसको प्रेम करते हैं, उसको नहीं पा सकते। अब नहीं पा सकते तो इस स्थिति को ग्लोरीफाई कीजिए। क्योंकि आपके पास साहस नहीं है, सामाजिक रूढ़ियों को तोड़ कर प्रेमास्पद को अपने अधिकार में लाने का। यह ग्लोरीफिकेशन शरत्चंद्र से शुरू हो करके चला आ रहा है। क्या आपको नहीं लगता कि यह एक प्रकार से अपनी कायरता को महिमामंडित करना है।

जैनेंद्रजी : आपने बड़ा सँभाल कर...कठिनाई से...कायरता शब्द का इस्तेमाल किया। उसके लिए सीधा-सादा शब्द है, इसमें जोर नहीं पड़ेगा—कहिए, रेशनलाइजेशन तो नहीं कर रहे हैं। मैं मानता हूँ कि जो कमजोर आदमी है, वह अप्राप्ति में ही रस लेना चाहता है...उसकी बात को थोड़ी देर के लिए छोड़ दीजिए। समर्थ व्यक्ति को लें, जिसके लिए अप्राप्ति, आदर्शवाद वगैरह... सब बेकार की बातें हैं। वह समझना ही नहीं चाहता और कब्जा कर लेता है। और ऐसा मालूम होता है कि प्रेम विफल नहीं है, सफल है। फिल्म में वहीं तक दिखा देते हैं, लेकिन जिंदगी तो वहीं समाप्त नहीं होती; तो फिर आगे क्या? मैं समझता हूँ कि प्राप्ति के बाद कर्तव्यभाव इत्यादि-इत्यादि को सहारा न हो तो जो प्रेम आरंभ में हुआ था, वह प्रेम भी नहीं रह सकता। आ जाएगी घृणा—कि जिसको मैं हूर की परी...या क्या-क्या समझता था, वह बस यही थी...?

गोविंद मिश्र : बात यह है कि प्रेम तो एक इंटेस एक्सपीरियंस है, वह उस चोटी पर वैसे भी नहीं रह सकता, शादी आप करें या न करें।

जैनेंद्रजी : मैं भी यही कहना चाहता हूँ कि नहीं रह सकता है लेकिन अप्राप्ति में अनिवार्यतः रहता है।

पुष्पाजी : नहीं, वह प्रेम नहीं होता—वह जो रहता है, वह अपने प्रति एक करुणा होती है।

जैनेंद्रजी : अच्छा, रोमां रोलां में किसी प्रकार की इनहिबिशन वगैरह कुछ नहीं है। रोमां रोलां ने वो जो किताब लिखी, क्या है...

डॉ. भारती : ज्यां क्रिस्ताफ।

जैनेंद्रजी : हाँ...उसके जीवन में बहुत-सी औरतें आती हैं...लेकिन एक स्त्री जो जीवन भर उससे एस्केप करती है, वह है जो उसे प्राप्त नहीं हो पायी, प्राप्त नहीं हो पायी, पर इसका मतलब एक-दूसरे से दूर नहीं है। ऐसा मालूम होता है कि बराबर की कोठरी में सो रहे हैं। बीच में द्वार खुला है; लेकिन जाने क्या होता है कि काँपते हुए दोनों इधर-उधर खड़े रह जाते हैं। मतलब यह है कि प्रेम कायर बनाता है। आरंभ में जब प्रेम होता है न, इतनी तीव्र आकांक्षा जागती है कि जिसको चाहते हैं, उसको छू भी नहीं सकते। देखते हैं और एकदम से आँख मूँद लेते हैं; ये सारी चीजें हैं...वो क्या हैं?...करुणा?

डॉ. भारती : पर जैनेंद्रजी, ऐसा तो नहीं होता कि ऐसे सारे मामलों में, जैसे कि ज्यां क्रिस्ताफ का उदाहरण आपने दिया, या कि इससे पहले लें तो दांते और बीएत्रिस का—दांते ने बीएत्रिस, एक छोटी-सी लड़की को पल भर देखा और जीवन भर उसको पा नहीं सका और जीवन भर वह सोचता रहा कि नरक के पार स्वर्ग में यह बीएत्रिस ही है, जो उसको ले जा रही है...तो वह बीएत्रिस को नहीं प्रेम कर रहा है...वह अपने प्रेम को प्रेम कर रहा है और उसी के माध्यम से जीवन को अंत तक ले जा रहा है।

जैनेंद्रजी : कुछ भी कहिए, वह जो आस्था है, वह स्थिति है, उसको सब्जेक्टिव भाषा में कहिए या ऑब्जेक्टिव भाषा में कहिए, वह तो एक भाषा का प्रश्न रह जाता है लेकिन ऐसा मालूम होता है कि कुछ है...

डॉ. भारती : भाषा के अलावा जीवन जीने का भी प्रश्न है जैनेंद्रजी। एक प्रेम तो यह है कि हमने अपने को प्रेम किया, हमने अपनी छवि दूसरे में देखी। उस दूसरे आईने को हम जिंदगी भर याद रखते रहे और उस आईने को कभी हमने मुजस्सिम स्त्री बनाने की कोशिश नहीं की। और दूसरा प्रेम यह है कि हम एक-दूसरे को प्रेम करते रहे, एक-दूसरे के संपर्क में आए, मनुष्य (ह्यूमन बीइंग) की तरह एक-दूसरे को समझा, एक-दूसरे की कमजोरियों को जाना; घृणा भी की, उससे भी उबरे; प्रेम किया, उससे भी थोड़ा उबरे; बीच में एक और किसी प्रकार की एक उष्णता, स्नेह, गहराई, संबंधों में उभरी—जो

कि उस प्रकार के प्लेटोनिक प्रेम और इस प्रकार के पजेसिव प्रेम, दोनों से अलग हुआ—एक रास्ता यह भी हो सकता है। इसमें सफल भी हो सकते हैं, असफल भी हो सकते हैं। लेकिन इसमें सच्चा प्रेम या गहरा प्रेम क्यों नहीं...

पुष्पाजी : मतलब प्रेम किया...घृणा भी आयी, घृणा को भी पार करके फिर कोई एक चीज पायी। फिर असफल हुए, फिर सफल हुए और उसके पीछे लगे हुए हैं। जीवन की सब चीजों को भोग रहे हैं, सुख पा रहे हैं, दुख भी पा रहे हैं; वह साहस के साथ जीना ही सबसे बड़ा है। इसमें से जो प्रेम बच जाता है, उसकी जो अनुभूति है न, उस वाले प्रेम से ज्यादा बड़ी है जो बीएत्रिस के लिए...

जैनेंद्रजी : जैन लोग जो हैं न, उन्होंने अपना दर्शन निकाला है कि जो परता (परत्व) है, यह आवश्यक क्यों है? यानी जीवात्मा अलग, परमात्मा अलग। तो वे कहते हैं कि आत्मा में ही परमात्मा है, स्वतः में ही यानी कि स्व (प्रेम बीएत्रिस वगैरह ये सब कुछ जो हैं...भाषा में इस्तेमाल करते हैं), लेकिन स्व में भी एक ऐसा रस प्राप्त हो रहा है कि स्व में ही पूर्ति हो रही है...

गोविंद मिश्र : एक मनोवैज्ञानिक विश्लेषण तो प्रेम का यह है भी...

जैनेंद्रजी : है, और इस विश्लेषण के आधार पर तो पूरा दर्शन लोगों ने खड़ा कर दिया है कि आत्मा ही परमात्मा है; परमात्मा तो कुछ है नहीं—इत्यादि-इत्यादि, लेकिन मैं यह मानता हूँ कि हमारे वो विनोबा...उनके आश्रम में...कुछ अधिक आयु के उनके एक मित्र थे...वे एकांत में ले जाकर मुझसे बोले कि जैनेंद्रजी, आपने कहा था कि पाँच व्यक्तियों के नाम आपके मन में हैं, उनका आपने जिक्र नहीं किया। मैंने यह कहा था कि गाँधी ने जिस परमार्पण भाव से जीवन आरंभ किया, लगभग उसी से आरंभ किया था उन पाँचों ने लेकिन वे लोग अंत तक व्यक्ति के व्यक्ति बने रहे और गाँधी विराट हो गए। संयोग से वे पाँचों जैन हैं। चार तो अब नहीं रहे। पाँचवें नए व्यक्ति ये रजनीश आए हैं, इनका देखना है।

कहना मेरा यह था कि स्व में ही भूख है अर्थात् अर्पण की भूख। अपने में ही प्रेम इतना पूर्ण हो जाए...स्वतः सिद्ध; तो ये संभव नहीं है। परमात्मा स्व से कुछ अलग है जिसकी वेदी पर अपने को अर्पण किया जा सकता है, वह सुविधा नहीं है उनके पास इसलिए ऋजुता नहीं है उनके व्यक्तित्त्व में।

मैं विनोबा को बड़ा योगी मानता हूँ, पर ब्रह्ममय गाँधी को, क्योंकि वे प्रेममय हैं। ध्यानी-योगी को प्रेम के लिए किसी की आवश्यकता नहीं रहती,

वे स्वयं में रत रह सकते हैं, बहुत ऊँचाई तक पहुँच सकते हैं। बहुतेरे तपस्वी पहुँचे। लेकिन जिसको मुक्ति कहते हैं, वह यह नहीं है, क्योंकि आदमी संपूर्ण स्वयं को शून्य बनाकर बन सकता है, फैल कर नहीं। अपनी अस्मिता, निजता को फैला-फुला कर कोई ब्रह्मांड से एकात्म हो जाए, यह हो नहीं सकता, यदि स्वयं में शून्य हो तो अनायास सर्व हो जाता है।

मुझे लगता है कि बहुत गहरे में, लगभग जिनको प्रकट किया ही नहीं जा सकता, दो चीजें हैं—सेल्फ और सोल। सेल्फ वह है जो मुझे मैं बनाता है और आपको आप...सोल वह है कि जो मैं और आपके बीच में एक भूमिका बनाता है कि मैं बोलता हूँ, आप समझते हैं। सौहार्द इत्यादि। ये दो फंक्शंस बराबर नियम से बने रहते हैं। स्वयं में सेल्फ सोल के अधीन हो जाता है तो मैं मानता हूँ कि वह प्रेम है। सोल जब एक्शन करता है तो सेल्फ खत्म नहीं होता, लेकिन पजेसिवनेस जो सेल्फ की थी, वह खत्म कर दी जो सोल के अधीन हो जाती है, इंद्रियाँ जो हैं, वह ऐसा मालूम होता है कि कुछ और दिखाने लगती हैं। हमको तथ्य के पार सत्य को दिखाने में सहायक होती हैं। अभी तो साधारणतया हम लोग यह मानते हैं इंद्रियाँ बाधा हैं, शरीर को क्रश करो, तप से खत्म कर दो, इसको जितना करोगे, उतनी आत्मा चमकेगी, ये जो...

डॉ. भारती : जैनेंद्रजी, यह जो नया अध्यात्म आया है, वह नया अध्यात्म तो हमारे तंत्र का जो सिद्धांत था उसके ज्यादा निकट है। जो यह नहीं मानते हैं कि इंद्रिय दमन करो, वे यह कहते हैं कि वासनाओं की इतनी पूर्ति होने दो कि तुम वासनाओं से ऊपर उठ जाओ, यह सकारात्मक रास्ता है। निगेटिव रास्ता उन्होंने छोड़ दिया है और इसी की ओर वे ज्यादा जा रहे हैं, रजनीश ने भी उसी का बाजारीकरण किया है।

जैनेंद्रजी : मैं समझता हूँ कि रजनीश ने अध्यात्म की निगेटिव भाषा को हटा कर पॉजिटिव भाषा रख दी है, वह अपील करती है, सीधे अपील करती है। उस निगेटिव भाषा से कुछ निकला नहीं। लेकिन संभोग से समाधि नाम की चीज तो मैं नहीं समझता। मतलब कि एक बिंदु पर संभोग है, दूसरे बिंदु पर समाधि। यह ठीक नहीं। मैं मानता हूँ कि समाधि है ही संभोग, लेकिन ऐसा मालूम होता है कि बुद्ध के पीछे ये तंत्र महायान में से निकला—लेकिन बुद्ध को जो बुद्धत्व प्राप्त हुआ है, ऐसी कल्पना तंत्रवाले नहीं कर सकते।

रामवचन राय : प्रेम में तो भोग है और भोग जहाँ आता है, वहाँ तो सेंस ऑफ पजेशन रहेगा।

जैनेंद्रजी : वही मैं कह रहा हूँ कि भोग में द्वैत के बीच में ही...भोग में सबसे बड़ी मर्यादा यह है कि एक और एक का संबंध है, एक और सर्व का संबंध नहीं है। तो कृष्ण के तो 16 हजार रानियाँ हैं, क्योंकि एक से एक का संबंध जो है, वह भोग है; लेकिन एक का 16 हजार के साथ जो संबंध है, उसको आप क्या कहेंगे? वह है प्रेम...

गोविंद मिश्र : पर आप प्राप्ति को मना करते हैं।

जैनेंद्रजी : मैं मना नहीं करता हूँ।

गोविंद मिश्र : जैसे विवाह में परिणत हुआ तो प्रेम गया, तो इसमें भी एक सीमा लगानी होगी कि अगर आपके शारीरिक संपर्क हुए, तो प्रेम गया; छुआ आपने, तो प्रेम गया...

जैनेंद्रजी : मैं तो कह ही रहा हूँ भाई...कि गार्हस्थ्य चलाने के लिए आवश्यक है विवाह और मैं समझता हूँ कि गार्हस्थ्य भी आवश्यक है, क्योंकि उससे संतति-परंपरा भी चलती है, और संतति तभी है, जब दो परस्पर ऐसी हाइट में मिलें कि दोनों एक क्षण के लिए एक-दूसरे को समाप्त कर दें। तो यह जो प्रक्रिया है, वह ईश्वर की ओर से कुछ ऐसी हुई है; तो मैं समझता हूँ कि ईश्वर को और कुछ सूझा ही नहीं यानी कि सृष्टि की प्रक्रिया ही अजीब प्रकार की...तो मुझे उसमें से यही सार मिला, कि ये जो सृष्टि की प्रक्रिया है, इसमें दोनों एक-दूसरे को पूरी तरह तोड़ देते हैं, खत्म कर देते हैं। असली रचना जो है, वह इस प्रक्रिया में है, जब तुम एक-दूसरे को तोड़ दो, द्वैत को तोड़ दो, असली रचना तो यहहै।

रामवचन राय : तो गृहस्थ प्रेम नहीं कर सकता।

जैनेंद्रजी : मैं यह कहता हूँ कि गृहस्थी हो, पर प्रेम की छूट दे दो। सिर्फ एक शर्त रखो कि भई, शादी के बाद आदमी के पास पैसा जो आएगा, वह सब पत्नी को दे दो। अब क्या करोगे (हँसी); छूट है, मगर पैसा नहीं... अब आप सिनेमा कैसे दिखाएँगे, क्या करेंगे, मामला चलेगा ही नहीं आगे...

डॉ. भारती : उस हालत में लोग करोड़पति लड़की से प्रेम करेंगे (हँसी)।

गोविंद मिश्र : प्रेम के तो बहुत बड़े काम होते हैं, जैसे किसी बड़े काम के पीछे कहते हैं नारी का योगदान रहता है, प्रेमिका आपके अंदर शक्ति देती है या आपको अपनी शक्ति का अहसास कराती है, प्रेरित करती है...क्या गाँधी की सफलता के पीछे...कस्तूरबा...

जैनेंद्रजी : कस्तूरबा से मिले कभी आप?

गोविंद मिश्र : नहीं, इसलिए जानना चाहता हूँ...

जैनेंद्रजी : इस कदर मीरा से नाराज रहती थीं...उन्हें लगता था गाँधी मीरा को पहले पूछते हैं। और मैं टॉलस्टॉय को गाँधी के मुकाबले में देखता हूँ तो टॉलस्टॉय की क्या हालत थी? प्रेम की व्याख्या और प्रेम की बारीकियों में ऐसे चले जा रहे हैं—डायरी लिखते हैं, विवाह से पहले। बहुत फर्क पड़ता है शादी करने से। सारा जो कुछ लिखा है वह प्रेम और सारी जो कहानियाँ लिखी हैं, वे तो हैं ही। और बीवी से भों-भों-भों में जिंदगी चली गयी, और खुद भी उसी में चले गए।

गोविंद मिश्र : शायद इस वजह से कि बहुत पसोपेश और कैलकुलेशन में बहुत आगे जा कर शादी की थी टॉलस्टॉय ने...

जैनेंद्रजी : मैं यही कहना चाहता हूँ कि टॉलस्टॉय की हालत इसलिए हुई कि प्रेम को जानने में लग गए वे। अब प्रेम को जानने में लगेंगे तो आपका हाल यही होगा।

रामवचन राय : जानना नहीं चाहिए क्या?

जैनेंद्रजी : प्रेम जाना जा ही नहीं सकता, यानी आप सब्जेक्ट हो गए और आप जान रहे हैं तो उसको तो आब्जेक्ट बना दिया, कल्पना कीजिए, बीवी आपकी डायरी देखना चाह रही है। आपने वह छिपा कर रखी है, यहाँ-वहाँ कहीं छिपा रखी है। उसने कहीं से कुंजी ली कि उसे खोजे। आप में झुँझलाहट हुई। फिर आप सोचते हैं—नादान है, समझती नहीं है, नाराज नहीं होना चाहिए, नादान है...जहाँ आपने समझा, वहीं हमेशा के लिए खत्म...

पुष्पाजी : एक रूसी कविता है—'अपनी पत्नी के प्रति' शीर्षक दिया हुआ है और लिख रहे हैं—पत्नी की बहुत तारीफ और उसकी अभ्यर्थना। और प्रेम में डूबे हुए लिख रहे हैं। इतने में पत्नी आती है और पीछे से कंधे पर हाथ रखती है, कहती है—सुबह से लगे हुए हो, कुछ चाय-कॉफी लोगे? तो चिल्लाते हैं—क्या जिंदगी नरक बना रखी है, जरा-सा लिखने बैठो कि सिर पर आ कर खड़ी हो जाती हो।

जैनेंद्रजी : तो एक स्थिति तो यह हुई और अब इसके मुकाबले में देखता हूँ गाँधी। गाँधी से कहीं ज्यादा बढ़िया व्याख्यान प्रेम के संबंध में दे सकते थे विनोबा। मैं जानता हूँ कि उनको कई-कई जिंदगी लगेगी प्रेम को जानने में। गाँधी प्रेम को जीने लगे तो क्या हुआ कि कोई बीमार है, इसका पिसपॉट है, साफ कर देते हैं। बा झिझकती हैं—बीमार है और अछूत है। उसको छूना ही मुश्किल है। गाँधी हाथ पकड़ कर कहते हैं—निकल जाओ यहाँ से...टॉलस्टॉय

की समझदारी रोक देती है जीने से। यानी दूसरी स्थिति है, बीवी को दूसरा मान लिया। गाँधी में यह गुंजाइश ही नहीं कि दूसरा मानें...

डॉ. भारती : प्रेम में आप अंडरस्टैंडिंग को कोई स्थान देते हैं?

जैनेंद्रजी : हाँ...ना। मैं बहुत स्थान देता हूँ...बाधक का।

डॉ. भारती : अंडरस्टैंडिंग बाधक होती है?

जैनेंद्रजी : बहुत बड़ी (हँसी)।

पुष्पाजी : जैनेंद्रजी, जरा इसे डिटेल में बताइए।

जैनेंद्रजी : मैं समझता हूँ कि अंडरस्टैंडिंग आवश्यक वहाँ है, बाधक नहीं साधक है, जहाँ कहीं पर एक-दूसरे को प्राप्त आप कर लेते हैं। उससे पहले जो अप्सरा है, वो नारी बन जाएगी और प्रेम खत्म हो जाएगा।

गोविंद मिश्र : समझ लिया तो रहा क्या...

रामवचन राय : न समझने पर भी तो गलतफहमी की गुंजाइश बनी रहेगी?

जैनेंद्रजी : अरे, न समझना खुद भी गलतफहमी है। आदमी अपने-आपमें सर्वथा सर्व परम शक्ति तो है नहीं।

पुष्पाजी : अच्छा, अगर अप्सरा को समझने के बाद भी मान लीजिए कि प्रेम रहता है, बना रहता है तो अजूबा है क्या?

जैनेंद्रजी : कैसे रहेगा? हाँ, अजूबा है। बिल्कुल अजूबा है।

पुष्पाजी : तो अजूबा बनकर कोई जी के आपको दिखाए तो?

जैनेंद्रजी : दिखाइए, कहाँ दिखाएँगे—बताइए।

पुष्पाजी : हम तो दिखा रहे हैं।

जैनेंद्रजी : अब...अब मालूम नहीं (हँसी), आप यह कहना चाहती हैं कि जो दिख रहा है उसी को मान लें (हँसी)।

पुष्पाजी : कसौटी और भी हो सकती है।

जैनेंद्रजी : मैं समझता हूँ कि ये दोनों व्यक्ति समझते हैं; तो एक ही आधार पर। इनको समझने की सुविधा है कि इनकी ओर से वे स्वतंत्र हैं और उनकी ओर से ये स्वतंत्र हैं। तब ही चल सकता है।

पुष्पाजी : लेकिन उस स्वतंत्रता में भी एक अंदरूनी बंधन तो होता ही है। एक-दूसरे की...

जैनेंद्रजी : अंदरूनी जब आप कह रही हैं तो फिर बंधन मत कहिए। बंधन वह है, जो बाहरी भी होता है।

पुष्पाजी : नहीं, जो अंडरलाइंग अंडरस्टैंडिंग...

जैनेंद्रजी : बंधन नहीं, उसके लिए कहिए अनुशासन इत्यादि, मर्यादा वो...

डॉ. भारती : अंदरूनी मर्यादा...

जैनेंद्रजी : वो अंदरूनी जो चीज है, बंधन उसका स्वरूप होता नहीं है, क्योंकि वह तो अपने-अपने कांशेंस से जुड़ी हैं।

रामवचन राय : अपने यहाँ का एक चिंतन तो यह भी रहा है कि आदर्श को हमेशा ऊँचा मान लिया गया है—कि जिसको पाया नहीं जा सकता, वह हमेशा एक कदम आगे रहता है। प्रेम को भी ऐसा ही रखा गया।

जैनेंद्रजी : मुझे लगता है कि कामना का संबंध आवश्यक है, प्रेम को सस्टेन करने के लिए। इसलिए डिस्टेंस होना चाहिए। वे पति-पत्नी सुखी हैं, जो डिस्टेंस रखने में समर्थ होते हैं। थोड़ा-बहुत डिस्टेंस यानी थोड़ा-बहुत दुर्लभ, फिर भी प्राप्त; वह बनाए रखना चाहिए। जो पत्नी आवश्यकता से अधिक सुलभ है, वह मुश्किल में पड़ जाएगी।

पुष्पाजी : अरे वाह, यह बहुत अच्छी बात हुई। दुर्लभ बनने की आड़ में पत्नियों को बड़ी सुविधाएँ मिल जाएँगी।

गोविंद मिश्र : पति-पत्नी को अलग कराना चाहते हैं जैनेंद्रजी (भारती जी से) लीजिए और करिए प्रेम पर बात... (हँसी)।

कविता...कल और आज

(नरेंद्र शर्मा, अज्ञेय, गोविंद मिश्र, डॉ. चंद्रकांत बांदिवडेकर
स्थान—22, बैलवेडियर मूलाभाई देसाई मार्ग, मुंबई : 1984)

गोविंद मिश्र : कवि सम्मेलन से बात शुरू की जाए—जब हम लोगों ने लिखना—खैर वह तो बाद में शुरू किया—उसके भी पहले जब मैं इण्टरमीडिएट में पढ़ता था, तब कवि सम्मेलन बहुत लोकप्रिय थे। मेरे बाँदा में कवि सम्मेलन अक्सर होते रहते थे और मैं कह सकता हूँ कि भाषा-संबंधी संस्कार,—पहले संस्कार, कवि सम्मेलन से ही मिले हमें। 3 बजे रात तक कवि सम्मेलन चलता था, उसमें सुनी पंक्तियाँ...रमानाथ अवस्थी, वीरेंद्र मिश्र, नीरज और कितने अन्यों की अब भी याद हैं, फिर कुछ ऐसा हुआ कि...मैं तो कवि हूँ नहीं, आप दोनों कवि हैं...तो बताएँ कि कुछ ऐसा सिलसिला चल पड़ा कि कवि सम्मेलन वाले कवियों को साहित्य की मुख्य धारा से एक तरह से हटा दिया गया और कविता में विचार की ऐसी प्रधानता हुई, कि जिसमें रस, और कविता के जो दूसरे गुण थे वे कम हुए और शायद इसी वजह से कविता की लोकप्रियता भी कम हुई। क्या आपको ऐसा नहीं लगता कि—कवि सम्मेलनों की उपेक्षा करके हमनें कुछ नुकसान ही किया, साहित्य का, कविता का भी।

नरेंद्र शर्मा : उपेक्षा तो सच पूछिए की नहीं गई, लेकिन धीरे-धीरे कवि सम्मेलनों का जो रूप बनता गया वह रूप बहुत ज्यादा विकृत होता चला गया,

उसका कारण यह है कि कवि सम्मेलन का संयोजन करने वाले और कविता का श्रवण करने वाले जो लोग इकट्ठे किए जाते थे उनमें कविता की परख ज्यादा नहीं थी। ये उत्साह था कि जो हम कर रहे हैं, वो बहुत बड़े पैमाने पर हो, ज्यादा लोग आएँ—मैं यह कहूँगा कि कवियों की संख्या बढ़ गई, श्रोताओं की भी संख्या बढ़ गई पर कविता की गुणवत्ता जो है वो धीरे-धीरे कम होती गई।

गोविंद मिश्र : उसकी वजह आप संयोजक मानते हैं?

नरेंद्र शर्मा : जी नहीं, वो तो निमित्त मात्र हैं। देखिए हिंदी का जहाँ तक संबंध है हिंदी का बहुत बड़ा दुर्भाग्य रहा है, कि हिंदी की निधि भी है, लेकिन निधि का स्वामी है 'निधि पति', लेकिन निधि तो कभी भी पूरी तरह से प्राप्त होती नहीं है। क्या निधि में है और उसका स्वामी कौन है यह प्रतिनिधि के द्वारा ही जानी जा सकती है। जैसे प्रभा है वह तो नैसर्गिक है लेकिन प्रतिभा के बिना हम 'प्रभा' को नहीं जान सकते, जैसे प्रज्ञा है, भीतर रहती है लेकिन बिना प्रतिज्ञा के प्रज्ञा को हम नहीं जान सकते। यह तो एक माँग है जिसे प्रति योग भी कह सकते हैं। यह हमारे देश में कुछ ऐसे विचित्र ढंग से हुआ कि हिंदी को योग्य प्रतिनिधि नहीं मिला। हिंदी भाषी समाज बहुत बड़े भूभाग में है—बद्रीनाथ केदारनाथ से लेकर उज्जैन के महाकाल तक यह क्षेत्र है और एक मैं यह कह दूँ कि जो 1857 में स्वतंत्रता की लड़ाई हुई थी...

गोविंद मिश्र : जो एक योग्य प्रतिनिधि वाली बात कह रहे हैं, मेरा ख्याल ऐसा है कि एक मनौवैज्ञानिक दबाव था। जब अंग्रेज लोग यहाँ थे तब हिंदी भी उस दबाव की प्रतिक्रिया स्वरूप हम कवि या लेखक या जो सुनने वाले थे उनमें ज्यादा जोश पैदा करती थी। यह आज हम प्रादेशिक भाषाओं में देखते हैं, क्योंकि वहाँ आज भाषा का सवाल सांस्कृतिक अस्मिता से जुड़ जाता है। इसलिए जैसे...जो उत्साह मराठी या बंगाली लेखक अपनी भाषा के लिए महसूस करता है वैसा हिंदी में स्वतंत्रता के बाद...वह दबाव खत्म हो गया। तो उस तरह का उत्साह ही खत्म हो गाया।

नरेंद्र शर्मा : लेकिन बिना पृष्ठभूमि को समझे हम इस प्रश्न का उत्तर नहीं दे सकते। 1857 का जब स्वतंत्रता संग्राम हुआ तो हिंदी भाषी प्रदेश में ही हुआ था उसके बाद में उसको इतना दबाया गया, इतनी जोर से दबाया गया...एक ऐसा वर्ग पैदा कर दिया गया कि जिसकी जड़ें मुगलों के भग्नावशेष में पली हुई संस्कृति और नयी अँग्रेजी संस्कृति में थीं उनके हाथ में नेतृत्व आया। अब आपने जिन प्रदेशों की बात की, भाषा-भाषी प्रदेशों की जैसे

बंगाल। बंगाल का कोई बड़ा नेता ऐसा नहीं था जिसका बँगला साहित्य का अध्ययन न हो और बँगला भाषा पर साहित्यिक दृष्टि से अधिकार न हो। चित्तरंजन दास जो थे वो बहुत बड़े बैरिस्टर थे लेकिन 'संगीत सागर' नाम का उनका एक काव्य संकलन है। एक और काव्य संग्रह है, जिसका नाम मैं भूल गया हूँ...दो काव्य संग्रह हैं। लोकमान्य तिलक मराठी के बहुत बड़े दिग्गज साहित्यिक विद्वान थे। महात्मा गाँधी तक गो कि साहित्य को लेकर या कविता को लेकर उनके मन में बहुत उत्साह नहीं था, लेकिन पारखी थे और इतने पारखी थे कि गुजराती साहित्य के निर्माताओं में गिने जाते थे। अब हमारे यहाँ के सबसे बड़े नेता जवाहर लाल नेहरू जो उभरकर आये इन्होंने रामचरित मानस, जिसको कि हम कह सकते हैं कि जिसकी वाणी प्रतिनिधित्व करती है हिंदी भाषी मानस का उससे तक नितांत अपरिचित थे और 'कामायनी' से नितांत अपरिचित थे। हम लोगों ने उनके प्रति प्रेम बहुत किया और वह इस प्रेम के सर्वथा अधिकारी भी थे लेकिन वो प्रतिनिधि नहीं कहे जा सकते।

गोविंद मिश्र : शायद निराला जी ने कहा भी था उनसे कुछ इस तरह का।

नरेंद्र शर्मा : हाँ, निराला जी ने जिस तरह से उनसे कहा वह एक रेडिकलिज्म था और उसको व्यवस्थित रूप में मैं सदुपयोग की वस्तु नहीं मानता और लैफ्ट रेडिकल की तरह उन्होंने कहा। उसका कोई मतलब नहीं। वो एक प्रतिक्रिया थी और इस ढंग से कुछ कहने में या कुछ भी काम करने से कोई भला नहीं होता। अब पंडित गोविंद बल्लभ पंत हमारे दूसरे बड़े नेता थे तो नाटककार गोविंद बल्लभ पंत ने हिंदी की ज्यादा सेवा की पंडित गोविंद बल्लभ पंत ने नहीं की।

गोविंद मिश्र : तो आपका ख्याल है कि हमें कोई इस तरह का नेता मिल जाता तो...

नरेंद्र शर्मा : मिल नहीं जाता, उसे उसी में से उभरना चाहिए था। मिलेगा कहाँ से। अब देखिए हिंदी भाषा के...

गोविंद मिश्र : पुरुषोत्तमदास टण्डन?

नरेंद्र शर्मा : हाँ, टण्डनजी बहुत अच्छे आदमी थे लेकिन बाद में उनको निकाल दिया गया। लेकिन स्वीकृत नेता रहे हिंदी के, स्वतंत्रता प्राप्ति के बाद, जब कि हिंदी को और भी ऊँचे दर्जे पर ले जाना था। तब कौन थे—सेठ गोविंद दास। सेठ गोविंद दास जिस भाषा के प्रतिनिधि हों, मैं कहता हूँ उस भाषा-भाषी के लिए मुझे लज्जा का भाव होता है। तो यह कारण है। अब

देखिए जितने माध्यम हैं जैसे रंगमंच हैं, कवि सम्मेलन का मंच है, पत्र पत्रिकाएँ हैं, टेलीविजन है, रेडियो है, संस्था है, सिनेमा भी आ गया; इन सभी माध्यमों में हिंदी भाषा-भाषी प्रदेशों का प्रतिनिधित्व करने वाले गिने-चुने रहे हैं और आज जब कि जनसंपर्क के बिना हम किसी भी चीज को व्यापक नहीं बना सकते। पूरी टेकनीक के साथ उन्होंने जनसंपर्क का काम जर्नलिज्म के द्वारा किया, उस ढंग को अपनाया लेकिन हिंदी भाषा के क्षेत्र में इसके बारे में कुछ चेतना ही नहीं। यद्यपि जिसको आज हम हिंदी कहते हैं, स्वेच्छा से सबको स्वीकार्य थी इसलिए कि वो संयोजन की भाषा है, एक ऐसी नियोजित भाषा कि जिसको हम एक केंद्रीय भाषा कह सकें।

गोविंद मिश्र : लेकिन यह तो हुई भाषा की बात लेकिन जो कविता वाली बात थी। मेरा प्रश्न यह था कि जो संकुचन एक तरह का हुआ हिंदी कविता में...कि एक व्यापक स्तर पर जो विधा चली आ रही है वह धीरे-धीरे विशेष लोगों की...एलीटिस्ट सी बनती चली गयी। या कि एकाएक कवि सम्मेलनों का स्तर गिर गया जैसा कि आपने कहा। क्या ऐसा कुछ मराठी में भी हुआ, बांदिवडेकर जी, स्वतंत्रता-प्राप्ति के बाद?

चंद्रकांत बांदिवडेकर : मराठी में कुछ दूसरे प्रकार की प्रतिक्रिया हुई। उदाहरण के लिए जो कवि उभरकर आए उनमें संयोग से तीन प्रमुख कवियों ने मिलकर कवि सम्मेलन का आश्रय लिया।

नरेंद्र शर्मा : यद्यपि तब तक यहाँ कवि सम्मेलनों का ज्यादा प्रचार नहीं था, लेकिन उन्होंने बढ़ाया।

चंद्रकांत बांदिवडेकर : 1920 के आसपास रवि किरण मंडल में वो था वो खत्म हो गया था लेकिन उन्होंने उसको इतना महत्त्व दिया कि वो मंच पर जाकर अच्छी कविताएँ सुनाते थे। एक हमारे कवि हुए नारायण सुर्वे। गीत ही नहीं कविताएँ भी सुनने के लिए हजारों की संख्या में लोग उपस्थित रहते हैं उनके लिए...और अच्छे कवि हैं। जितने बड़े कवि है, कवि सम्मेलनों में भाग लेते हैं।

गोविंद मिश्र : ऐसा स्वतंत्रता के पहले था या बाद में?

चंद्रकांत बांदिवडेकर : पहले क्षीण रूप में था।

गोविंद मिश्र : मेरा यह आशय था कि स्वतंत्रता के बाद दबाव की वजह से मराठी या अन्य भाषाओं को अपनी अस्मिता बनाने के लिए और भी अधिक सचेष्ट होना पड़ा। इसलिए ये सब चीजें हैं।

चंद्रकांत बांदिवडेकर : इसलिए नहीं। मुझे यह लगता है कि कवियों ने ये समझा या सोचा कि अपनी कविता को जब तक सामान्य लोगों तक नहीं पहुँचाया जाएगा तब तक सही रूप में उसके विकास की दिशाएँ खुलेंगी नहीं।

गोविंद मिश्र : हिंदी में एकदम उल्टा सोचते हैं।

चंद्रकांत बांदिवडेकर : अज्ञेय जी से एक सवाल पूछना चाहता हूँ कि अगर मेरी स्मृति गलत नहीं है तो आपकी लिखी हुई बात मैंने कहीं पढ़ी है कि गीत जो है वह अब महत्त्वपूर्ण विधा नहीं रही। उस समय आपने लिखी हुई कविता का अधिक स्वागत किया था, समर्थन किया था। अगर मेरी बात सही है तो उसका क्या कारण था।

अज्ञेय : गोविंदजी ने जो पहला प्रश्न उठाया—जो परिस्थितियों में परिवर्तन है, वो तो स्पष्ट दिखता ही है, उसके बारे में दो मत नहीं हो सकते लेकिन कवि सम्मेलनों के बारे में जो कहा तो कवियों को हटाया नहीं गया, वे हट गए। बल्कि अगर हम यह कहते हैं कि कवि सम्मेलनी कवि ने कवि को हटा दिया सम्मेलनों से, तो यह बात भी सच हो सकती थी। बुनियादी बातों में एक बात ध्यान रखने की यह है कि छपाई से पहले कविता का समाज के साथ कैसा संबंध था और छपाई आने से कैसे बदला। मैंने जब कविता लिखना आरंभ किया था कविता श्रव्य ही थी और कवि सम्मेलन भी कई स्तरों पर अलग-अलग ढंग के होते थे। सहृदय लोगों के लिए एक तरह के कवि सुना दिए उनके समाज के बीच में, फिर कम संस्कार वाले लोगों के बीच दूसरी तरह के कवि दूसरी तरह की रचनाएँ भी सुनाते थे। यह जो परिवर्तन हुआ इसका एक कारण यह भी है कि कविता किताब के लिए लिखी जाने लगी और जरूरी नहीं था कि कवि उसको सुनाये और सुनने वाले उसको ग्रहण कर सकें। पढ़कर भी ग्रहण कर सकता था। कवियों में कुछ बहुत अच्छे पढ़ने वाले हो सकते थे। कुछ बहुत बुरे पढ़ने वाले थे। मैं समझता हूँ उदाहरण के लिए पंतजी का नाम लिया जा सकता है। उन कवियों का जो गा तो लेते थे लेकिन पढ़ नहीं सकते थे। पंतजी बहुत अच्छा गा लेते थे लेकिन पढ़ने में इतना बुरा पढ़ते थे कि सुनना...

गोविंद मिश्र : आपने कभी कवि सम्मेलन में पढ़ा?

अज्ञेय : हाँ, मैंने भी...पर बहुत कम और निराला बहुत अच्छे पढ़ते थे और यह जो संबंध बदल गया कवि और समाज का, किताब के बीच में आने से उसकी उपेक्षा नहीं की जा सकती। उसके बाद कवि सम्मेलन का स्वभाव

बदल गया। क्योंकि जो लोग गाते थे गाने के लिए ही लिखते थे। कविता की वस्तु अच्छी न भी हो लेकिन गला अच्छा हो और कविता कैसी भी लिखी हो सुनाने के लिए ही हो। गीत एकाएक जो बढ़ गया तो किसी भी साहित्य में गीत को इतना महत्त्व नहीं दिया गया, उसे एक प्रधान विधा नहीं माना गया। यह नहीं है कि जो अच्छे गीतकार थे उनका मत दूसरा था।

गोविंद मिश्र : लिरिक को प्रधान विधा नहीं मानेंगे आप?

अज्ञेय : 'लिरिक' को गेय होना जरूरी नहीं है। 'लिरिक' छोटे भी होते हैं। लेकिन गीत के नाम पर जो लिखा जा सकता है पूरा वृत्तांत भी हो सकता है। लिरिक उसमें अनुपस्थित रहे तो भी गीत होता है।

चंद्रकांत बांदिवडेकर : मुद्रण के कारण यह तो सच है कि कवि जो लिखने लगे तो उसके सामने एक सीमित वर्ग ही नहीं, जो अनुपस्थित पाठक वर्ग था उसके लिए भी। और उसके कारण अनुभव में एक बड़ा भारी परिवर्तन हुआ...यह तो सही बात है। लेकिन फिर भी ऐसा लगता है कि सुनने वाले की वजह से जो वैशिष्ट्य थे वे कविता से शायद निकल गए। फिर भी एक ऐसा इलाका बचता है, अनुभव का, जो ऐसी कविता ही व्यक्त कर सकती है, जिसमें गीत और लय हो, अधिक सशक्त ढंग से व्यक्त करेगी। इससे आप सहमत हैं या नहीं?

अज्ञेय : जरूरी नहीं है आप वस्तु के साथ जोड़कर देखिए। कुछ बातें ऐसी भी होती हैं जिनके लिए वो जरूरी नहीं है।

चंद्रकांत बांदिवडेकर : उदाहरण के लिए गीत तो निराला ने भी लिखे हैं और आपने भी कहीं-कहीं गीत लिखे हैं। कम से कम उसमें छंद और लय तत्त्व तो है ही और थोड़ी सी गेयता भी है ही तो मुझे लगता है कि कुछ बाध्यता तो अवश्य है जिससे गेयता तो आ ही जाती है।

अज्ञेय : ऐसा क्यों न कहा जाए कि कुछ ऐसी बाध्यता भी अवश्य है जिसकी वजह से कुछ अच्छे गीत लिखने वाले भी इससे हट जाते हैं। नरेंद्र जी ने बहुत अच्छे गीत...

गोविंद मिश्र : गेयता भर की बात नहीं है। लेकिन यह तो मानेंगे कि गीत, जिसमें गेयता भी है, वह किसी न किसी तरह संगीत से जुड़ा है। जो संगीत का तत्त्व कविता में होता है, वह रस का अतिरिक्त माध्यम बनता है। जैसे छायावादी कवियों तक यह 'संगीत' मिलता है लेकिन उसके बाद की कविता में यह उतना सुलभ नहीं है।

अज्ञेय : हाँ, क्योंकि छायावाद तक कविता को श्रव्य के रूप में ही जाना समझा जाता था उसके बाद से...

नरेंद्र शर्मा : मेरा ख्याल है गीत कविता की विधा होनी चाहिए या नहीं, प्रश्न अलग है। जिस प्रश्न को हमने उठाया था उसके कारण हैं सामाजिक और मनोवैज्ञानिक। कवि का जो चैतन्य है वह दो प्रकार से अभिव्यक्त होता है सबके साथ समन्वित भी है, दूसरा उसका व्यतिरेक स्वरूप भी है। तो जब कवियों ने जो संवेदनशील थे उन्होंने देखा कि कविता केंद्रित होती जा रही है कम हाथों में, तो उन्होंने असहयोग करना शुरू किया, जिसका आरंभ निराला से शुरू हुआ। हम यह नहीं कहते कि वह बहुत अच्छी चीज थी लेकिन प्रवृत्ति आ गई और वैयक्तिक रूप में जाने लगे थे तो वहाँ से बुद्धिप्रधान अधिक हो गए और ऐसी विधा अपनाने लगे जिसमें अपेक्षा नहीं थी श्रोता की...यहाँ तक कि पाठक भी मिले तो कोई बात नहीं...

चंद्रकांत बांदिवडेकर : एक बात अज्ञेय जी मैं आपसे पूछना चाहूँगा—आपने तारसप्तक प्रकाशित किए और मुझे लगता है हर सप्तक दस-दस साल बीच में रहे हैं। जब आपने कवियों का चुनाव किया उस समय आपको लगा कि जैसे-जैसे आगे पीढ़ी आती है वैसे-वैसे काव्य के गुण कुछ-कुछ कम होते जा रहे हैं। मतलब तीसरी पीढ़ी के जिन कवियों को आपने चुना उनकी तुलना अगर चौथे सप्तक के कवियों से करें तो...तो क्या आपको लगता है चौथे सप्तक के कवि कमज़ोर ज्यादा हैं...क्योंकि दूसरे सप्तक के बारे में आपने यह बात कही थी कि ये लोग हमसे ज्यादा शब्दों में बारे में सचेत हैं...या कि फॉर्म के बारे में...

अज्ञेय : अब तक मैं यही मानता हूँ कि छायावाद के बाद एक बड़ा परिवर्तन वही हुआ है और उसके प्रति जो एक विरोध भाव जो था उसको तोड़ना था और एक समझ बनानी थी। तीन सप्तकों के बाद मुझको लगा कि वह काम हो गया है इसलिए अगर चौथा सप्तक न भी होता तो कोई बात नहीं थी। चौथे सप्तक के साथ मेरा संबंध भी दूसरी तरह का था। वह संपादन का था, एक नयी प्रवृत्ति के वकील का उतना नहीं।

गोविंद मिश्र : वरिष्ठ लेखकों में बहुत कम ऐसे हैं जो अपने से बाद की पीढ़ी पर लिखते हैं, उनको गहराई से लेते हैं। दरअसल...

अज्ञेय : इसके बारे में दो मत हैं। मेरी बात बच्चन जी से इस बारे में हुई थी, दिनकर से भी। मैं तो पढ़ता ही रहा हूँ...तो ये लोग यह तो कर

सकते थे कि पढ़कर अपनी राय दे देते। समीक्षा लिखने के बारे में कवि को चिंता हो सकती है कि अगर मैं समीक्षा लिखता हूँ नयी चीजों की तो मुझको विवाद में उलझना पड़ेगा, मुझे अपने काम के लिए समय कम मिलेगा...तो यह उसकी चिंता अनुचित तो नहीं होगी।

गोविंद मिश्र : इस पर भी निर्भर करता है कि कवि कविता के अतिरिक्त भी कोई काम...जीविकोपार्जन के लिए कर रहा है या नहीं।

नरेंद्र शर्मा. : अगर हम छायावाद को लें तो उसके जो प्रमुख चार कवि हुए तो उन्होंने अपना वैयक्तिक, गृहस्थिक जीवन और आजीविका विषयक जीवन...सब तीनों ही चौपट किया। महादेवी जी का वैयक्तिक और गृहस्थिक जीवन क्या हुआ...एक नारी होकर। प्रसाद जी का भी कुछ नहीं था लेकिन उससे ज्यादा निराला जी और सबसे ज्यादा पंत जी। 50 के बाद जो नाममात्र के लिए किया वह भूल जाइए। लेकिन इन लोगों ने बहुत किया...इसके बाद के जो हैं तो वात्स्यायन जी ने अपना बहुत समय दिया और एक निष्ठा के हिसाब से...मैं समझता हूँ।

गोविंद मिश्र : वैसी सुविधा आज कम लोगों के पास है...

नरेंद्र शर्मा : सुविधा का सवाल नहीं है। आज के कवि की अपेक्षाएँ भिन्न हैं। दुविधा में दोनों गए माया मिली न राम। अब तो आसन से मत डोल रे तोहे राम मिलेंगे। अब उन्हें आसन नहीं...सवारी चाहिए। नहीं चाहिए तो फिर उस जैसा रहना पड़ेगा। आज जो ईमानदारी से अच्छी चीज लिख लेता है वह स्तुत्य है।

गोविंद मिश्र : आपके समय में कवि या लेखक को एक बड़े समुदाय से जुड़ने का सुख मिलता था...लड़ाई-झगड़े भी होते थे पर कविता के बड़े परिवार में होने का सुख था। आज वह सुख भी खत्म हो गया दिखता है।

पीढ़ियाँ–आमने-सामने

(नरेंद्र शर्मा, अज्ञेय, चंद्रकांत, बांदिवडेकर, गोविंद मिश्र
स्थान–22 बैलवेडियर, चूला भाई देसाई मार्ग मुंबई : 1984)

गोविंद मिश्र : कथा की विधा पर सोचते हुए अक्सर...अमृतलाल नागर जी में जो कथा कहने, कहानी सुनाने,...कथा की प्रधानता है...उस पर सोचा करता हूँ। उनके उपन्यासों में यह नहीं कहा जा सकता कि विचार-तत्त्व कुछ नहीं होता...लेकिन पाठक को कथा या उपन्यास जैसे लपेटता हुआ ले चलता है। विचार कथा के इर्द-गिर्द चलता है, बहुत ही दबा होता है...वहाँ से हम उपन्यास में यहाँ पहुँच गए हैं जहाँ यह ख्याल भी नहीं रखा जाता कि पढ़ा भी जा सकेगा क्या...या कि सिर्फ चौंकाने वाले प्रयोग...कथ्य के, भाषा के और यह तक कि चिंता नहीं कि यह चीज कोई पढ़नेवाला है।

नरेंद्र शर्मा : मिश्र जी, देखिए गोदान को पढ़कर...होरी को कोई आत्मतुष्टि, आसरा या आधार नहीं मिलता, हालाँकि रामचरित मानस राजा के परिवार की कहानी है, लेकिन आज भी होरी की तरह के लोग हैं, सर्वहारा लोग हैं, रामचरित मानस से आधार पा सकते हैं, गोदान से नहीं, लेकिन उन्होंने गोदान क्यों लिखा? जैसे गाँधी जी ने व्यापक संवेदना के द्वारा लार्ज पार्टीसिपेशन कराया। हमारी संवेदना को सुशिक्षित किया कि देखो तुम इन लोगों के लिए कार्य कर रहे हो। तुम्हारी विशेषता सामान्यता पर न्यौछावर होनी चाहिए यही

कार्य प्रेमचंद ने किया, लेकिन धीरे-धीरे इधर से हमने मुँह मोड़ लिया, और फिर हमने यह देखा कि विशेष जो है वह विशिष्ट बनने की ओर चला गया। विशेषता तो सब में है। पर विशेषता तभी बढ़ती है जब वह सामान्यता की सेवा करे, नहीं तो विशेषता मैनरिज़्म, इडीयोसेन्क्रेसी आदि बन कर रह जाती है।

गोविंद मिश्र : अच्छा, इसका एक पक्ष और भी है। मैं यह भी देखता हूँ कि जो संवेदनात्मक पक्ष है वह लगातार कम होता चला गया, और उसकी जगह एक सूखापन, दिमागीपन, दिमाग का हावी होना भावना पर...ये ज्यादा आ गया। इसको कुछ लोग पश्चिम की भी देन मान सकते हैं। क्योंकि ये रेशनलिज़्म से जुड़ती है...

नरेंद्र शर्मा : व्यक्तिवाद से क्यों नहीं जोड़ते। व्यापक चीज़ से जोड़िए।

डॉ. चंद्रकांत बांदिवडेकर : ये तो ठीक है लेकिन कुछ साहित्यकार ऐसे भी हो सकते हैं और उनको लिखने का पूरा-पूरा अधिकार है, मेरी राय में कि जो एक अनुभव के जटिल रूप को देखते हैं, उसका संप्रेषण करें। उदाहरण के लिए दोस्तोवस्की के उपन्यासों से हम यह कभी अपेक्षा नहीं कर सकते कि सामान्य मनुष्य उनको कभी पढ़ेगा, और समझेगा, काफ्का ने अपनी कुंठाओं को अभिव्यक्ति दी। उसको पढ़ने वाले भी बहुत कम हैं।

गोविंद मिश्र : अनुभव भले उलझा हुआ हो...संश्लिष्ट हो लेकिन, उसकी अभिव्यक्ति...भाषा...ये सरल हो सकते हैं!

नरेंद्र शर्मा : इसका निराकरण इसी बात में हो जाता है कि सर्वसमन्वित और सर्व-व्यतिरिक्त, दोनों ही चैतन्य हैं, लेकिन आपका यह आग्रह भी गलत है कि व्यतिरिक्त ही रहना चाहिए।

डॉ. चंद्रकांत बांदिवडेकर : मनुष्य के जीवन का अनुभव इतना व्यापक और इतना वैविध्यपूर्ण है कि जिस प्रकार कुछ अनुभव सब लोगों को साथ लेकर चलेगा, तो कुछ अनुभव ऐसा भी होगा जो एक व्यक्ति का अपना होगा और उतना ही महत्त्वपूर्ण और मूल्यवान होगा। स्वतंत्रता को लेकर अगर किसी की खोज चल रही तो वह बीच-बीच में इतनी वैयक्तिक होती जाएगी, इतनी जटिल भी होती जाएगी कि हो सकता है, बहुत से लोग नहीं समझे... मैं साहित्य में इस तरह का आग्रह नहीं मानता...जैसे विज्ञान में आइंस्टीन के सिद्धांत को सब नहीं समझते इसलिए...

गोविंद मिश्र : साहित्य विज्ञान तो नहीं है...बांदिवडेकर जी, मुझे इसमें दो

चीजें कहनी हैं...एक तो यह है कि जब हम विचार को बहुत महत्त्व देते हैं तो...

डॉ. चंद्रकांत बांदिवडेकर : आज के जीवन में बगैर विचार के अनुभव करेगा क्या?

गोविंद मिश्र : नहीं—तो, विचार को प्रधानता देने के पीछे यह आग्रह नहीं है क्या कि हम कोई नयी चीजें बताने जा रहे हैं। नयी चीजें होती हैं पर साहित्य यह नहीं करता जैसे कि वैज्ञानिक नयी खोजे देने की बात कहता है। साहित्य तो हमें एक अनुभव में ले जाता है...तो वहाँ मूल चीज विचार का संप्रेषण नहीं मूल चीज जीवन के अनुभव को संवेदना में बैठाना है। दूसरी चीज़, मैं यह नहीं कहता कि ज्यों-ज्यों जीवन अधिक संश्लिष्ट होगा जीवन की जटिलता बढ़ेगी उसे नहीं पकड़ना चाहिए पर जहाँ आप ऐसे कहने पर आ जाएँ फार्म के प्रयोग द्वारा या कोई खास भाषा के द्वारा कि समझ में नहीं आए, पठनीय तो दूर की बात है, तो आपने दायरा जानबूझ कर बहुत ही संकुचित कर दिया।

डॉ. चंद्रकांत बांदिवडेकर : जिसमें वैयक्तिकता नहीं है वह तो बोली, भाषा का प्रयोग हुआ।

गोविंद मिश्र : पर पाठक को तो पूरी तरह गोल कर दिया।

डॉ. चंद्रकांत बांदिवडेकर : बात पाठक को गोल करने की नहीं है, अनुभव को विशिष्ट रूप से व्यक्त करने की है। हो सकता है बहुत से लोग उसको न समझें...और ये जो अनुभव के—सब तक पहुँचने की बात है, मुझे लगता है कि इस पर विचार इस तरह से करना चाहिए कि एक स्तर ऐसा रहेगा... जो ज्यादा चेतना से संपन्न होगा। ज्यादा समझदार भी होगा उनके बीच में जो बात चलेगी वो सबके बीच तक नहीं जा सकती।

नरेंद्र शर्मा : इस चीज़ से मुझे आपत्ति है कि ज्यादा चेतन और ज्यादा समझदार। मेरी समझ में ज्यादा समझदार तो तुलसीदास थे, जो सरल थे, सर्व समन्वित थे, ज्यादा चेतन भी थे। आप यह सोचें कि आज का जो, अपने को तीस मारखां समझकर सुकवि का पर लगाकर सबसे अलग होता है, तो वही ज्यादा चेतन है तो यह बात आपकी अत्यन्त ना समझदारी की है (हंसी)

डॉ. चंद्रकांत बांदिवडेकर : तुलसीदास जी, जो रामचरित मानस में कथा को लेकर चलते हैं, वही विनय-पत्रिका में अपने मन के उद्गार व्यक्त करते है। विनय-पत्रिका में बहुत सारा अंश बहुत कम लोग समझते हैं। मैं समझता

हूं पुराने साहित्य को ही ले। तो बहुत सा साहित्य ऐसा है जो बहुत कम लोगों की समझ में आता है।

नरेंद्र शर्मा : लेकिन यह तो मूल्य नहीं है...

गोविंद मिश्र : अज्ञेय जी आपके संदर्भ में व्यक्तिवादी होने की बात लोग बार-बार कहते रहे हैं...आप क्या सोचते हैं वैयक्तिकता तो किस हद तक, विचार तो...

अज्ञेय : मुझे एक बात समझ में नहीं आई। नरेंद्र जी एक तरफ तो कहते हैं यह मूल्य नहीं है साथ ही उनका आग्रह है कि विपरीत जो है वह मूल्य है।

नरेंद्र शर्मा : नहीं, मैं यह नहीं कहता। सर्व समन्वित में अगर छिछलापन है तो कुछ मतलब नहीं हुआ उसका। मूल्य क्या है...इंट्रिंजिक एक्सपीरियन्स, वननैस का और उसकी सुंदर अभिव्यक्ति...पूर्ण अभिव्यक्ति...मूल्य यह है। मूल्य यह नहीं कि सर्व समन्वित है तो व्यर्थ हो गया...या यह है तो सार्थक हो गया। और चेतन का जो आपने कहा वह सबसे खतरनाक चीज है।

डॉ. चंद्रकांत बांदिवडेकर : मैं यह कहना चाहता था कि साहित्य का कुछ अनुभव ऐसा अवश्य रहेगा जिसका साझा करने वाले कम होंगे।

नरेंद्र शर्मा : ठीक है...हंसा जाए अकेला और हंसा गए अकेला...बिल्कुल ठीक है। लेकिन मूल्य...

गोविंद मिश्र : मैं जिस बात की तरफ लाने की कोशिश कर रहा था वह यह है कि हम कैसे धीरे-धीरे साहित्य के प्रभाव के क्षेत्र को सीमित करते चले गए हैं। अगर यही सिलसिला चला तो कल साहित्य पर ही प्रश्नचिह्न लगाया जाने लगेगा।

अज्ञेय : गोविंद जी यह बात तब ठीक होती अगर आप यह मानते जैसा कि मैं नहीं मानता कि जो सीमित अनुभव का क्षेत्र है वह बड़े क्षेत्र के साथ जुड़ नहीं रहा था कि ऐसा कोई आग्रह लेखक का है। जो भी लोग छोटे प्रदेशों की बोली लाते हैं साहित्य में, वह यह नहीं है कि वे हिंदी को विकृत करते हैं या कि उनका उद्देश्य अपने को छोटे तक सीमित करना है। उनमें यह पहचान है कि हम लोग जो अब तक हिंदी लिखते आए हैं, उस हिंदी में हम लोग जीते नहीं हैं। हमारा कोई अनुभव उस भाषा में नहीं होता और इसलिए अनुभव के निकटतम जाने के लिए हम उस भाषा में जाएँ जो कि वास्तव में उसके साथ जुड़ी हुई है। यह ठीक है उसका एक परिणाम यह होगा कि आपका क्षेत्र सीमित हो जाएगा, लेकिन उस सीमित क्षेत्र की एक

गहरी पहचान आप फिर उस बड़ी हिंदी के साथ जोड़ रहे हैं। यह नहीं कि आप उससे उसको काट रहे हैं।

गोविंद मिश्र : भाषा भर की बात नहीं है। संवेदना से हटने और दिमागी कसरत की तरफ जो लेखक चला जा रहा है...

अज्ञेय : यह क्यों नहीं मानते कि विचार से संवेदना का विस्तार हो रहा है कि नए आयाम उसमें जोड़े जा रहे हैं। वह अपने आप में पूरा नहीं है। लेकिन वह एक नयी चीज जोड़ रहा है। पूर्ण नहीं है पूरक है।

गोविंद मिश्र : आज एक खतरा और है। हमारे जमाने में इस बात पर ज्यादा जोर हो गया है कि क्या मिलता है। मार्क्सवादी और प्रगतिवादी विचारधारा ने भी ठोस पर इतना बल दिया कि लेखक भी सोचने लगा है कि मुझे ठोस क्या मिलता है। तो अगर पाने की हवस बढ़ती जाएगी...तो इस सबमें लिखना या विशुद्ध साहित्य वह जारी भी रह सकेगा?

डॉ. चंद्रकांत बांदिवडेकर : जारी रहेगा या नहीं इसमें शंका हो सकती है। क्योंकि टेलीविजन या सिनेमा जैसे माध्यमों के कारण एकांत में बैठ कर पढ़ने की रुचि कम हुईहै।

गोविंद मिश्र : यह तो सारे संसार की ही समस्या होगी। प्रचार साधन तो सब जगह बढ़े हैं और लोगों का पढ़ना योरुप में...सब जगह भी कम हुआ होगा।

अज्ञेय : शायद कम हो जाए...यह बहस तो वहाँ भी होती है। पर पढ़ना तो कम नहीं हुआ। वहाँ अब भी लोग सोचते हैं कि पुस्तक समाप्त होने वाली नहीं है क्योंकि माध्यम के साथ संबंध दूसरी तरह का है। जैसे यह चिंता हुई थी कि फिल्म में आने से नाटक समाप्त हो जाएगा पर नाटक के साथ संबंध दूसरा है। उसी तरह पुस्तक के साथ दूसरा संबंध है। पुस्तक में, कहीं भी आपके मन में कोई विचार उठता है या भाव उठता है तो पुस्तक को रख कर आप सोच सकते हैं। माध्यम में यह सुविधा नहीं है। यह बात आपने ठीक नहीं सुनी उसको दुबारा सुनना चाहते हैं। या संशोधन करना चाहते हैं। यह बात मीडिया में नहीं है। पुस्तक के साथ संबंध दूसरा है, पुस्तक में आप पृष्ठ देखते हुए एक पंक्ति पढ़ते हैं तो उसके आगे पीछे का आपको कुछ न कुछ निचले स्तर पर बोध बना रहता है। आगे क्या है उसकी अपेक्षाएँ बनी रहती हैं। यह सुविधाएँ रेडियो या टी. वी. नहीं देता। उसमें भी अपेक्षाएँ बनती हैं, लेकिन इस आधार पर नहीं बनतीं।

गोविंद मिश्र : एक बात और...ये सारे माध्यम शोर पर आधारित हैं। धीरे-धीरे जैसे यह बढ़ता जाएगा तो आदमी के अंदर दूसरी बेचैनी एकांत की बढ़ेगी...शांत होकर सुनने कहने की जो फिर उसे पुस्तक पर ही लाएगी।

अज्ञेय : रेडियो और टी.वी. भी अब सुनने के लिए वैसा माध्यम नहीं रहा। लेकिन जो दूसरे शोर हैं उनको दबाने के लिए कुछ कम अप्रीतिकर शोर एक बराबर होता रहे।

गोविंद मिश्र : कुछ कुछ उसी तरह जैसे बंबई में बाहर के शोर को दबाने के लिए लोग एयरकंडीशनर लगाते हैं...(समवेत हँसी)

नरेंद्र शर्मा : मनुष्य का स्वभाव ऐसा है कि जहाँ तक पढ़ना है, विचार करना है, अपनी रुचि का साहित्य पढ़ना...यह कभी नहीं जा सकता। मैं यह नहीं मानता कि पुस्तक के माध्यम से साहित्य तक पहुँचना लोगों तक...यह बंद हो जाएगा पर यह जरूर है कि कुछ लोग जो आसानी से डोल जाते हैं, वे इन माध्यमों से प्रभावित हो जाते हैं और उनके साहित्य पर इनका खराब प्रभाव भी दिखायी देने लगता है।

डॉ. चंद्रकांत बांदिवडेकर : एक बात यह भी है कि पाठक वर्ग बढ़ रहा है। मैंने देखा कि जो सड़क पर पत्थर कूटने वाली औरत है वह भी 4 आने 8 आने की पत्रिका लेकर पढ़ रही है।

गोविंद मिश्र : वह रद्दी किस्म का लेखन होता है बांदिवडेकर जी।

डॉ. चंद्रकांत बांदिवडेकर : देखिए, वह और क्या पढ़ सकती है, वह रोटी के अलावा आनंद की और कोई चीज जान तो रही है।

गोविंद मिश्र : हो सकता है वह उसे कलुषित ही कर रहा हो।

नरेंद्र शर्मा : जीवन के हर विभाग के बारे में ह्रास की परंपरा तो निरंतर है। क्वालिटी ज्यादा क्वांटिटी बनती जा रही है।

गोविंद मिश्र : आज कल बच्चे ज्यादा पढ़ते हैं...हम उतना नहीं पढ़ते थे...पर क्या पढ़ते हैं वे...कामिक्स...थ्रिलर्स...

डॉ. चंद्रकांत बांदिवडेकर : पर क्या आपको ऐसा नहीं लगता कि एक उम्र होती है थ्रिल की...

नरेंद्र शर्मा : बात यह नहीं है...यह है प्रिडाइजैस्टेड लिटरेचर, जैसे प्रिडाईजैस्टेड फूड आए हैं। यह कौमिक-औमिक वही है।

डॉ. चंद्रकांत बांदिवडेकर : लेकिन हम बच्चों को और देते भी क्या हैं।

गोविंद मिश्र : हाँ...यह बात है नरेंद्र जी। हमारे बड़े-बड़े लेखक बच्चों के लिए लिखने को कुछ हेय...

नरेंद्र शर्मा : यह लेखक का अपराध मैं नहीं मानता। सबसे बड़ा अपराध सोशियोलॉजी का है। आज के माँ-बाप को काम धाम, धन कमाने या प्रतिष्ठा प्रभाव बनाए रखने से, अपने कार्यालय, क्लबों से छुट्टी नहीं है, हम आज बच्चों को संवेदना ही नहीं देते, समय ही नहीं देते। जैसा हमारे बड़ों ने हमको दिया था।

अज्ञेय : नरेंद्र जी, यह सारी बहस जैसे कोई अपराधी खोजने की है। वह नहीं दे सकते तो क्यों नहीं दे सकते।

नरेंद्र शर्मा : यही तो कह रहा हूँ...पर इसमें साहित्यकार का दोष नहीं है।

अज्ञेय : यह तो मैं मानता हूँ कि इसमें साहित्यकार का दोष नहीं है। लेकिन इस पूरी परिस्थिति में से उसके लिए भी एक ऐसी परिस्थिति बनती है, जिसमें साहित्यकार भी कुछ नहीं कर सकता।

गोविंद मिश्र : मैं साहित्यकार को दोषी मानता हूँ। साहित्यकारों को बच्चों के लिए कुछ न कुछ लिखना चाहिए। हम लोग जिस रफ्तार से सेमिनार, संगोष्ठियाँ, सम्मेलन...और जैसे यहाँ बातचीत ही कर रहे हैं...इस सबमें तो हमें रुचि है, यह नहीं कि कभी अपने विशिष्ट धरातल से उतरकर बच्चों के लिए कुछ...

नरेंद्र शर्मा : यहाँ की बातचीत में सौभाग्यवश वह बात नहीं है जो वहाँ दिखावा और आपे से बाहर होने की और बाह्य प्रकृति होती है, तो ऐसी बातचीत उस श्रेणी में नहीं आती...

गोविंद मिश्र : अच्छा सौभाग्य से आप दो लोग हमारे बीच पुरानी पीढ़ी के हैं, आपने पहले का भी समय देखा है और अब का भी समय देखा है। बाद के लोग साहित्य को आगे लाए हैं, पीछे ले जा रहे हैं या वहीं उछलकूद कर रहे हैं। आप क्या सोचते हैं?

नरेंद्र शर्मा : कुछ लोगों ने बहुत अच्छा काम किया है, गुणवत्ता भी है परंतु उसमें एक धारा ऐसी दिखती है वहाँ साहित्य व्यतिरिक्त हो कर के अनुभवों को विरल स्तरों पर अभिव्यक्त करना चाहता है, और इस बात की अपेक्षा नहीं रखता कि ताली बजने की स्थिति प्राप्त होगी या नहीं...ढाँचा तो आज का बहुत पुष्ट है।

अज्ञेय : परिवर्तन तो आए, भाषा में भी आए...भाषा के साथ परिवर्तन अच्छे नहीं हुए, लेकिन विधाओं में विकास कुछ हुआ?

गोविंद मिश्र : भाषा में लेखकों की लापरवाही नजर आती है।

अज्ञेय : हाँ।

गोविंद मिश्र : इसकी एक वजह तो यह हो सकती है कि आज के लेखक एक तरफ न तो संस्कृत की धारा से जुड़े हैं न उर्दू ही ठीक से जानते हैं।

अज्ञेय : किसी भी भाषा की परंपरा का संस्कार नहीं है। शिक्षा का भी बहुत बड़ा दोष है। हमारे समय में यह मानते थे कि संस्कृत से भी परिचय होना चाहिए और उर्दू की पृष्ठभूमि होनी चाहिए। यह नहीं मानते थे कि उर्दू जानने से हिंदी का कोई अहित होता है, या कि संस्कृत जानने-समझने से उसके शब्दों का सही प्रयोग करने से भाषा बिगड़ती है।

नरेंद्र शर्मा : हमारा कोश ज्ञान उतना नहीं है। एक—दि सैन्स ऑफ एप्रीशियेटैड वर्ड होता है...वह कम हो गया।

गोविंद मिश्र : भाषाई संवेदना...

अज्ञेय : यह तो काफी कम हो गया। हम बात को इस तरह रख कर देखें कि आज सन् 84 में गद्य के कौन अच्छे लेखक सामने दिखते हैं, और 64 में कौन दीखते थे, 54 में कौन—और अगर वही-वही लेखक सामने आते हैं तो जरूर चिंता होनी चाहिए।

गोविंद मिश्र : नए तो बराबर आते रहे हैं...शायद यह होता है कि हम लोग परिचित नामों को ही पढ़ने के आदी होते हैं इसीलिए लगता है वही-वही नाम सामने आते रहते हैं।

अज्ञेय : यह बात एक हद तक होती है कि हर पीढ़ी का आलोचक या कि पाठक उस पीढ़ी के साहित्य को दूसरी तरह से देखता है...उसके पहले के कुछ दूसरी तरह का भाव रखते हैं लेकिन उनमें भी...अगर वे भी पहले के ही लेखकों का ही नाम लेते हों तो...

गोविंद मिश्र : इसके पीछे एक बड़ी मानवीय...क्या कहें, एक मामूली बात यह होती है कि जब हमने लिखना शुरू ही किया होता है तो जो प्रतिष्ठित साहित्यकार होते हैं उनके प्रति एक विशेष ललक हमारे मन में होती है। वह ललक इतनी ज्यादा बैठी होती है कि जब आप भी प्रतिष्ठित हो जाते हैं तो जाती नहीं है। और यह शायद हर पीढ़ी के साथ होता होगा। आपके मन में भी अपनी पुरानी पीढ़ी के प्रति यह भाव होगा। उस हिसाब से हमारा जितना संपर्क पुरानी पीढ़ी से होता है परवर्ती से नहीं होता, कुछ लोगों का हो सकता है...हम पूर्ववर्ती पीढ़ी की सारी चीजें पढ़े होंगे, बाद की नहीं...

अज्ञेय : यह तो स्वाभाविक है। उतना नहीं होगा। लेकिन आप तो

इस पक्ष से बात करते हैं। दूसरी तरफ से देखिए तो आज का नया लेखक, हमारे समय के नए लेखक की तुलना में अपने पहले के लेखकों के प्रति कहीं ज्यादा असम्मान का भाव रखता है। इसके बावजूद जब मूल्यांकन करने लगता है तब अपनी से पहली पीढ़ी के साहित्यकार का ही नाम लेता है। तब उस बात का महत्त्व कुछ अधिक हो जाता है। हम अगर अपने से पहले कवि की प्रशंसा में कुछ कह देते हैं तो यह भी हो सकता है कि उस समय का शिष्टाचार ही था।

गोविंद मिश्र : आज कुछ परेशानी उपन्यास को लेकर है। जिस तरीके से पहले उपन्यासकार प्रेमचंद या कि अमृतलाल नागर के एक के बाद एक उपन्यास आते चले जाते थे आज एक तरफ उपन्यास लिखने वाले ही कम हो गए हैं औरजो लिखते हैं तो तीन-चार उपन्यासों के बाद जैसे उनका दम ही खत्म होता दिखता है।

अज्ञेय : हाँ, ये भी एक बात है। अब आपने भी नागर जी का नाम लिया। यह बात संख्या की दृष्टि से सही नहीं है। संख्या की बात है, तो आज उपन्यास लिखने वालों की संख्या कम नहीं है, बहुत है। पहला उपन्यास ही कभी-कभी इस कोटि का आता है, जिससे कि बहुत बड़ी आपकी अपेक्षाएँ बनें और आप बहुत जल्दी चुक भी जाते हैं।

गोविंद मिश्र : ये किस वजह से है। या तो हम अपनी संवेदना को निरंतर परिष्कृत नहीं करते हैं क्योंकि अनुभव आपके चुक जाते हैं, लेकिन अनुभव तो पहले जमाने में भी हर साहित्यकार की एक सीमित पूँजी ही थी उसके बाद वह अपनी संवेदना को निरंतर परिष्कृत करता हुआ...

नरेंद्र शर्मा : बस यही बात जो आपने कही। अनुभव नहीं चुकता। अनुभव तो वही होगा। अनुभव की निधि निरंतर बढ़ती रहे, ऐसा नहीं होता, हाँ, संवेदना चुक जाती है।

अज्ञेय : संवेदना चुक जाती है तो अनुभव के प्रति खुलापन भी समाप्त हो जाता है। आप फिर अनुभवों का भी और संचय नहीं करते। एक तो मैं समझता हूँ कि इस समय आलोचना की काफी दुर्गति है। और नया उपन्यासकार या कहानी लेखक, एक तरफ तो उसे लगता है कि मुझे सहानुभूति कम मिलती है, समर्थन कम मिलेगा, मुझको अपना एक गुट बनाकर आगे बढ़ना चाहिए। हमारे समय में और उससे पहले ऐसा नहीं था। यह नहीं है कि गुट नहीं होते थे लेकिन शुरू से ही यह प्रवृत्ति हो कि हम चार आदमी को साथ

लेकर, हल्ला मचाते हुए आगे बढ़ें। ऐसा नहीं था और सारे संसार को अपना एक प्रतिद्वंद्वी मान कर भी साहित्यकार आगे नहीं आता था। आज काफी यह है और फिर जो प्रशंसा मिलती है वह इतनी जल्दी और इतनी अधिक मिल जाती है कि फिर लेखक की ग्रहणशीलता समाप्त हो जाती है।

डॉ. चंद्रकांत बांदिवडेकर : आप लोगों को प्रशंसा कैसे और कब मिली?

नरेंद्र शर्मा : मुझको तो जितना अधिकार था उससे ज्यादा ही और जल्दी मिल गयी। जैसे मेरा प्रवासी का गीत संग्रह छपा, तो जरूरत से ज्यादा मिल गयी प्रसिद्धि, लेकिन भगवान की कृपा से मैंने अपने आपको कभी नहीं लगाया ज्यादा और न अब भी लगाता हूँ। यही मुझे एक बचाने वाली चीज रही है।

अज्ञेय : मेरे साथ तो दोनों तरह की बातें रही हैं। एकदम शुरू में तो बहुत अधिक प्रशंसा मिली। यानि कि मैं तो जेल में ही था जब पहली कुछ रचनाएँ छपीं। या कि संपादकों के द्वारा देखी गयीं और विपथगा की छह सात कहानियों की हस्तलिपि देखकर बनारसीदास जी ने विशाल भारत में 4, 5 पेज की एक समीक्षा लिख दी, बहुत प्रशंसा करते हुए इतनी कि मैंने उसका विरोध किया। मैंने कहा यह तो आप अहित कर रहे हैं।

नरेंद्र शर्मा : लेकिन चौबेजी का स्वभाव ही ऐसा था उनमें संतुलन था ही नहीं। किसी को रगड़ दें या किसी को आसमान पर उठा दें और उससे नुकसान तो होता था, सच्ची बात है।

अज्ञेय : लेकिन उसके बाद फिर खूब मार पड़ी 'शेखर' निकला तो सभा करके जला दिया गया अभी तक काफी...

गोविंद मिश्र : लेकिन आपके जमाने में कम से कम पुरानी पीढ़ी के लोग नयों पर लिखते थे और अब मैं देखता हूँ कि बहुत कम प्रतिष्ठित लोग बाद के लोगों पर लिखते हैं।

अज्ञेय : यह चिंता हो सकती है कि अगर मैं समीक्षा लिखता हूँ नयी चीजों की जो विवादास्पद बातें हो सकती हैं तो मुझको विवाद में उलझना पड़ेगा। इसलिए अपने काम के लिए कम समय मिलेगा यह भी एक उनकी चिंता अनुचित तो नहीं होगी। इसलिए अगर वे समीक्षाएँ लिख कर प्रकाशित न भी करें तो मुझे ज्यादा दोष नहीं दिखायी देता। लेकिन नया लेखक यदि उसकी राय चाहता है तो खरी और सद्भाव से सलाह दे यह तो...उसका कर्तव्य मानता हूँ और आज यह भी कोई नहीं देता।

नरेंद्र शर्मा : मैं फिर वही बात कहूँगा कि संवेदना का संकुचन हो गया ...अच्छा मिश्र जी एक बात कहूँ कि जो पहले के लेखकों का आपने नाम

लिया न कि उन्होंने बहुत लिखा और चुके नहीं तो वे इतने बहुधंधी भी नहीं थे जितने आज के लेखक हैं। आज इनेगिने आपको मिलेंगे लेखक कि जिनका काम ही लिखना है।

गोविंद मिश्र : ये तो आर्थिक परिस्थितियों की वजह से...

नरेंद्र शर्मा : नहीं नहीं, परिस्थितियाँ तो तब भी विषम थीं लेकिन आज का लेखक जो है उसकी बहुधंधी होने की प्रवृत्ति है, जिसको बाध्य होना कहते हैं...वह नहीं...

अज्ञेय : नरेंद्र जी पहले भी ऐसे लेखक तो कम ही थे जो सिर्फ लेखक थे, वे भी बहुधंधी थे...और लिखते थे।

नरेंद्र शर्मा : देखिए ना...जैसे प्रेमचंद जी तो पूरी तरह से यही काम करते थे। छायावाद के प्रमुख कवियों ने भी अपना वैयक्तिक जीवन, गृहस्थिक जीवन और आजीविका विषयक जीवन तीनों चौपट किया...

गोविंद मिश्र : आर्थिक रूप से आत्मनिर्भरता की तलाश जो कि आज का लेखक करता है...हमारे बहुत सारे लेखक ऐसे हैं जो आर्थिक रूप से कहीं जम नहीं पाते, तो वो बस 4, 5 कहानियाँ या कविताएँ लिख कर इसमें लग जाते हैं। तोड़ देता है उन्हें आजीविका का संघर्ष।

नरेंद्र शर्मा : मिश्र जी आर्थिक संघर्ष नहीं अपेक्षाएँ बदल गयी हैं।

डॉ. चंद्रकांत बांदिवडेकर : नरेंद्र जी, आपके जमाने में किराए पर घर मिलना मुश्किल नहीं होता था। आज तो बंबई में एक कमरा लेना हो तो एक लाख होना चाहिए...कैसे आदमी क्या करेगा?

अज्ञेय : जो बंबई आता है पैसा कमाने आता है (हँसी) ये भी तो सोचता है 10 लाख रुपया कहीं न कहीं से लगा ही लूँगा तो एक लाख...

गोविंद मिश्र : अगर कविता या कहानी लिखना हो तो बंबई ही जाने की बाध्यता क्या है। यह सही है कि कुछ हमारे लालच भी बढ़ गए हैं। जो लेखक आर्थिक रूप से ठीक-ठाक हैं, उनको देखिए...उन्हें क्या कारण है कि वो कम लिखते हैं। दुनिया भर की जोड़-तोड़ में लगे रहते हैं।

नरेंद्र शर्मा : बस...अपेक्षाएँ...

गोविंद मिश्र : नरेंद्र जी, आप भी तो इस नगरी में कब से रह रहे हैं... आप जोड़-तोड़ में नहीं फँसे...

नरेंद्र शर्मा : मैंने सूत्र बताया न कि मैंने अपने आपको बहुत लगाया ही नहीं, इसलिए मैं बंबइया बनने से बचा रह गया...

गोविंद मिश्र : किसी चीज में लगे तो रहे?

नरेंद्र शर्मा : हाँ वो तो है। अपना एक साहित्य...वह तो तार सच्चा ही रहना चाहिए बाकी तो अपने को कोई मतलब नहीं। उससे क्या उपलब्धि होगी या हमारी प्रसिद्धि क्या होती है। हमारी कविताओं की किताब कौन छापता है...भगवान की कृपा से हमें चिंता नहीं। अपेक्षा रखना बहुत दुख पाना है। कोई आदमी सच्चाई के साथ लिखे, यह बहुत बड़ी बात है। ये कोई छोटी चीज नहीं है आज कि गंभीर लेखन, चैतन्य लेखन...उसकी जरूरत क्या है किसे? आज इसका मूल्य क्या है?

गोविंद मिश्र : आज लिखने की शक्ति, आस्था लेखक को सिर्फ अपने भीतर ही ढूँढ़नी पड़ती है...तभी वह लिख पाता है। मैं समझता हूँ इतना आप लोगों के जमाने में नहीं था। आज संवेदनात्मक लेखन के लिए जितना संघर्ष है और शायद हमारे बाद की पीढ़ी में और ज्यादा हो गया है...उसमें लेखन के प्रति अपनी आस्था बनाए रखना ही एक बहुत बड़ी बात हो गयी है।

नरेंद्र शर्मा : आप बिल्कुल सच कह रहे हैं। जब हम उदीयमान कवि थे तो अपने तो किसी लायक थे नहीं, लेकिन बड़े-बड़े लायक लोगों से जितना प्यार मिला, जितना सान्निध्य मिला जितना उन्होंने हमारी तरफ ध्यान दिया उसके हम अधिकारी ही नहीं थे। बहुत सहज भाव से मिल गया।

डॉ. चंद्रकांत बांदिवडेकर : एक बात थी मकान के बारे में, दूसरी बात है पत्नियाँ...आपके समय में उनमें समर्पण था लेकिन आज आप देखेंगे कि स्त्री चाहती है कि उसकी ओर ध्यान दिया जाए।

नरेंद्र शर्मा : क्यों न ध्यान दिया जाए, काहे को शादी की...(हँसी)

उपन्यास में वस्तु और रूप : संदर्भ 'लाल-पीली ज़मीन'

(जैनेंद्र कुमार, अज्ञेय, विष्णु प्रभाकर, डॉ. लक्ष्मीनारायण लाल, नेमिचंद्र जैन, निर्मल वर्मा, गोविंद मिश्र, रमेश गौड़, पद्‌मधर त्रिपाठी
स्थान—गोल्फ लिंक्स, नई दिल्ली : 1978)

विष्णु प्रभाकर : बहुत दिनों बाद मुझको ऐसा मौका मिला। मैंने इस उपन्यास को पढ़ा और उसके तुरंत बाद गोष्ठी अटैंड की ताकि बहुत से लोगों के विचार पता चलें।...

मैं इसे किसी चीज़ से जोड़ना नहीं चाहूँगा। वह एक परिवेश की कहानी है, परिवेश ही उसका नायक है, परिवेश का ही चित्र उसमें खींचा गया है। कहना चाहिए कि अर्थहीन जीवन को जीने से जो समस्याएँ पैदा होती हैं, जो कुंठाएँ उभरती हैं, जो हिंसा पैदा होती है वह सब किस तरह से रिकाइल करती है; किस तरह से प्रतिक्रिया होती है उस सारे का जो वर्णन हुआ है वह बहुत ही इंटीमेट, आत्मीयतापूर्ण मालूम होता है।

यह ठीक है कि शुरू-शुरू में पढ़ने में मुझे थोड़ी दिक्कत हुई उसे अपने साथ ले जाने में, लेकिन धीरे-धीरे वह खुलता चला गया और फिर मैं उसे पूरी तरह समझता और पढ़ता चला गया। यह बेशक कहा जा सकता है कि

ठीक है कि काम की कुंठा या हिंसा के जो चित्र हैं वे सही हैं, लेकिन मुझे कभी-कभी लगता रहा कि क्या कहीं इसका दूसरा पक्ष दिखाई नहीं देगा जो कुंठाओं से अलग हो, उनको समझता हो या कोई उनसे ऊपर उठने की कोशिश करने वाला पात्र हो। इसमें सारे के सारे पात्र ऐसे आए हैं, चाहे वे स्कूल के जीवन के हैं, चाहे राजनीतिक जीवन के हैं, चाहे परिवार के हैं या पड़ोस के हैं, एक अंगुल जमीन के लिए लड़-पड़ने वाले या दुश्मनी पैदा करने वाले या ऐसी कुंठाग्रस्त लड़कियाँ...जिन्हें कहीं मुक्तता जीवन में नहीं मिली—उनकी क्या स्थिति होती है और गुंडे लोग फिर किस तरह हर जगह ऊपर आकर सब-कुछ पर छा जाना चाहते हैं—यह सब ठीक मुझे दिखाई दिया। इसे मैं एक प्रामाणिक स्तर मानता हूँ। लेकिन जैसा मैंने कहा क्या कहीं ऐसा भी संघर्ष करने वाला था जो सब-कुछ से निकल सकता और समझने की कोशिश करता। वैसे समस्या का समाधान तो है नहीं और मैं यह मानता नहीं कि समस्या का समाधान देना आवश्यक था। वह समस्या हमारे सामने प्रोजैक्ट कर दी गयी है। प्रश्नचिह्न जो सारे नैतिक मूल्यों पर लगा दिए गए हैं वही लेखक के लिए आवश्यक होते हैं। इस दृष्टि से मैं इस उपन्यास को बड़ी अच्छी कृति और सफल कृति मानता हूँ। यह भी मानता हूँ कि आज के जीवन का वह एक प्रामाणिक दस्तावेज कहा जा सकता है। अभी मैं इतना ही कहना चाहूँगा।

रमेश गौड़ : एक सवाल है, विष्णु जी। शेदवाल जी के परचे में लोकेल की बात उठायी गयी है बहुत ज्यादा। हिंदी में आंचलिकता या आंचलिक उपन्यासों का एक खास अंदाज है, एक खास अर्थ में वह शब्द रूढ़ हो गया है। क्या उस स्तर पर आप 'लाल-पीली ज़मीन' को आंचलिक मानते हैं?

विष्णु प्रभाकर : मैंने कहा कि मैं उस स्तर पर आंचलिक नहीं मानता। वहाँ के कुछ शब्दों को लेकर इन्होंने उसका वर्णन किया है, लेकिन वैसे का वैसा वर्णन, जैसे मैंने बताया, मेरे सारे परिवेश का भी हो सकता है, वे सारे शब्द मेरे भी हो सकते हैं, यह दूसरी बात है जो कालोक्वीइल शब्द उन्होंने प्रयोग किए हैं वे मेरी भाषा में दूसरे हो जाएँगे, लेकिन उन्होंने तो पूरी जिंदगी का चित्र खींचा जो कहीं भी हो सकता है—बुंदेलखंड के लिए आवश्यक नहीं कि वह वहीं हो। वह ब्रज में भी हो सकता है, उत्तर प्रदेश का जो मेरा इलाका है उसमें भी हो सकता है, बिहार में भी हो सकता है—थोड़ा अंतर जरूर होगा, लेकिन जब मैं पढ़ रहा था तो मुझे ऐसा लग रहा था, कि ये सारे दृश्य मैंने देखे हैं और मैं उनके बीच में से गुजरा हूँ। एक अंगुल जमीन

के लिए लड़ाई कहाँ नहीं होती? मैं भी उसको भुगत चुका हूँ—मेरे मकान में हुई थी। इसी तरह से स्कूल के जो दृश्य हैं वे कौन से स्कूल में उन दिनों नहीं होते थे। आज महानगर में उसका दूसरा रूप है। यह तो छोटे कस्बे की कहानी है, छोटे शहर की कहानी है जो कहीं भी मिल सकती है। मेरी अपनी यह मान्यता है।

डॉ. लक्ष्मीनारायण लाल : यह उपन्यास बिलकुल ताजा पढ़ा हुआ है। कल शाम को ही समाप्त किया। शुरू-शुरू में सचमुच बहुत भटकन लगती थी। करीब बीस-तीस पेज पढ़ा नहीं जा रहा था और ऐसा लग रहा था कि जिस राग को आप शुरू कर रहे हैं वह राग उनकी पकड़ में नहीं है कि कौन राग यह अलापने जा रहे हैं, बहुत सम्भ्रम है कि हम आधुनिक उपन्यास लिखने जा रहे हैं कि जैनुइन उपन्यास लिखने जा रहे हैं। इस ऊहापोह में यह थे, लेकिन जैसे ही उस ओढ़ी हुई आधुनिकता को इन्होंने तोड़ा और तोड़ कर असली में फालतू सामग्री—जो नाम दिया है उन्होंने अपने उपन्यास के एक भाग का—को हम लेते हैं तब उपन्यास बिलकुल पकड़ लेता है और समझ में आने लगता है और यह भी समझ में आने लगता है कि कौन-सा राग यह गाने जा रहे हैं जो चीज कस्बे में, गांव में या छोटे शहर में फालतू, बेमानी या ऐसा कहें कि उपन्यास के विषय के अंतर्गत लोग प्रायः नहीं लेते उसको इन्होंने विषय बनाया। यह बहुत ही महत्त्वपूर्ण लगा मुझको। उन फालतू चीजों को इन्होंने जिस तरह से छुआ है और जो व्यंजनाएँ दी हैं, जिनकी चर्चा मैं बाद में करूँगा वह बहुत ही अच्छा लगा।

बुंदेलखंड का परिवेश देकर उसमें चीजों को कहने का एक बहुत बड़ा अर्थ है। यह जिंदगी जाहिर है कि चारों तरफ होगी, लेकिन जिस परिप्रेक्ष्य में इन्होंने जिंदगी को उठाया है वह मेरे लिए बहुत महत्त्वपूर्ण रहा है। बुंदेलखंड की पृष्ठभूमि यह है कि वह एक लड़ाकू जगह रही है, आल्हा-ऊदल की जगह रही है। दूसरी बात यह है कि बुंदेलखंड ही वह इलाका है जो खत्री जी के सारे उपन्यासों का अंचल है, चंद्रकांता संतति की जमीन वही है। तो मुझे बहुत रोमांचक लग रहा था कि जिस उपन्यासकार ने इतने बड़े और तिलस्मी स्तर पर समाज को चित्रित करने का प्रयत्न किया, जिसे बचपन में पढ़ा था उसी के उत्तराधिकारी की तरह यथार्थ धरातल पर उसी वस्तु को फिर से पकड़ रहा था। तो मुझे बहुत रोमांचक लगा और बहुत अच्छा भी लगा कि सही उत्तराधिकारी अब है यथार्थवादी स्तर पर।

बुंदेलखंड के परिवेश के संबंध में दो-एक बातें जरूर कहना चाहूँगा। इन्होंने जब आधुनिकता या कहना चाहिए बुद्धि की दीवार को तोड़ा है तो बड़ी हिम्मत से तोड़ा है और बहुत बेलौस होकर, बिना किसी शंका के या रिजर्वेशन के इन्होंने यह उपन्यास लिखा है। ये दूसरे रूप में बहुत बधाई के पात्र हैं।

दूसरी चीज़ पढ़ते मुझे यह लगी कि ये बहुत बहादुर आदमी हैं, इनके ऊपर किसी उपन्यासकार का प्रभाव नहीं दिखायी पड़ रहा है क्योंकि होता यह है कि विशेषकर उपन्यास लिखते समय आदमी अपने पूर्वजों से, अपने समीप के व्यक्तियों से या कुछ औपन्यासिक कृतियों से प्रभावित हो कर किसी न किसी बात को लिखता है या सोचने का ढंग ले लेता है। इन्होंने बिलकुल अपना ढंग लिया। अपने ढंग में जो इन्होंने बहुत छिपी हुई हँसी-मज़ाक और व्यंग्य को तटस्थ हो कर लिखा वह मुझे बहुत दिलचस्प लगा। वैसा मैं नहीं लिख सकता, इसलिए ईर्ष्या भी हुई। जब 'फालतू' ये आगे बढ़ कर यह 'घर' में आते हैं तो एक अर्थ और पकड़ने लगते हैं। जो चीजें फालतू इधर-उधर बिखरी थीं—फालतू तीन-चार धरातल पर इन्होंने लिया है, चाहे बच्चे हों, चाहे बाहर का झगड़ा हो, चाहे स्कूल हो, चाहे वयस्क, टीन-एजर लड़कों का झगड़ा हो—इन्होंने उन सब फालतू चीजों को एक सामाजिक प्रसंग दिया है, एक संदर्भ दिया है। उससे उपन्यास की अर्थवत्ता बढ़ने लगती है। घर में आ कर जो चीज फालतू के भाग में बिखरी हुई थी, वह आकर केंद्रित होती है। फिर इन्होंने खेल का एक भाग बनाया है, उस खेल में, उस पूरे परिवेश और जिंदगी के यथार्थ में जो एक युद्ध चलता है उसको इन्होंने बहुत तटस्थ भाव से देखा है। जाहिर है कि इन्होंने किसी का पक्ष नहीं लिया है इसलिए लड़ाई चलती रही है। उपन्यास का जहाँ अंत होता है वहाँ किस तरह से उस आदमी को जो बिलकुल बेकार है उसको लोग छोड़ने गए हैं—वह बिलकुल अकेला चला गया है—बस तक—उससे यथार्थवादी करुणांत का जो प्रभाव है वह यह उपन्यास डाल कर चला जाता है। पूरा उपन्यास पढ़कर बहुत अच्छा लगता है कि बिना किसी के प्रभाव में आए, बिना अपनी बुद्धि का जामा ओढ़े इन्होंने जिंदगी को जैसी वह है उसको आर्टिस्ट के तरीके पर रख दिया है और सोचने के लिए बहुत-सा मसाला दिया है।

जो महत्त्वपूर्ण बात है इस उपन्यास के संदर्भ में वह यह है कि इस उपन्यास में जो कहा है उसके अतिरिक्त जो व्यंजना भी है वह मुझे बहुत महत्त्वपूर्ण लगी। इस संबंध में जो मेरी प्रतिक्रिया है उसे मैं विनम्र रूप में

रखना चाहूँगा—बुंदेलखंड का जो इलाका इन्होंने लिया है या जो सामाजिक संदर्भ लिया है वह सामंत काल का है, युद्ध करने वाले लोग थे, लड़ाई करने वाले लोग थे, किलेबाज़ लोग थे। पहाड़ों पर खड़े होकर युद्ध करने वाले लोग थे। जो सारा का सारा सामंत काल खत्म हुआ है और उसके आधार पर जो आधुनिक भारत का कस्बा और जिला बना है, उसमें मुझे बहुत व्यंजना दिखाई पड़ती है। उसमें सामंत काल की वृत्तियों की किस तरह से आधुनिक अभिव्यक्ति हुई है, मसलन पहले पतंग उड़ाते रहे होंगे या तीतर लड़ाते रहे होंगे, अब न पतंग लड़ाने का समय है, न तीतर लड़ाने का समय है, तो अब आदमी मुकदमा लड़ रहा है। उसको उतनी फुरसत नहीं लेकिन फ्यूडल एज के उन मूल्यों का किस कदर आधुनिकीकरण हुआ है और आधुनिकीकरण में एक आदमी मुकदमे में रस ले रहा है और दूसरा आदमी मुकदमे में टूट रहा है। दोनों तरह के पात्र रखे गए हैं। इसी तरह किले बनाना भी है। पहले लोग किला बनाते थे। अब लोग घर बनाने में बहुत ज्यादा रुचि ले रहे हैं, पूरी जिंदगी लगा दे रहे हैं। शादी करने में प्यार करने में। जो फियर था, जो भय था सामंत काल का, वही भय दूसरे रूप में अभिव्यक्ति दे रहा है इस समाज में और उस भय से लड़ने के लिए आदमी दूसरे संस्थान बना रहा है और दूसरे प्रकार की सामाजिक संस्कृतियाँ कैसे बना रहा है उसकी इस उपन्यास में बहुत ही व्यंजना है। पता नहीं यह जान कर इन्होंने यह उपन्यास लिखा, लेकिन यह बात मुझे मिली उपन्यास में, जो नहीं कही गयी है। इसके लिए मैं इनको बधाई देता हूँ।

दूसरी बात यह कि—मैं बिलकुल पेट्रनाइजिंग ढंग से बात नहीं कह रहा हूँ, जेनुइन बात कह रहा हूँ—इनमें बहुत बड़े उपन्यासकार की क्षमता मुझको मालूम होती है और वह इसलिए कि इनमें एक बहुत ही मस्ती है, लिखने में एक निर्भय तत्त्व है। मस्ती का तत्त्व, जो कि एक उपन्यासकार में एक बहुत बड़ा गुण और बहुत बड़ी शक्ति मैं मानता हूँ जो कि इनमें है। कोई चिंता नहीं कि इसका रूप-बंध कहाँ जा रहा है, इसका शिल्प कहाँ जा रहा है, इसका कथानक गड़बड़ हो रहा है, चरित्र-अंकन ठीक हो रहा है या नहीं—वह सब इन्होंने छोड़ दिया है। पतंग उड़ा रहे हैं, तीतरबाजी कर रहे हैं, ऐसा भी लगता है जैसे किसी पहाड़ी के ऊपर गुल्ली-डंडा भी खेल रहे हैं, नंग-धड़ंग घूम रहे हैं। यह जो मिट्टी है, यह जो हवा है, यह जो धूल है, यह जो पूरा का पूरा माहौल है उसे इन्होंने पकड़ लिया है; इस उपन्यास में और इसको

में बहुत ही महत्त्वपूर्ण तत्त्व कहूँगा। यह तत्त्व हमारे यहाँ अमृतलाल नागर में बहुत अच्छे ढंग से आया था पहले—इधर के उपन्यासों में नहीं—भगवती बाबू के उपन्यासों में भी यह आया है। वह तत्त्व इनमें और भी अच्छे ढंग से आया है। यह जो कुंठाहीन होकर, आधुनिकता का जामा छोड़ कर उपन्यास या कथा कहने की बात है वह मुझे बहुत अच्छी लगी।

रही बात यह कि यह कथा, कथा के लिए नहीं कह रहे हैं—कथा तो कही नहीं रहे हैं बल्कि एक स्केच दे रहे हैं, छोटे-छोटे चित्र बना रहे हैं और चित्र के भीतर चरित्र हैं और चरित्र के भीतर जिंदगी की लड़ाई है जो अपने-अपने संदर्भों में हर छोटा-छोटा पात्र लड़ रहा है। उसकी लड़ाई को कोई देख रहा है। इस उपन्यास की कलात्मक उपलब्धि मेरे लिए यह है कि चीजों को देखा जा रहा है। यह देखने की बात, यह तत्त्व सम-सामयिक लेखकों में बहुत कम है क्योंकि आदमी देख नहीं पा रहा है, आदमी मूल्यांकन करने लगता है, समीक्षक हो जाता है। स्वयं और वस्तु के मध्य में उसका 'मैं' आ जाता है। वस्तु के देखने में इनका 'मैं' नहीं आया, यह अच्छा लगा क्योंकि 'मैं' को ले आने के मोह को कम लोग संवरण कर पाते हैं और स्वयं उसके भीतर आ जाते हैं। मैं स्वयं आ जाता हूँ उसमें। ये नवयुवक हैं, बहुत अच्छे-अच्छे उपन्यास लिखेंगे।

जैनेंद्रकुमार : नवयुवक हैं?

डॉ. लाल : मेरी अपनी तुलना में तो यंग ही हैं। नव के माने हैं उदीयमान। और भी बातें की जा सकती हैं। बहरहाल बुंदेलखंड का एक टुकड़ा जो लाल-पीली ज़मीन है—इन्होंने जिस तरह उठाकर शब्दबद्ध किया है इसके लिए मैं इनको हार्दिक बधाई देता हूँ।

रमेश गौड़ : आपने अपनी बात शुरू करने से पहले जेनुइन उपन्यास और आधुनिक उपन्यास की कुछ बात कही। मैं यह जानना चाहता हूँ कि इससे आपकी क्या मुराद है। जेनुइन उपन्यास आप किसे मानते हैं और आधुनिक उपन्यास आप की निगाह में कौन हैं?

डॉ. लाल : मैंने थोड़ी-सी इसकी चर्चा की। आधुनिक उसे मैं कहता हूँ—मेरी भाषा है, वह गलत हो सकती है—जो आधुनिकता का दमखम पहले से लेकर बैठ कर लिखा जाए।

रमेश गौड़ : जैसे?

डॉ. लाल : जैसे आप खुद ढूँढ लें। उसके लिए मैं विवश नहीं हूँ।

गोविंद मिश्र : यहाँ पर मैं एक बात कहूँगा। एक आलोचना यह हो सकती है–जिसे कहते हैं–पारंपरिक ढंग से उपन्यास लिखना और आधुनिक ढंग से उपन्यास लिखना। दरअसल मेरी बातचीत अपने मित्रों से चल रही थी, उस दरम्यान सवाल उठा कि यह जो शैली है–घटना, उसके बाद दूसरी घटना, तीसरी घटना है, फिर उसके बाद पहली घटना का चित्र है, फिर यह सिलसिला धीरे-धीरे आगे बढ़ता है–क्या इससे अलग हट कर अभिव्यक्ति आज का लेखक नहीं देना चाहता? क्या वजह है कि उपन्यास में हम घूम-फिर कर उसी पारंपरिक ढंग पर लौट आते हैं। उदाहरण के लिए थोड़ा-सा जिन्होंने पारंपरिक तरह से उपन्यास लिखा उसमें रेणु के 'मैला आँचल' की काफी चर्चा की जाती है। फिर थोड़ा-सा अलग हटकर 'शेखर : एक जीवनी', फिर निर्मल वर्मा का उपन्यास 'लाल टीन की छत' की बात की जाती है और कृष्णा सोबती के 'सूरजमुखी अँधेरे' की बात की जाती है। कहने का मतलब यह होता है कि जो आधुनिक संवेदना है जब वह उपन्यास के स्तर पर आती है तो क्यों उसे पारंपरिक ढंग को अपनाना पड़ता है। मेरे पास इस उपन्यास के परिप्रेक्ष्य में इस चीज का जवाब यों नहीं है कि मैंने लिखते वक्त जाहिर है बहुत फार्म के बारे सोचा नहीं था और सोचना भी नहीं चाहता था सिवा इसके कि वह किस तरीके से हो रहा था, बस हो रहा था। एक आपत्ति जो की जाती है मसलन वह यह है कि शुरू के हिस्से और आखिर के हिस्से आधुनिकता के आडंबर से थोड़ा-सा लिप्त से लगे और उसके बाद फिर उपन्यास अच्छी तरह चलने लगा। कुछ लोगों का ख्याल यह भी हो सकता है कि ज्यादा अच्छा होता जिस ढंग से मैंने पहले वाला हिस्सा लिखा और आखिरी लिखा उसी ढंग से चलता।

पद्म र त्रिपाठी : यह नहीं है कि पारंपरिक ढंग से सारी चीज लिखी जाय या एक कथानक को जैसे शुरू किया गया उसका निर्वाह पूरे उपन्यास में उसी तरीके से किया जाय। शिवप्रसाद सिंह का उपन्यास एक अंचल को लेकर लिखा गया 'अलग-अलग वैतरणी'। वह भी इस तरीके से, काफी ऊबड़खाबड़ तरीके से चलता है, लेकिन एक अंतःकथा उसको जोड़े रहती है।

रमेश गौड़ : इसका मतलब यह हुआ कि जहाँ ऊबड़खाबड़पन दिखाई दे वह आधुनिक है, जहाँ एक खास किस्म का उल्लेख जुड़ता चला जाय...

पद्म र त्रिपाठी : ऐसी कोई बात नहीं है। यह तो शिल्प का, शैली का सवाल है।

गोविंद मिश्र : मेरा अपना विचार यह है कि बहुत ज्यादा आंचलिकता की बात उठायी जाती है, हम आंचलिकता की बात ऐसे करते हैं मानों आंचलिक उपन्यास कोई हेय चीज है या आंचलिक 'डब' कर दिया गया तो उपन्यास अच्छा नहीं बना, आधुनिक ढंग से लिखा तो उपन्यास अच्छा बना। फिर आधुनिक ढंग क्या है? मेरा ख्याल है कि हर उपन्यास, हर कहानी अपने ढंग से अपना फार्म तय करती है। जो बात आप कह रहे हैं वह आप कह सके हैं तो वही फार्म उसके लिए उपयुक्त था। अधिक आवश्यक यह है कि वह प्रामाणिक है या नहीं है बनिस्बत इसके कि वह आधुनिक हो या पारंपरिक हो। उसकी प्रामाणिकता ज्यादा कीमती है।

श्री नेमिचंद्र जैन : मैंने थोड़ी देर पहले यह उपन्यास पढ़ कर खत्म किया है। प्रभाव पहली प्रतिक्रिया के स्तर पर है। उसके बारे में सोचने का कोई मौका नहीं मिला। जो दो-तीन बातें पढ़ते-पढ़ते या पढ़ने के बाद मन पर टिकी रह गयीं वही मैं आपके सामने कह सकता हूँ।

उनमें से एक यह कि मेरा बचपन बुंदेलखंड में बीता है। मुझे बहुत-सी पहचान उसमें लगी अपने ढंग से। बहुत-सी भाषा ऐसी लगी क्योंकि बुंदेलखंडी भाषा बहुत दिनों से कहीं पढ़ी नहीं थी, पढ़कर आत्मीयता का भाव मन में पैदा हुआ। शब्दों से जो चित्र मन में बनते हैं वह बहुत से बने और एक प्रीतिकर भाव मन में पैदा हुआ। शब्दों के संयत प्रयोग के कारण वह भाषा हावी नहीं होती। मैं नहीं जानता वह भाषा दूसरे लोगों को खटकी हो, मेरे लिए तो अपरिचित नहीं थी सिवाय इसके कि मन में कुछ चित्र, बिंब और एसोसिएशंस जागे। इसलिए अच्छी लगी थी।

इसके अलावा बुंदेलखंड का जो प्राकृतिक परिवेश है, जो जमीन है लाल-पीली या कि पहाड़ी, पथरीली, कंकरीली, ऊबड़खाबड़, उतरती हुई सड़कें और पगडंडियाँ और ताल, इधर-उधर बिखरे हुए—वह प्राकृतिक परिवेश बहुत जानदार हो गया, मुझे ऐसा लगा। वह महत्त्वपूर्ण अनुभव के रूप में उपन्यास में मौजूद है—एक ऐसा प्राकृतिक वातावरण जो जीवंत है और मौलिक चरित्रों को जो सामने दिखाई पड़ते हैं, उनको लगातार प्रभावित कर रहा है। ऐसा लगता है कि जो ऊपर बैठा हुआ, झाड़े बैठा आदमी है, जिसका जिक्र किया गया है, उसकी छाया लगातार मौजूद है। पहाड़ जो काले दिखाई पड़ते हैं वे एक तरह की छाया घाटी पर डालते हैं। मुझको वह बहुत आकर्षक लगा। इसने मेरे मन पर बहुत असर डाला। यह इस कारण भी हो सकता है कि मैं उस परिचित क्षेत्र से आता हूँ।

मैंने जब पढ़ना शुरू किया तो मैं यह निश्चित नहीं कर सका कि यह किसी कस्बे के बारे में है, मुझे लगता रहा कि यह किसी देहात के बारे में ही है। यह भी हो सकता है किसी परिचित परिवेश की याद जाग्रत होने के कारण रहा हो। थोड़ी देर में मुझे लगा कि कोई बनता हुआ या बन गया शहर है जिसका सीमांत चारों तरफ से ऐसे इलाके से घिरा हुआ है, जो बिल्कुल देहात है या उतना ही उजाड़ या उतना ही डरावना, आधुनिक जीवन से कटा हुआ एक स्थान। मुझे लगा कि पूरा अनुभव जो उसमें प्रस्तुत है वह उस वातावरण में फैला हुआ है। शहर का टुकड़ा या देहात का एक इलाका, एक तरह की हिंसा, बेचैनी या एक तरह के भीतरी दबाव और तनाव से जीता हुआ किसी दूर के कटे हुए अंचल से जैसे एक साथ मिल गया हो। मैं उसको आखिर तक भी शहर के रूप में मन में स्पष्ट नहीं कर पाया हालाँकि फिर बाद में बहुत सारा जिक्र शहर का आता है, कलेक्टर की कोठी का, कचहरी का, पर मुझे लगा कि ऐसा कोई स्थान है जहाँ पर हमारी आधुनिक सभ्यता के बहुत से अंश भी हैं पर आदिम प्राकृतिक परिवेश में रहने वाले इन्सानों का जीवन भी है, किस तरह से वे रहते हैं। आज के शहरो में जो जीवन के—अच्छे या बुरे—बहुत से तत्त्व उभर कर आते हैं उनको यहाँ लेखक जोड़ रहा है। शहर भी एक तरह का वन्य और उतना ही डरावना इलाका है यद्यपि उस इलाके में शहर के जीवन की बहुत-सी चीजें पेश की गई हैं। यह जो भौतिक परिवेश है वह मुझको पूरे उपन्यास के अंदर छाया हुआ लगा। शहर उसमें डूब जाता है, कहीं उभरता नहीं है। क्योंकि जिस जगह यह सब हो रहा है वह सचमुच शहर नहीं है।

जिस युग में, जिस समय में यह हो रहा है उसको ठीक मैं निर्धारित नहीं कर सका। कभी लगता था कि सातवें दशक के अंत में हो रहा है, 67, 68, 70 के आसपास की कुछ घटनाएँ हैं और और भी उसके बाद की हैं। चुनाव की भी चर्चा है। विधान सभा के चुनाव की चर्चा है। मेज़ के ऊपर विद्यार्थी छुरा रख कर नकल करते हैं। यह जो विशेष समय था उसको भी सामने ले आते हैं। फिर लगता है कि बीच में और कुछ जो घटित हो रहा है वह पूरी तरह कालातीत है, जमाने से चलता आ रहा है, चलता चला जाएगा, समय में स्पष्ट रूप से साफ-साफ केंद्रित नहीं है। समय के मामले में मैं बहुत स्पष्ट नहीं हो सका। शायद देश के विभाजन से पहले का है।

गोविंद मिश्र : नेमि जी, मैं कह रहा था कि यह जो समय की बात है, अपनी बात को...

श्री नेमिचंद्र जैन : यह आलोचना नहीं है। मैंने यही कहा कि जो घटित हो रहा है अनुभव में वह कालातीत है, कोई समय निर्धारित नहीं है, लगातार होता चला आ रहा है—ऐसा अनुभव है जो उसमें प्रस्तुत है कि एक अधिक पहचान में आने वाला समय का टुकड़ा कहीं उसमें जुड़ता जा रहा है। यह शायद उसका अच्छा ही पक्ष है कि वह विशेष काल में बँधा हुआ नहीं है, निर्धारित नहीं है, उसकी कोई आवश्यकता नहीं थी। मुझको यह भी लगा कि समय के विशेष बिंदु से जहाँ वह जुड़ता है वह किसी भी वक्त हो सकता था। पहचान आती है, वह न भी होती तो शायद कोई खास फर्क पड़ता नहीं।

इससे एक दूसरा परिणाम भी निकलता है। जो कुछ मेरे मन पर प्रतिक्रिया हुई, उसको मैं कह सकता हूँ। जो कुछ घटित हो रहा है उसका मेरे मन पर प्रभाव पड़ा कि एक तरह से होरिजेंटल घटित हो रहा है। बाहर बहुत कुछ ऐसा घटित हो रहा है जिसका संबंध हमारी कहीं बुनियादी वृत्तियों से है। वह हमको प्रभावित करता है, पूरा परिवेश हमको प्रभावित कर रहा है। परंतु जो कुछ घटित हो रहा है उसमें बाहरी बहुत कुछ घटनाएँ हैं शायद इस बात को सूचित करने के लिए चारों तरफ जहाँ नजर दौड़ाएँ वहाँ हिंसा परिव्याप्त है और यह दिखाने के लिए बार-बार एक ही बात दोहराई जा रही है। मुझे लगा कि काल का जो हिस्सा आधुनिक पहचान में आता है वह अनुभव की इस पुनरावृत्ति से जुड़ा है। वही बात एक और जगह पर घटित हो रही है एक और रूप में राजनीतिक जीवन में या दूसरी-दूसरी जगहों पर। मेरे मन पर यह प्रभाव रहा कि जो इसके अभिनेता हैं सारे घटनाचक्र के या कार्य-व्यापार के—कैलाश, सुरेश, शिवमंगल, शिवराम, कल्लन, पंडित केशव—वे पृष्ठभूमि के रूप में ही हैं—ऐसे लोग हैं जिन्होंने पूरा मंच घेर रखा है और उन्हीं के कार्यकलाप अलग-अलग रूपों में सामने आते हैं। उन्हीं का दूसरा रूप बोस साहब हैं या यादवजी हैं या ठाकुर साहब हैं, दूसरे लोग हैं या कि उसका एक प्रतिनिधि शिवहरे भी है। इससे लगा कि एक ही अनुभव के बहुत से चित्र हैं। बहुत सूक्ष्मता के साथ हर चित्र सजाया गया है। उसको फोटोग्राफिक प्रभाव के साथ पेश किया गया है, बहुत ब्यौरा है हरएक चित्र में और इसलिए प्रामाणिक लगता है। पर मुझे लगा कि वही बार-बार दोहरा रहा है अपने आपको। उसमें मौजूद दूसरी तरह के लोगों के मन के भीतर लेखक हमको दूर तक नहीं ले जाता। वह अनिवार्य था—अनिवार्य न भी होता शायद—अगर केंद्र सुरेश, कैलाश जैसे चरित्र रहे हों तो यह अनिवार्य ही था

कि उनके बाहरी क्रियाकलाप मुख्य तरह से फोकस में रहें और भीतर जो दूसरी चीज का पक्ष है उसका उतना महत्त्व न रह जाए।

शुरू में उपन्यास में कुछ दार्शनिक लगने वाली बातें हैं, अंत में फिर कुछ इस तरह की बातें सामने आती हैं। लगता है, जैसे लेखक एकाएक सचेत हो गया कि बाहर की घटनाएँ भी चाहिए उसकी व्याख्या के लिए ताकि वे उसके गहरे पक्ष को सूचित कर सकें। ऐसा मुझको लगा।

मैं यह भी ठीक समझ नहीं सका हूँ कि लेखक केशव के बजाय 'मैं' की बात क्यों करने लगता है। शुरू से ऐसा कोई पक्ष नहीं है। अंत में 'मैं' और पिता चरित्र के रूप में आते हैं। इस तरह का दूसरा पक्ष लाने की कोशिश की है। आखिर की तरफ इस अनुभव को बार-बार दोहराया जाने वाला सार्वयुगीन, सार्वभौमिक शाश्वत प्रकार का निरंतर आने वाला अनुभव कहने की किसी खंड में कोशिश है। यह भी कहा जाता है कि केशव के बारे में और कहने की क्या जरूरत थी; केशव कोई भी हो सकता है। मुझे लगा कि यह वह अपने आप में पर्याप्त नहीं है जो कुछ कहा गया है इसलिए बार-बार शायद यह अनुभव दोहराया जाता है।

यह मेरी कुछ अस्पष्ट सी और प्रारंभिक सी प्रतिक्रियाएँ हैं। मैं मिश्र जी के लेखन का प्रशंसक रहा हूँ। इसमें मुझे एक नया पक्ष लगा। अभी तक उनकी रचनाओं का जो परिवेश था वह दफ़्तरी जीवन और उसमें फँसे हुए व्यक्ति के अनुभव, उस की घुटन और उसकी दूसरी तमाम मानसिकताओं का था—उसका बहुत ही रोचक और असरदार चित्र उनकी रचनाओं में मिलता रहा और बहुत प्रभावित करता रहा। मुझे ऐसा लगा कि यह अपनी पुरानी जिंदगी की यादों को टटोलने की कोशिश है, परवर्ती जीवन की नहीं, प्रारंभिक जीवन के जो हमारी सारी मानसिकताओं को निर्धारित करते हैं। शुरू से उनकी रचनाओं में एक विशेष प्रकार की तराश हमको मिलती रही है। इसमें एक और शैली के बजाय एक खास परिवेश के भाषायी-रचाव को लाने की भी कोशिश है तो कम से कम मुझे यह बहुत आकर्षक लगा।

पद्मधर त्रिपाठी : दरअसल इस उपन्यास के लेखन के दौर में भी मैं काफी गोविंद जी के साथ रहा हूँ और इस पर बराबर चर्चाएँ होती रही हैं। मैं इस उपन्यास पर खास बात न कहकर अपनी ही पीढ़ी के जो उपन्यासकार आज यहाँ हैं उनके विचारों से लाभान्वित होना चाहूँगा कि जहाँ आज का उपन्यास टिका हुआ है उसमें सचमुच हमारी आज की भारतीय जिंदगी और खास तौर

से युवा मानस की सही तस्वीर कहाँ तक यह उपन्यास पेश करता है। इस उपन्यास में ही नहीं, इसके साथ के और जो उपन्यास इस बीच में आए हैं, 'अपना मोर्चा' की जैसे चर्चा है उनमें क्या मूल्य हैं, जिंदगी की असलियत के कौन से पहलू हैं; किन मूल्यों को आज का युवा लेखक अपने लेखन में बड़ी तेजी से उभार रहा है आप लोग यहाँ इस पर भी थोड़ी-सी चर्चा करें। मैं जैनेंद्रजी ये यह आग्रह करूँगा कि वे सबसे पहले कुछ थोड़ा इस दृष्टि से प्रकाश डालें।

जैनेंद्र कुमार : युवा मानस का मैं कुछ प्रतिनिधित्व करूँगा क्या? शुरू में मुझे भी कुछ भारी लगा पढ़ने में, लेकिन बाद में रुचि बढ़ती गयी। रचना अच्छी लगी कहीं-कहीं बहुत अच्छी लगी; अच्छी के अतिरिक्त सशक्त लगी। सशक्त मुझे कहना पड़ता है इस कारण कि मेरे अपने मत-मंतव्य मुझसे छिन गए, स्थगित हो गए और ऐसा लगा कि जो पात्र, चरित्र हैं उनके साथ मेरा इतना तादात्म्य हो गया कि मैं स्वयं अपने अभिमतों से मुक्त हो सका हूँ। स्थान और समय के साथ जब न्याय हुआ है तब मैं रचना को न स्थानीय कह सकता हूँ, न सामयिक कह सकता हूँ। ऐसा मालूम होता है कि वह स्थानबद्ध भी नहीं है और समयबद्ध भी नहीं है। यह रचना की विशेषता है। मैं समझता हूँ कि यदि एक के प्रति न्याय किया जाता है तो अनायास सब के प्रति न्याय उस रचना के द्वारा हो जाता है। इसलिए बुंदेलखंड के अंचल में यदि पात्र रहते हैं तो उसमें बुंदेलखंड के साथ न्याय हो गया यह नहीं मानना चाहिए; मैं समझता हूँ कि जितने भी स्थल हैं, जितने भी अंचल हैं उनके साथ अनायास न्याय हो जाता है। हमारे विष्णुजी ने ठीक ही कहा कि मुझे तो ऐसा मालूम हुआ कि बुंदेलखंड की जगह मेरा भी अपना गाँव हो सकता था और पात्र भी इस रूप में हो सकते थे।

एक बात जरूर मुझे लगी। शार्प फोकस स्वयं मुझे पसंद नहीं है, और कुछ थोड़ा सॉफ्ट फोकस मुझे अधिक रुचिकर होता है, लेकिन कुछ ऐसा प्रतीत हुआ कि फोकस कहीं डिस्टर्ब्ड तो नहीं हो गया है। उसके जितने पात्र हैं, चित्र हैं खंड चित्र के रूप में और स्वयं पात्र के रूप में वे बहुत ही आकर्षक हैं, बहुत ही प्रभावशाली हैं, लेकिन कुल मिलाकर पुस्तक में जो क्युमुलेटिव एफेक्ट है, जो एकोन्मुखता है मालूम हुआ जैसे मुझे उसकी अपेक्षा रह गयी, वह प्राप्त नहीं हुई।

अंतिम चित्र जब पुस्तक समाप्त होती है तो है केशव के पिता था। वह चित्र स्थायी प्रभाव छोड़ जाता है। यदि केशव का पिता ही केंद्र-बिंदु हो

सकता सारी पुस्तक का तो पुस्तक का जो टेंशन है, तनाव है वह बहुत बढ़ गया होता और पाठक अधिक कृतज्ञ हो सकता था।

'परंपरा', 'आधुनिकता' इत्यादि शब्द कुछ मेरे मन में टिक नहीं पाते हैं। न मुझे शैली और शिल्प के हिसाब से कुछ वर्गीकरण समझ में आता है। मुझे लगता है कि लेखक जितना अपने को उँड़ेल सकता है और पाठक के साथ अपनी रचना को अभिन्न बना दे सकता है उसके अतिरिक्त दूसरी कसौटी मेरे पास तो नहीं है, फिर उसकी विषय-वस्तु कुछ भी चाहे हो। हो सकता है कि उसका दृष्टिकोण सामाजिक हो। यह भी हो सकता है कि उसका दृष्टिकोण सामाजिक न होकर कुछ आभ्यंतरिक हो, आंतरिक हो। मेरे लिए यह प्रश्न उतना महत्त्व नहीं रखता, जितना कि यह कि पाठक उस दृष्टि में कितना अपने को भूल सका है। जितना पाठक को कोई रचना उसके अपनेपन को खो देती है थोड़े समय के लिए मुझे लगता है कि वह उतनी ही सार्थक है। इस रचना में मुझे कई जगह अनुभव हुआ कि मेरे पास अपने मंतव्य नहीं रह गए हैं—मैं इतना एकीभूत हो गया पात्रों के चरित्रों के साथ। और पाठक की हैसियत से यही मेरी माँग रही कि वह मुझसे मेरा अपनापन छीन ले थोड़ी देर के लिए। उस दृष्टि से मैं मानता हूँ कि रचना सफल है और सशक्त है।

अज्ञेय : मैं तो नहीं सोच रहा था कि मैं कुछ कहूँगा इस उपन्यास के बारे में। पढ़ा मैंने जरूर और मुझे अच्छा भी लगा। उसे अंत तक पढ़ जाने में कोई कठिनाई नहीं हुई। अंत तक पहुँचने से पहले तो मुझे भी अवश्य लगा कि इसको 'लाल-पीली-ज़मीन' के बाद एक और सब-टाइटिल दे दें Variations on a theme of sex and violence तो शायद अनुपयुक्त न हो। मुझको भी यह लगा कि इसमें एक के बाद एक कई एपीसोड्स हैं और लगभग एक ही चीज़ के—नए-नए ढंग से अवश्य लेकिन आवृत्ति करते हैं। और एक सीमा तक जा कर लगता है कि इससे इतर भी कुछ होना चाहिए। लेकिन, जैसा मैंने कहा, पढ़ने में रुचिकर लगा और सिर्फ पाठक की दृष्टि से कहूँ तो सफल, सशक्त और एक स्थायी प्रभाव छोड़ देने वाला उपन्यास था। उसके कई चरित्र, उसकी कई घटनाएँ मुझे अभी तक याद हैं और उनकी याद रहेगी।

जहाँ एक तरफ मुझे यह लगा कि इन एपीसोड्स में एक स्थान का और एक समाज का, चरित्रों का बिलकुल सच्चे जैसा रूप प्रस्तुत किया गया है, वहाँ दूसरी तरफ कुछ कमियाँ भी मुझको खटकीं। अब मैं पाठक से ज्यादा लेखक के रूप में बात कहना चाहता हूँ।

उसका सबसे पहला अध्याय मैंने पढ़ा तो मैं बहुत अधिक प्रभावित हुआ। मैं आधुनिक और पारंपरिक की चर्चा में नहीं पड़ना चाहता हूँ। यह बात मैं मान लेता हूँ कि वस्तु अपने-आप बताती है कि कैसा रूप होना चाहिए। और आज अगर कोई पारंपरिक ढंग का उपन्यास लिखता है तो उसका अर्थ जरूरी तौर पर यह नहीं है कि वह आधुनिक से पीछे जाकर लिखता है। ऐसा भी हो सकता है कि वह आधुनिक के बाद अपनी वस्तु को ध्यान में रखते हुए एक पारंपरिक ढंग का-सा जान पड़ने वाला उपन्यास लिखे। इसलिए आधुनिक और पारंपरिक की बात मुझे छोटी जान पड़ती है। पहला अध्याय पढ़ने के बाद—यद्यपि वहाँ थोड़ी-सी अतिरिक्त नाटकीयता के साथ पति-पत्नी प्रस्तुत किए गए हैं, जो एक-दूसरे से घृणा करते हैं और ऐसा जान पड़ता है कि उनका हर कर्म, एक-दूसरे के साथ व्यवहार का हर जुज़ घृणा से पूरित है तो मुझे लगा कि एक बड़ी चुनौती भरी स्थिति से लेखक आरंभ कर रहा है और इस स्थिति को इस ढंग से देखना इस अर्थ में आधुनिक स्थिति को आधुनिक ढंग से देखना होता है कि आधुनिक मनोविज्ञान के विकास से पहले इस तरह की बात शायद उपन्यास में न आती। इस अर्थ में हम कह सकते हैं कि वस्तु भी आधुनिक है। लेकिन उसके बाद कथा अतीत में चली जाती है। वहाँ तक भी यह मानना संभव था कि इस आरंभ के बाद, इस चुनौती के पीछे जाकर लेखक उनकी जड़ों तक पहुँचना चाहता है, लेकिन सिवाय अंतिम अध्याय के फिर इस बात का उल्लेख कहीं नहीं होता। अंत में फिर जैसे लेखक को याद आता है कि मैंने अमुक स्थान से आरंभ किया था और इस उपन्यास को, या जो गठरी मैंने फैला रखी है इसको समेट कर बाँधना भी है। तो जो आरंभ का 'केशव' है वह अंत में आ कर कभी 'मैं' और कभी केशव के दोहरे रूप में आता है। वहाँ पर प्रयत्न होता है इन दो रूपों को जोड़ने का जो कि मेरी समझ में सफल नहीं हुआ। आगे बात कहने से पहले, गोविंद जी, मैं आप से एक रहस्य की बात पूछना चाहता हूँ—आप चाहें तो न बताएँ—कि जो पहला अध्याय है वह आप ने पहले लिखा था या इस उपन्यास को पूरा करने के बाद लिखा?

गोविंद मिश्र : दरअसल मेरा ख्याल यह है कि उपन्यास की जो चीजें थीं वे लिखी जा चुकी थीं। उसके बाद यह पहला और अंतिम...एकाएक कुछ कौंधा इस तरीके से कि जो हिंसा के आयाम हैं वे आधुनिक, बड़े शहरों में भी हैं और वे अपने को कुछ सोफिस्टिकेटेड ढंग से व्यक्त करते हैं जब कि

बुनियादी तौर पर वे हैं चीजें वही, जो हमने कस्बे से जहाँ हमारी असली मानसिकता बनी थी वहाँ से ढोकर लाते हैं। तो मैंने यह सोचा कि इसके थोड़े से छींटे शहरी जीवन में भी फैलाऊँ। इसलिए शुरू के हिस्से में–आपको याद हो तो–छोटे-छोटे हिंट्स हैं दूसरी जिंदगी के, जैसे, उसने आत्महत्या कर ली थी या वह औरत जल गयी थी यानी यहाँ भी वही चीजें होती हैं, सिर्फ एक दूसरे ढंग से होती है। चूँकि शहर में हम लोग वही हैं जो कस्बे में हैं या गाँव में हैं, लिहाज़ा–इस उपन्यास में वक्त नहीं था–सिर्फ एक तरह से हिंट्स से छोड़े गए ताकि इसका आयाम थोड़ा-सा बढ़ जाए।

अज्ञेय : तो इस प्रश्न का उत्तर तो हो गया बल्कि जितना उत्तर मैंने माँगा था उससे कुछ अधिक अपनी तरफ से उन्होंने वालंटियर भी कर दिया। मुझको यही संदेह था कि ऐसा कुछ हुआ होगा। पहले ही अध्याय में एक तरह से एक थीसिस है और आगे चलकर उपन्यास लिखते-लिखते लेखक को वह बात सूझती है और वह बाद में जोड़ी गयी। यह मैं मानता हूँ कि जिस तरह के हिंसा के चित्र उन्होंने प्रस्तुत किए हैं उनके कारण पूरे उपन्यास को आंचलिक कहना बिल्कुल अनावश्यक है। आंचलिकता उसमें है तो वह केवल भाषिक परिवेश तक सीमित है। बाकी सारी परिस्थितियाँ गाँव-देहात, छोटे कस्बों, बड़े कस्बों और शहर की हैं। आज के अधिकतर शहरों में भी कस्बों से आए नए-नए लोग हैं जो अभी तक पूरी तरह से शहरी नहीं हुए हैं। शहर में आने से उनको ऐसा तनाव और ऐसी परिस्थितियाँ मिल गयी हैं जिनसे वही पहले से पोसी हुई हिंसा प्रगट होती है। आंचलिक तो वह नहीं है, केवल उसका भाषिक परिवेश एक प्रदेश का है और उसको ज्यादा सच्चे रूप में प्रस्तुत किया गया है। लेकिन जैसा मैंने पहले कहा, पहले अध्याय में जो लेखक की दृष्टि थी वह मनोवैज्ञानिक चिंतन के विकास के उत्तर-काल की दृष्टि है और बीच में जितना उपन्यास आता है वह सब का सब अलग-अलग एपीसोड्स प्रस्तुत करता है और उस तरह या तो मनोवैज्ञानिक विश्लेषण की दृष्टि ने नहीं चलता है या विश्लेषण के बाद एक समग्र चित्र प्रस्तुत करने में सफल नहीं होता। यह मैं उसकी संरचना की कमी मानता हूँ।

गोविंद मिश्र : इसकी समीक्षा में एक आलोचक ने यह कहा था कि सिर्फ स्थूल घटनाओं को ही उठाया गया है। उन्होंने तो आलोचना में कहा था, लेकिन मेरी लिखते वक्त कोशिश कुछ ज्यादा यही रही कि स्थूल घटनाओं को उठाया जाय क्योंकि मेरा ख्याल यह है कि स्थूल घटनाएँ अपने आप में बहुत

ज्यादा कह जाती हैं बनिस्बत मनोवैज्ञानिक विश्लेषण के। अगर हम एक पात्र या कुछ पात्रों के मनोवैज्ञानिक विश्लेषण में जाएँ, लेखक जाय, तो मुझको यह लगता है कि वह शायद उतनी परतें यथार्थ की नहीं उकेर सकता जितना एक घटना अपने सारे स्थूल डिटेल्स के साथ–डिटेल्स जो रिलेवेंट होंगी–कह सकती है।

दूसरी एक बात यह थी कि जो बीच का हिस्सा है चूँकि उसका परिवेश दूसरा है, वहाँ सब-कुछ स्थूल ढंग से घटित हो रहा है, वहाँ पात्र भी ऐसे हैं जो बहुत इस तरीके से सोचने वाले नहीं हैं। यहाँ थोड़ा हिंट सा है कि–उसे आप लेखक के ग्रोन-अप केशव के शब्द मान सकते हैं–जब वह चीजें को वापस देखता है तो उसे स्थूल घटनाओं में–एक थीसिस का आपने जिक्र किया–एक किस्म का मनोविज्ञान, जो वे घटनाएँ अपने-आप में उकेरती हैं, नजर आता है। इस तरह का ख्याल था मेरा।

अज्ञेय : यह तो मैं मानता हूँ कि आप स्थूल घटनाएँ प्रस्तुत कर उनमें ऐसी व्यंजनाएँ और इतनी तरह की अनुगूँज प्रस्तुत कर सकते हैं कि मनोवैज्ञानिक विश्लेषण से ज्यादा आप कह जाएँ और यह भी संभव है कि आप शुरू से ही बाहरी पर इतना जोर न देकर आभ्यंतर घटना की ओर ध्यान दें, लेकिन यह भी संभव है कि आप ऐसा शिल्प अपनाएँ जिसमें दोनों का प्रयोग होता है। लेकिन इस उपन्यास में जो हुआ है वह इन तीनों में से कोई भी नहीं है। उसका मुख्य भाग तो स्थूल घटना को प्रस्तुत करता है जब कि प्रारंभ और अंत में यह प्रयत्न किया गया है कि एक आभ्यंतर जगत से आप प्रारंभ करें। शायद इससे उलटा होता तो कठिनाई इतनी न होती। आप स्थूल घटना की बात कह रहे हैं तो एक स्थूल रूपक का सहारा ले कर कहूँ कि यह तो संभव है कि एक ठोस बैठन में एक वायुविक वस्तु को आप बाँधें, लेकिन किताब तो ठोस हो और उसकी जिल्द बहुत ज्यादा हवाई रह जाय तब गड़बड़ होती है। इस उपन्यास में कुछ यही हुआ है। आरंभ और अंत जो पूरी चीज को बाँधते हैं वे ज्यादा सूक्ष्म हो गए हैं और बीच में जो है वह स्थूल है, ऐसा मुझको लगा। जैसा मैंने कहा, जो स्थूल है वह पढ़ने में तो अच्छा लगा और जानदार है। चरित्रों का एक सूक्ष्म पर्यवेक्षण तो उसमें है ही भले उनको प्रस्तुत स्थूल ढंग से किया गया है।

जैनेंद्र कुमार : मैं यह कहना चाहता था कि जहाँ से शुरू हुआ है मुझे अपेक्षा रही कि अंत तक उसका कुछ समर्थन मिलेगा, कुछ समाधान मिलेगा,

कुछ उसका इंगित मिलेगा, लेकिन ऐसा मालूम होता है कि पिता तो हैं लेकिन अंत में वह वयस्क स्थिति में आकर गायब हो जाते हैं जबकि आरंभ उनसे होता है।

तो जो स्थूल घटनाएँ हैं मुझे ऐसा प्रतीत हुआ है कि वे अधिक मर्मस्पर्शी हो सकी हैं—जहाँ वैज्ञानिक, मनोवैज्ञानिक विश्लेषण दिखाई देता है। उससे अधिक प्रभावपूर्ण हो सकी हैं आंतरिक दृष्टि से।

एक चीज अवश्य जो मेरे मन में थी कहूँ कि कहीं ऐसा लगा कि दरख्तों में जंगल खो गया है। यह भावना पढ़ते-पढ़ते मुझे रही कि अनेक वृक्ष हैं, लेकिन ऐसा मालूम होता है कि अलग-अलग वृक्ष हैं और जंगल जिसकी यात्रा के लिए पाठक निकलता मालूम होता है वह उसकी नजर से गायब हो गया है।

निर्मल वर्मा : आपस में बहस करने का सबसे बड़ा फायदा कम से कम मेरे लिए यह है कि अकेले में उपन्यास पढ़ने के बाद जो प्रभाव पड़ता है उससे उपन्यास की समूची और समग्र दृष्टि में उसका क्या स्थान है इसके बारे में बहुत जल्दी फैसला नहीं हो पाता, लेकिन इस तरह की गोष्ठी में बहुत-सी बातें खुद मेरे लिए अपने धुँधले प्रभावों को एक तरह की शेप देने में बहुत मददगार होती हैं। इसमें जरूरी नहीं कि दूसरा आप से सहमत ही हो जाए, लेकिन असहमत होते हुए भी अपनी बात ज्यादा साफ नजर आने लगती है।

शुरू के चैप्टर के संबंध में मैं वात्स्यायन जी से सहमत हूँ। मैंने सोचा था कि एक ऐसे धरातल पर उपन्यास चलेगा जहाँ घिनौनेपन, हिंसा, घृणा से मुँह तो नहीं चुराया जाएगा, उसका सामना किया जाएगा लेकिन नितांत व्यक्तिगत स्तर पर—व्यक्तिगत स्तर को न मैं स्थूल मानता हूँ, न सूक्ष्म मानता हूँ। जैसा गोविंद जी ने अभी कहा, उसमें ऐसे हिंट्स हैं, कई ऐसी वारदातों के संकेत भर दिए गए हैं जो अपने में एक खौफनाक लकीर दिल पर खींच जाती हैं, जिज्ञासा होती है स्वाभाविक रूप से कि आने वाले और चैप्टर्स इस लकीर का एक चित्र बनाएँगे। ये सारे संकेत, जिन्हें मैं कहने वाला व्यक्ति या केशव एक बड़े इन्टेन्स, सब्जेक्टिव लेवल पर भोग रहा है और याद कर रहा है, उन्हें इस रूप में व्यापक बनाया जाएगा उपन्यास में या कि अपने पर्सनल इंप्रेशन्स को एक जाति, एक समुदाय, एक अंचल, एक प्रदेश के विभिन्न पात्रों और घटनाओं के साथ सीधी लकीर पर डायरेक्टली जोड़ा जाएगा। ऐसे अनेक उपन्यास लिखे गए हैं और इसमें कोई नवीनता, कोई ताज़गी नहीं

रहती। व्यक्ति और समष्टि, इंडीवीजुअल और परिवेश इस पर पिछले वर्षों में इतनी निरर्थक बहसें हुई हैं, कभी एक को महत्त्व दिया जाता है, कभी दूसरे को, दोनों को एक दूसरे के खिलाफ रखा जाता है, एक-दूसरे को रस्सी से जोड़ने की कोशिश की जाती है जैसे कोई पक्ष और प्रतिपक्ष हो। इस सब झूठी कंट्रोवर्सी से, उपन्यास के संदर्भ में जो छद्म विवाद है इससे मुक्ति पाकर मुझे आशा थी कि पहली बार शायद यह उपन्यास उसी शिल्प को, टेक्नीक को आगे बढ़ाएगा जिससे 'लाल-पीली ज़मीन' की शुरुआत होती है।

बाद के चैप्टर्स में जो सामने आता है वह सूक्ष्म से स्थूल की तरफ परिवर्तन नहीं है, वह नितांत एक एप्रोच को छोड़ कर दूसरी एप्रोच को अपनाना है, यह नितांत रूप से भिन्न औपन्यासिक दृष्टि को त्याग कर, अगर गोविंद जी बुरा न मानें तो कहूँ, एक सहज पैटर्न को अपना लेना है जिस पैटर्न पर दुर्भाग्यवश पिछले पंद्रह-बीस वर्षों में अनेक तथाकथित यथार्थवादी उपन्यास लिखे गए हैं। हम उन उपन्यासों से कोई आशा नहीं रखते, इसलिए उनसे निराश होने का प्रश्न भी नहीं उठता। लेकिन गोविंद जी के उपन्यास की घटनाएँ बहुत सजीव हैं। कुछ सज्जनों ने कहा है कि ऐसा लगता है कि चीजों को दोहराया जाता है, लेकिन देखिए इतने दोहराने के बावजूद कोई करेक्टर, कोई पात्र स्टाक करेक्टर नहीं जान पड़ता। कोई करेक्टर ऐसा नहीं जान पड़ता जिसकी अपनी विशिष्टता चाहे वह घिनौनी हो, चाहे सेक्स हो, चाहे सेक्स के प्रति एक मारबिड दृष्टि रखने वाली हो, लेकिन बराबर एक साफ, सुडौल, विशिष्ट, महीन से महीने रेखाओं से उकेरा हुआ व्यक्ति सामने आता है। जो व्यक्ति, जो पात्र दिखाई देता है वह आकर एकदम चला जाता है। उसकी कोई परिण ाति नहीं होती। परिणति का मतलब आप गलत न समझें। मेरा मतलब यह नहीं है कि हर पात्र की कहानी पूरी होनी चाहिए, लेकिन औपन्यासिक स्तर पर एक तरह की कलात्मक तृप्ति होती है—तृप्ति चाहे गहरी उदासी में हो या गहरे उल्लास में हो।

गोविंद जी कुछ घटनाएँ उठाते हैं, कुछ रिश्तों के धागे लाते हैं, फिर या तो उन्हें बीच में ही छोड़ देते हैं या फिर अपनी तरफ से उन्हें पूरा करते हैं। एक चीज़ जो स्पोंटेनिटी के स्तर पर अपने आप उठती है, एक रिश्ता, एक प्रेम, एक चाहना जो चाहे बड़े के प्रति उस लड़की का हो जिसके साथ बलात्कार कर दिया गया था। बड़े का—मैं एक उदाहरण देता हूँ—उस लड़की के साथ रिश्ता सबसे मार्मिक प्रसंग था। लेकिन जिस तरह गोविंद जी ने आखिर

में जाकर उसे समेटा, उससे लगता है कि जिस जमीन से उन्होंने घटनाओं को देखना शुरू किया, वह गहरे अंतस्तल की सूझ-बूझ, संवेदना, अनुभव से उत्पन्न हुई है। जिस तरह समेटा है वह एक ऐसे उपन्यासकार की दृष्टि है जो किसी चीज का अंत करना चाहता है, जो किसी चीज को समेटना चाहता है। उसे कनक्ल्यूड करना चाहता है, इन दैट वे इट डज़ वायलेंस। उपन्यास में ही हिंसा नहीं है; कई बार उपन्यासकार अपने पात्रों के साथ भी हिंसा करता है और वह हिंसा सबसे ज्यादा अखरती है क्योंकि वह प्राणवान, असली प्रसंगों, घटनाओं और पात्रों को एक नियति प्रदान नहीं करती, एक कैथारसिस के बिंदु पर लाकर हमें यह नहीं बताती कि यह स्थिति थी, बुरी या अच्छी हो। लेकिन वह कह देते हैं बहुत कैजुअली कि एक दिन वह लड़की गयी, उसके साथ बलात्कार हुआ, बहुत-सी घटनाएँ हैं लेकिन मैं एक घटना से अपने तर्क को स्पष्ट करना चाहता हूँ कि बड़े के रिश्ते से वे शुरू करते हैं और फिर एक रेगिस्तान सा आ जाता है जहाँ उनका पता ही नहीं चलता, आखिर में जाकर फिर उनका उल्लेख आता है। आखिर तक गोविंद जी यह तय नहीं कर पाए कि घटनाओं को उपन्यासकार की दृष्टि से देखें या केशव की दृष्टि से देखें। लगता है कि वे दो दृष्टियों में भिंचे रहे। केशव की दृष्टि से उन्होंने शुरू किया है। बाद केशव न भी हो तो उपन्यास में उससे कोई फर्क नहीं पड़ता। और यह सबसे ज्यादा डिस्टर्बिंग चीज है। मेरे ख्याल में आज के हिंदी उपन्यास की क्राइसिस भी है इस उपन्यास में। यह आकस्मिक नहीं है कि उपन्यास के वही प्रसंग सबसे मार्मिक कहिए, प्रामाणिक कहिए या उपन्यास की दृष्टि से कलात्मक कहिए, जहाँ वह दुबारा किसी न किसी रूप में व्यक्ति की ओर मुड़ता है, लेखक के अपने मानस की ओर, जिसके सूत्र शुरू में हमें दखाई देते हैं। गोविंद जी का यह प्रयत्न रहता है कि धागे को छोड़ कर वह एक समूह, एक समुदाय, एक अंचल के सब सैक्शन्स, सब क्लासेज़, सब वर्गों के प्रतिनिधियों को चुनकर, चाहे वह पुलिस हो, चाहे वह जज हों, कलात्मक दृष्टि से फिसल कर एक सोशियोलोजिकल दृष्टि अपना लें, कहीं कोई चीज छूट न जाए जब कि इने-गिने पात्रों के द्वारा ही इस माइक्रोकोज्म को दृष्टि दी जा सकती है। जरूरी नहीं है कि अत्याचार को दिखाने के लिए आप अत्याचार के या अन्याय के सब प्रतिनिधियों को चुनें। एक घटना, एक पात्र अपने आप में एक पूरी लैंडस्केप को बिजली की तरह आलोकित कर सकता है। इसीलिए उपन्यास का विस्तार बार-बार मुझे खिजाता रहा, आकृष्ट भी करता रहा।

अंत में मैं एक शब्द कहूँगा कि हमें दुबारा से गोविंद जी के उपन्यास को आधार बनाकर हिंदी उपन्यास के बारे में सोचना चाहिए। इस दृष्टि से हम उन पुराने पूर्वाग्रहों को छोड़ दें कि कौन-सी घटना ज्यादा प्रामाणिक है कौन-सा पात्र ज्यादा सजीव है। हमारी कोशिश हमेशा यह रहती है कि जीवन को एक तरह का साक्षी बना लें और उपन्यास का खरापन हमेशा उस कसौटी पर मापते जाएँ। उपन्यास की कसौटी सिर्फ उपन्यास है। उपन्यास की कसौटी न जीवन है, न यथार्थ है, न यह युग, न बीता युग है, न आधुनिकता के मूल्य हैं, न परंपरा के मूल्य हैं। उपन्यासकार अपने उपन्यास में अपनी ही शक्ति लगाते हैं और हमें मजबूर करते हैं कि हम सब पूर्वाग्रहों को छोड़ कर उसकी शर्तों को मान कर उसके यथार्थ को स्वीकार कर लें। कहीं-कहीं गोविंद जी हमें अपनी शर्तों को मनवाने के लिए सफल हुए हैं, कहीं-कहीं उन्होंने परंपरावादी यथार्थ को, घटनाओं को ऐसे ढाँचे में हमारे सामने प्रस्तुत किया है जहाँ वह विश्वसनीय तो हैं, प्रामाणिक भी शायद हैं, सजीव भी हैं लेकिन न तो वे उस ऊँचाई तक पहुँच पाते हैं जो प्रथम चैप्टर में है, न हमें गोविंद जी की व्यथा, यातना और दृष्टि के विशिष्ट और यूनीक पहलू को समझने में मदद करते हैं जिन्होंने शायद उन्हें इस उपन्यास को लिखने के लिए प्रेरित किया होगा। धन्यवाद।

जैनेंद्र कुमार : मुझे पुस्तक को पढ़ते हुए बहुत संतोष हुआ यह देखकर कि जब पात्रोंको, उनके प्रसंगों को और ऊपरी घटनाओं को लेखक ले रहा है तो उनके जो कार्यकलाप हैं उसके पीछे क्या मार्मिक कारण-जगत है उसकी खोज निरंतर उसे रही है। बाहरी घटनाओं के द्वारा किसी सामाजिक निर्णय या नैतिक निर्णय देने की उसकी चेष्टा नहीं रही है। वह जानना चाहता है कि जहाँ से प्रत्येक व्यक्ति का व्यवहार निकलता है, उसकी जड़ें कहाँ हैं। मैं मानता हूँ कि लेखक जिस स्वावगाहन की वृत्ति से आरंभ करता है यह चीज उस मूल वृत्ति से उलटी नहीं पड़ती, न जान पड़ती है, न पृथक प्रतीत होती है। उपन्यास या कथा-संरचना में मुझे लगता है कि हम अपने में ही झाँकें; इतना झाँकें कि अपने में खो जाएँ। उसमें अपना मूल तो हमें मिलेगा लेकिन जो मूल सर्वसाधारण है, सबके लिए संगत है वह शायद नहीं मिलेगा। इसलिए अपने को औरों में खोजने की वृत्ति उपन्यासकार की दृष्टि से मुझे अधिक विश्वसनीय प्रतीत होती है—अपने को अपने में ही खोजने से अधिक अपने को शेष में, सबमें और समष्टि में खोजने की वृत्ति लगी ऐसे कि हम बाहरी

विस्तार में चले जा रहे हैं। लेकिन गाहन-अवगाहन की सार्थकता शायद तभी है जब हम एक्सटेंशन और इन्टेसिटी को अलग-अलग नहीं देखते।

गोविंद मिश्र : पहले जहाँ जिक्र आता है कि हमारे यहाँ मृत्तिका पूजन होता है, औरतें बाहर, मैदान से मिट्टी ढोकर लाती हैं—सोचते समय ऐसा ही लग रहा था कि अगर हमें अपने आपको खोजना है तो उन सारी चीजों में जाना होगा जो हमारे इर्दगिर्द थीं जब हमारा निर्माण हो रहा था।

अज्ञेय : मुझको यह लगता है कि निर्मल जी ने जो बात कही थी और मैं भी जो सोच रहा था वह सचमुच दूसरे क्षेत्र की थी और जैनेंद्रजी ने जो बात कही वह बिल्कुल दूसरे क्षेत्र की बात है। जैनेंद्रजी दार्शनिक बात दर्शन के क्षेत्र में रखकर कहना चाहते हैं। हम उसको उपन्यास की टेक्नीक के क्षेत्र में लाकर देखना चाहते हैं।

आपने थोड़ी देर पहले कहा था कि बच्चा कुछ नोट ले रहा है और लेखक भी कुछ नोट ले सकता है। ये दोनों चीजें अगर एक उपन्यास में आती हैं तो क्या दोष है? लेकिन बच्चा कुछ देखकर कुछ नोट ले रहा है और लेखक उसी चीज को देखकर कुछ नोट ले रहा है और लेखक बच्चे को नोट लेते हुए देखकर नोट ले रहा है। ये तीनों चीजें काल के अलग-अलग तीन आयामों में घटित होती हैं। अगर आप उपन्यास में ये तीनों बातें चाहते हैं तो काल के इन तीन आयामों का निर्वाह आपको करना होगा। यह टेक्नीक की समस्या है। है दार्शनिक लेकिन उपन्यास में इस रूप में आती है यह हुआ है या नहीं, यह सवाल होता है। यह सवाल नहीं है कि आप उपन्यासकार की दृष्टि प्रस्तुत करते हैं या केशव की करते हैं या बच्चे केशव की करते हैं। या वयस्क केशव की करते हैं या इन सबकी एक साथ करते हैं, लेकिन जब एक साथ करते हैं तो प्रत्येक देखना अलग-अलग काल में घटित हुआ होता है, और यह चीज सामने आनी चाहिए। टेक्नीक की यह समस्या होती है।

जैनेंद्र कुमार : मुझे उपन्यास की टेक्नीक का कुछ भी पता नहीं है।

गोविंद मिश्र : मैं सोचता हूँ कि ओवरलेप कुछ करता है तो शैलीगत दोष हो सकता है। अगर वह पूरे उपन्यास के अनुभव को और उससे जो वेदना पैदा होती है, उसका यथार्थ जो सामने आता है अगर उसमें कोई गड़बड़ी पैदा नहीं करता और प्रभाव के स्तर पर जाकर कोई चीज नहीं आती तो क्या फर्क पड़ता है...क्योंकि मैं सोचता रहा हूँ कि हम लोग काल, पात्र और कथा इन

सबका ट्रांसेंड करने लगे हैं उपन्यास में काफी हद तक, उसी तरह दृष्टि को भी ट्रांसेंड करना चाहिए।

अज्ञेय : तो उपन्यास को ही क्यों नहीं ट्रांसेंड करना चाहिए? यह हो ही रहा है।

गोविंद मिश्र : यह बात कि कोई खास चीज या कोई खास मकसद पहले से ही साफ है उसको कहा जाए उसकी बनिस्बत एक समस्या है हमारे सामने बड़े सोफिस्टिकेटेड रूप में जो शुरू के चैप्टर में आयी और उसकी खोज में हम जाते हैं समझने के लिए उस समस्या को और अपने आपको, तो उसमें अगर वे दृष्टियाँ ओवरलेप करती हैं तो उससे ज्यादा फर्क नहीं पड़ना चाहिए बशर्ते वह पूरा का पूरा खाका जमीन का, संस्कृति का हमारे सामने आता है।

अज्ञेय : हमारे माने लेखक के ये पाठक के?

गोविंद मिश्र : पाठक के।

अज्ञेय : यह तो कठिनाई हम लोग बता रहे हैं यह पाठक के सामने आती है कि उसको कैसे ग्रहण करे।

जैनेंद्र कुमार : पाठक भी टेक्नीक के बारे में परेशान होता है?

निर्मल वर्मा : महज़ टेक्नीक के स्तर पर आप लेंगे तो उसका मतलब भी नहीं समझ पाएँगे। टेक्नीक हमें ऐसे परेशान करती है जैसे सिर का दर्द परेशान करता है। जब तक सिर्र का दर्द नहीं होता हमें महसूस नहीं होता कि सिर हमारे धड़ पर है, दर्द शुरू होता है तब हमें महसूस होता है। इसीलिए कोई आदमी टेक्नीक को लेकर किसी उपन्यास का मूल्यांकन नहीं करता, न ही किसी दर्शन के स्तर पर वह देखता है कि कोई सिद्धांत ठीक है या गलत है। टेक्नीक पर आग्रह मजबूरन किया जाता है क्योंकि खुद लेखक एक खास तरह की टेक्नीक को अपनाता है और यह चुनाव आरबीट्रेरी नहीं होता । यह गोविंद जी नहीं कह सकते कि मैंने यह टेक्नीक नहीं अपनाया, मैं दूसरा भी अपना सकता था एक खास कंटेंट, एक खास दृष्टि उनके पास थी जिसको सँजोने के लिए उन्होंने एक खास शिल्प को चुना। अगर शिल्प और कंटेंट के बीच कुछ अंतर्विरोध पैदा होते हैं, वे भी डेलीबरेट तरीके पर किए जायँ, जैसा आपने कहा, बहुत से एक्सपेरीमेंट्स किए गए हैं तो उनकी भी अपनी सार्थकता है। अगर बार-बार लेखक हमें एक टेक्नीक की तरफ आकृष्ट करना चाहता है और कहता है कि देखो मैं यह कर रहा हूँ सजग रूप से नहीं बल्कि बिलकुल सचेतन स्तर पर तो वह अपने में बहुत सार्थक हो सकता है। लेकिन

हम जिस स्तर पर जिस परेशानी को बता रहे हैं उससे जो आपने कहा है कि टाइम को अलग-अलग घेरों में ट्रांसेंड किया जा सकता है, जरूर किया जा सकता है, लेकिन अलग-अलग घेरों को पहचान कर। ट्रांसेंडेंस तभी होती है जब अलग-अलग चीजों का जो अंतर्द्वंद्व है टेंशन है उसको पहचाना जाय। वह व्यक्ति ट्रांसेंड नहीं करता जो उसके भेदभाव को ही नहीं समझ पाता। और तभी ट्रांसेंडेंस की उपलब्धि है टेक्नीक में भी और औपन्यासिक शिल्प में भी जो जागरूक रूप से लेखक चुनता है उस दृष्टि से।

जैनेंद्र कुमार : यह स्वीकार करना चाहिए कि पाठक को जो लेखक शुरू में मिलता है, मैं अपनी बात कहूँगा, बाद में उसे मिस करता हूँ। यह नहीं कि आगे जो लेखक परावगाहन में गहरे जाता मालूम होता है वह लेखक मुझे कम प्रिय है, लेकिन इतना मुझे अवश्य अनुभव हुआ कि जो शुरू में मिला था वह कहाँ खो गया जिसमें पति-पत्नी के संबंध का जिक्र था और फिर वह अंत तक नहीं मिला। अंत में पिता सामने आता है और शायद प्रतीत हो सकता है कि फिर कुछ घटना आने वाली है लेकिन मुझे यह लगा कि शुरू में जिस लेखक का परिचय मुझे मिला था वह आगे जाकर खो गया, मैंने उसको मिस किया। यह जो गहरी दूरी है पात्र की पत्नी से—ऐसा मालूम होता है वह दूरी, वह अंतराल पाठक के सामने इतनी गहराई से सामने आता है कि वह सोचता है कि अब इसका कुछ मिलेगा, लेकिन फिर वह आगे आता नहीं।

निर्मल वर्मा : मेरे ख्याल में यह बात बहुत सार्थक है। शुरू में जब उसकी पत्नी कहती है तुम्हारी चाची ने आत्महत्या की थी—ये सब चीजें तभी आ पाती हैं जब केशव या एक पैसिव बच्चे का करेक्टर किसी और आयाम में आता ताकि हम उसके बीच के भाग को एक ऐसी दृष्टि से देख पाते कि जो शुरू की लांछना है, जो शुरू की उसकी पत्नी की कम्पलेण्ट्स हैं जो अपने में बहुत शक्ति और बहुत ताकत से आयी हैं...

जैनेंद्र कुमार : वह अपेक्षा अधूरी-सी रह जाती है। जैसे वह पाना चाहता रह जाता है कि वह आदमी कहाँ है जो आदमी इस स्थिति में था शुरू में।

विष्णु प्रभाकर : मुझे पूरा उपन्यास पढ़ते हुए यह अनुभव नहीं हुआ कि प्रारंभ का वह व्यक्ति कहाँ खो गया है। मुझे यह लगा कि प्रारंभ के जो अनुभव भयानक और घृणित हैं वे कहाँ से पैदा हुए, उनकी पृष्ठभूमि क्या है, वे कैसे उपजे, इस सबको बताने के लिए बीच की ये सारी चीजें आईं। अंत में जो आता है वहाँ भी पत्नी से लड़कर पिता जाते हैं। ठीक है कि बीच में

डिटेल्स नहीं मिलतीं। लांछन लगाते हैं चाची की आत्महत्या का, मगर दोनों लगाते हैं, नारी भी लगाती है, पुरुष भी लगाता है। यह उनका शाश्वत झगड़ा है। अंत में लेखक उसको सम-अप करता है। मुझे कम से कम व्यक्तिगत रूप से यह अनुभव नहीं हुआ, मैं इतना कहना चाहता हूँ।

डॉ. लाल : पहली बात तो मैं यह जानना चाहता हूँ कि आपको अपने उपन्यास के बारे में इतना सब सुनने का लोभ क्यों है? दूसरी बात यह कि आपकी हिम्मत की मैं दाद देता हूँ कि आप गोट भी फेंकते जा रहे हैं और फिर जवाब भी देते जा रहे हैं क्योंकि मैंने ऐसा कभी नहीं किया और हिम्मत भी नहीं है। इसके पीछे क्या रहस्य है कृपा करके यह बताइए।

गोविंद मिश्र : आपने बिलकुल सही कहा। लोभ मुझे बहुत जबरदस्त था बावजूद इसके कि इस तरह की गोष्ठियों से थोड़ी सी विरक्ति है। इसके बावजूद मैं खास तौर से उन लोगों से जिनको मैं बहुत तरजीह देता हूँ और जिनका बड़ा योगदान है, हमारे वरिष्ठ भी हैं, उनसे सुनना चाहता था क्योंकि मुझे यह लगा कि उपन्यास अपने आप में एक ऐसी विधा है जो बहुत बड़ा चैलेंज होता है और इसीलिए कोई भी उपन्यास पूरी तरह से हमें संतोष कभी नहीं दे पाता। उपन्यास में हम एक बड़े स्तर पर घुसते हैं और जहाँ बड़े स्तर पर घुसेंगे तो उसमें ये सब चीजें जानना जो इस गोष्ठी में आज आईं यह सुनने भर का लोभ नहीं है, ये सब चीजें मेरे दिमाग में नहीं थीं...

डॉ. लाल : आप ने तो बहुत सीरियसली ले लिया...

जैनेंद्र कुमार : हमारे डॉ. लाल जिस तरह से इस प्रकार के लोभ से सर्वथा मुक्त हैं वैसे कोई दूसरा आदमी भी हो सकता है मैं ऐसा मानता नहीं था कि ऐसा कोई आदमी सहज भाव से हो सकता है, लेकिन मालूम होता है कि आप में भी वह स्पृहा जागी है कि आप उनकी तरह से मुक्त हो जाएँ। इस प्रकार की उत्तीर्णता जो पाठक की प्रतिक्रियाओं के संबंध में सर्वथा उदासीन हैं, इतनी आध्यात्मिक उत्कर्ष की मालूम होती है कि लेखक उस उत्कर्ष पर कैसे पहुँच सकता है, यह तो एक योगियों की बात है। हमारे बीच में लेखकों में एक योगी भी है।

अज्ञेय : अब यह चर्चा समाप्त हो उससे पहले मैं एक बात कहना चाहता हूँ। अपनी बात जब कह रहा था तब मैं भूल गया था। उस समय मैं कह नहीं पाया, लेकिन कहना मुझे आवश्यक जान पड़ता है।

इस उपन्यास की भाषा ने मुझे बहुत आकृष्ट किया। गोविंद जी के दूसरे उपन्यासों के बारे में मैं यह बात नहीं कहूँगा। इसने बहुत आकृष्ट किया इसलिए भी क्योंकि भाषा के बारे में मेरा जो पूर्वाग्रह रहा है उसकी थोड़ी-सी पुष्टि हुई। मैं हिंदी को प्रायः खड़ी बोली नहीं कहता हूँ और आंचलिक उपन्यासों ने, बहुत से उपन्यासों ने बहुत से शब्द हिंदी को दिए हैं। इस उपन्यास ने भी बहुत से शब्द दिए हैं, लेकिन मुझे ऐसा लगा कि इसने जो शब्द दिए हैं वे ज्यादा आसानी से आज की साधु हिंदी ग्रहण कर सकती है और शायद इसलिए कर सकती है कि अधिकतर जो आंचलिक उपन्यास आए वे पूर्वी क्षेत्र से आए, पूर्वी उत्तर प्रदेश से आए, उत्तर बिहार से आए। उनकी शब्दावली आज की हिंदी के स्वभाव से कुछ ज्यादा दूर पड़ती है। और बुंदेलखंडी और जिसको ग्वालियरी भाषा कहते थे उसकी शब्दावली बहुत निकट है और बड़ी आसानी से हिंदी में पचाई जा सकती है। ऐसे बहुत से शब्द इस उपन्यास में मिले। मैं समझता हूँ कि यह भी भाषा की दृष्टि से इस उपन्यास की महत्त्वपूर्ण देन रही।

मैं आज का आतिथेय तो नहीं था, लेकिन मेरे यहाँ आप लोग सम्मिलित हुए इसके लिए आप सबको धन्यवाद देना चाहता हूँ।

‘आदमी नाम की चीज़ कभी बासी नहीं होती’

(अवधनारायण मुद्गल, प्रियंवद, गोविंद मिश्र
स्थान : रवींद्र नगर, नयी दिल्ली : 1982)

प्रियंवद : पहला सवाल आपकी ताजा किताब ‘हुजूर दरबार’ के बारे में। आपने इसमें आज के शासनतंत्र का कोढ़ बहुत गहरा और संपूर्णता के साथ दर्शाया है लेकिन अंत सवालों पर ही छोड़ दिया। पूरी कथावस्तु अंत में एक प्रश्न पर जाकर ठहर जाती है। तो क्या साहित्य का उद्देश्य चीजों को सिर्फ ‘एक्सपोज’ करना भर है या उनको निश्चित दिशा देना भी?

गोविंद मिश्र : प्रियंवद भाई, यह एक तरह से बड़ी पुरानी कंट्रोवर्सी है, साहित्य का क्या काम है? इस बुनियादी प्रश्न को लेकर, अगर हम यह मानें कि एक साहित्यकार का लेखन अंततः एक खास व्यक्ति या व्यक्तित्व का होता है तो शायद यह भी मानेंगे कि साहित्य का क्या काम है, यह वह अपने लिए तलाशता है। यही वजह है कि इस सवाल से करीब-करीब हर लेखक टकराता है और अपने हल ढूँढ़ता है, उसमें तब्दीलियाँ भी करता चलता है। ‘हुजूर दरबार’ मैंने किसी समस्या को ‘एक्सपोज’ करने के लिए नहीं लिखा, बल्कि मेरे मन में एक बोझ था...कुछ हद तक जो आज के आदमी का भी

बोझ है...कि जिस तंत्र से उसे इतनी आशाएँ थीं उसने उसे आखिर क्या दिया। अगर थोड़े से शब्दों में कहूँ तो जो भी हमारा 'डिसइल्यूजनमेंट' है, अपनी स्वतंत्रता से या अपने प्रजातंत्र से, वह अगर व्यथा और भावना के स्तर पर व्यक्त करना हो तो वही 'हुजूर दरबार' का उद्देश्य था। जैसे गाँवों या कस्बों में लोग अक्सर कहते सुने जाते हैं कि इस जमाने से बेहतर तो राजाओं का जमाना था। यह एक मुहावरा है अपनी पीड़ा व्यक्त करने का। इसके मायने यह नहीं हैं कि वे वापस उन्हीं राजाओं को लाना चाहते हैं। बल्कि उस तकलीफ को शब्द देना है, जहाँ आदमी को मालूम नहीं कि उसका रास्ता किधर है, लेकिन पीड़ा महसूस करता है। इसीलिए उपन्यास अवचेतन से शुरू होता है और वहीं पर खत्म होता है। 'हुजूर दरबार' सिर्फ आज के संत्रास को व्यक्त करता है। सवालों के हल इतने आसान नहीं होते...हल देकर हम रचना को कमजोर बनाते हैं...मेरे ख्याल से रचना सशक्त होती है तब, जब वह बहुत तरह के सवाल उठा सके, सवालों के कई आयाम आ सकें।

प्रियंवद : 'हुजूर दरबार' में भारतीय समाज के परिप्रेक्ष्य में प्रजातंत्र के संपूर्ण रूप को एक नकारात्मक और अविश्वास की दृष्टि से देखा गया है। इस तंत्र का जो कि आज का सर्वाधिक प्रगतिशील और मान्य शासन तंत्र है, आपको कोई स्वस्थ और सकारात्मक पहलू नजर नहीं आता?

गोविंद मिश्र : पहले तो यह कहूँ कि 'हुजूर दरबार' में प्रजातंत्र या किसी अन्य तंत्र पर जजमेंट देने का इरादा नहीं था...फिर खरे का चरित्र स्वयं प्रजातंत्र की साफ हवा का प्रतीक है...दरअसल उपन्यास में जहाँ आप जीवन उठाते हैं, वहाँ किसी तंत्र की 'थ्योरी' से मतलब नहीं होता, व्यवहार में वह कैसा है और औसत आदमी तक किस रूप में पहुँचता है...

प्रियंवद : 'हुजूर दरबार' सिर्फ शासन तंत्रों का ही संधिकाल नहीं है बल्कि दो विभिन्न जीवन स्थितियों और मूल्यों का भी संधिकाल है और आपके अंदर हमारी पिछली पीढ़ी के जीवन दर्शन और मूल्यों के लिए एक मोह, एक विश्वास की भावना झलकती है। वर्तमान को नितांत अनास्था से देखा गया है।

गोविंद मिश्र : कह नहीं सकता, लेकिन यह तो है ही कि उत्तरोत्तर मूल्यों का ह्रास होता गया है। शायद यह सारी दुनिया में ही है लेकिन हमारे देश में, जो मूल्यों का देश है, यह पतन ज्यादा गड़ता है। लेकिन यह कहना कि उस वक्त की सभी चीजों और मूल्यों के प्रति मोह था, यह सही नहीं है। मसलन राजा का चरित्र वैसे बहुत अच्छा है, लेकिन जो राधाबाई के साथ

हुआ, मैं नहीं समझता हूँ कि लेखक ने उसमें अपनी सहमति दिखाई है या 'सिर्री राजा,' जो उस तरह से लोगों को परेशान करते हैं, उसमें लेखक की सहमति है क्या...? लेकिन उस वक्त की न्याय व्यवस्था, उस वक्त जो लोगों को रोजगार देने की व्यवस्था थी...ये चीज तो अच्छी थीं ही।

प्रियंवद : राजमहल के सफल वर्णन के पीछे सिर्फ पुस्तकों का ही आधार है या कोई व्यक्तिगत अनुभव?

गोविंद मिश्र : तारीफ के लिए शुक्रिया। मगर इससे कुछ फर्क पड़ता है क्या कि मेरा भोगा हुआ है या मेरा पढ़ा हुआ है? अगर आपको सशक्त लगता है, तो है, नहीं लगता है, तो नहीं है।

प्रियंवद : नहीं, अगर आपका भोगा हुआ है तो उससे दूसरी स्थिति बनेगी, और पढ़ा हुआ है तो दूसरी स्थिति बनती है।

गोविंद मिश्र : इसके मायने यह हैं कि आप रचना के आधार पर मूल्यांकन नहीं करते बल्कि यह जानकर करते हैं कि अगर भोगा हुआ है तो वह चाहे जितना भी खराब लिखा हुआ है, उसे अच्छा मान लेंगे।

अवधनारायण मुद्गल : 'वह अपना चेहरा' से लेकर 'हुजूर दरबार' तक आपकी सभी रचनाओं में मुख्य रूप से एक ऐसा चरित्र है, जो कि व्यक्तित्वहीन है। उसके अंदर कोई आत्मविश्वास नहीं है और वह बेहद दब्बू है। वह अपने चारों ओर के गर्म और नुकीले परिवेश से आक्रांत रहता है। वह बार-बार उस चुभन को, उन स्थितियों को तोड़ने की कोशिश करता है; उनसे लड़ने के लिए तैयार होता है लेकिन उनके विरोध का दवाब सहन नहीं कर पाता। उनसे हार जाता है और बड़े ही खुले और साफ तरीके से अपनी नपुंसकता स्वीकार कर लेता है। कभी भी वह एक विद्रोही के रूप में परिस्थितियों को मोड़ नहीं पाता, उन पर विजयी नहीं हो पाता। ऐसी क्या चीज है जो आपको बार-बार इस तरह डंक मारती है, कुरेदती है कि आप बार-बार ऐसे चरित्र की सर्जना करते हैं।

गोविंद मिश्र : चरित्र गढ़ने या उससे एक खास दिशा में मोड़ने की सायास कोशिश मैंने आज तक न तो अपनी कहानियों में की है और न ही उपन्यासों में। अक्सर जैसा हुआ है, जैसा होता है, वह है मेरी रचनाओं में। इसके कई मायने हो सकते हैं। एक यह कि मुख्य चरित्र में कहीं न कहीं लेखक होता है, इसलिए यह उसका स्वभाव है या उसे पसंद है। एक उदार समीक्षक इसे यूँ भी देख सकता है कि एक आम भारतीय का चरित्र है, जिसकी वजह से

तमाम क्रांतियों की बात होते हुए भी, तमाम तरीके का गर्म साहित्य लिखे जाने के बाद भी क्रांति के इर्द-गिर्द या उस तरह का विरोध जैसा कि आप समझते हैं, वह सब नहीं होता। लेकिन मैं इसका जवाब कलात्मकता की बात उठाकर दूँगा। सवाल यह है कि आप विरोध दिखा ज्यादा असर पैदा करते हैं या सवालों पर बात खत्म करके। आपने 'आक्रोश' फिल्म देखी होगी। आखिर में जाकर वह एक चीख जो उस आदिवासी पात्र के मुँह से निकलती है उसकी वजह से दर्शक की सारी भड़भड़ाहट 'रिलीज' होकर...वहीं फट जाती है। अगर कलात्मक स्वभाव को हम मानते हैं तो यह मानेंगे कि सहनेवाला पात्र विद्रोह करने वाले पात्र के मुकाबले ज्यादा विद्रोह पैदा करता है। पाठक में...दरअसल मुझे इस बात पर भी थोड़ा एतराज है कि लेखक में ऐसी क्या खास बात होती है कि वह अपने को मसीहाई अंदाज में प्रस्तुत करे या कि वह यूँ दर्शाए कि उसके पास हर चीज का हल है। मेरी मान्यता है कि लेखक मूलतः विचारक नहीं है। विचारक भी है—लेकिन वह पुट भावनात्मक पुट के बाद ही आता है। वह पहले जो लोगों की तकलीफें हैं, उसको व्यक्त करने का मोह है। एक तरह से हम बहुत-सी चीजों का हल, अपने व्यक्तिगत जीवन की समस्याओं का ही हल नहीं ढूँढ़ पाते तो हम इतने व्यापक स्तर पर कैसे कह सकते हैं कि यही हल है। इस तरह का चरित्र बार-बार आता है...यह आयाम इसलिए कि ज्यादातर यही चरित्र हर चोले में दिखता है...

प्रियंवद : गोविंदजी, क्या कभी विषय का संकट महसूस नहीं होता। यह बहुत बड़ा संकट है शायद आज के लेखक के सामने। राजनीति, देश, समाज और व्यक्ति, सब बासी हो गए हैं, किसी में कोई गति नहीं दिखाई पड़ती। ऐसे में इनसे जुड़े लेखन का क्या भविष्य है?

गोविंद मिश्र : यह जरूरी नहीं है कि कुछ कहने के लिए हमेशा नया ही हो। प्रेम...आदमी-औरत संबंध...कब से चले आ रहे हैं ये। लेकिन हर वक्त, हर युग में कुछ न कुछ इनमें जुड़ जाता है नया आयाम और साहित्यकार के लिए तो मुश्किल यूँ भी नहीं होनी चाहिए। क्योंकि विषय का भावात्मक पहलू तो हमेशा ही ऐसा होता है जिसमें कोई न कोई नया कोण निकल ही आता है। नया कोण न भी हो तो तल्खी के नए रंग आ जाते हैं। अगर साहित्य सूचना-मात्र होता है तो संवेदना की समस्या होती है...तो यह संकट तो नहीं, यह खतरा होता है कि लेखक की संवेदना घिस जाती है बहुत दुनियादार होने की कोशिश में, जीवन के और पक्षों में सफल होने की कोशिश में, वह घिस

जाता है। यह स्थिति भी हो सकती है, जहाँ आपको लगे कि आपके शब्द ही घिस गए हैं, आप इतना लिख चुके हैं कि वही शब्द हैं जो बार-बार दोहरा रहे हैं। मुझे तो उल्टे यही लगता है कि अभी बहुत चीजों पर लिखना है लेकिन या तो मेरी कूवत वह नहीं है, या मैं टालता हूँ, आलस्य की वजह से कूवत विकसित करने की और आलस्य जीतने की कोशिश करता हूँ। और बासी चीज...आदमी नाम की चीज कभी बासी नहीं होती भाई, क्योंकि आदमी चीज नहीं है। आदमी तो हर सुबह दूसरा होता है इसलिए यह देखने वाले, महसूस करने वाले पर है...

प्रियंवद : निर्मल वर्मा या ज्ञानरंजन की तरह कोई अपनी अलग शैली विकसित करने की बजाय आप अपनी कहानियों में गाँव से लेकर महानगर तक दौड़ लगाते रहे हैं। मूल्यांकन के समय यह उलझन हो सकती है। कहानी के क्षेत्र में आखिर आपका योगदान क्या है?

गोविंद मिश्र : ये बातें...बड़ी-बड़ी...मैं सोचता नहीं भाई। यह समस्या मेरी नहीं, आलोचकों की है...और जहाँ एक ही तरह का लेखन हो, वहाँ दोहराने का आरोप लगाया जाता है...जैसे निर्मलजी के संदर्भ में। पर मैं सोचता हूँ कि लेखक को अपना रचना संसार जितना व्यापक हो सके...वह बनाना चाहिए, एक तरह का विकास अगर उसमें हो तो वह रचना संसार के बड़े होने में भी हो। बहुत दुरूहता न हो पर सपाट भी न हो। तो मैं चाहता रहा हूँ कि बहुत ऐक्सपेरीमेंटल न हो पर साहित्यिक स्तर भी बना रहे...दुरूह होकर हम सिर्फ पाठक वर्ग को सीमित करते हैं...एक और बात रस की...बहुत ज्यादा बौद्धिकता यह रस सोख लेती है, यथार्थपरक होकर भी कहानी में रस हो सकता है...

प्रियंवद : मतलब, आप व्यापक पाठक समुदाय के लिए लिखते हैं...

गोविंद मिश्र : इस तरह का कुछ सोचकर नहीं...सिर्फ जानबूझकर प्रयोगात्मक नहीं...और यह भी कि मैं कहना चाहता हूँ कि वह समझ में आए। अगर समझे ही नहीं तो 'मूव' कोई क्या होगा। आखिर हम सरल होने से क्यों कतराते हैं... सरल होना सपाट होना ही तो नहीं होता...

अवधनारायण मुद्‌गल : गोविंद भाई, अभी-अभी आपने प्रियंवद से सरल होने की बात कही है, उस सरलता का साहित्य पर क्या असर होता है और वह असर पैदा करने के लिए हम क्या कोशिश करते हैं?

गोविंद मिश्र : मुद्‌गलजी, इस बारे में आप कह सकते हैं कि मेरे कुछ

पारंपरिक किस्म के विचार हैं और वो ये हैं कि साहित्य नाम की चीज में कोशिश नाम की चीज तो आनी ही नहीं चाहिए। लेखक एक खास समय में एक खास बुनावट के साथ अपने समूचे वातावरण से टकराता है। उसकी एक खास प्रतिक्रिया होती है और वह प्रतिक्रिया एक खास ढंग से उसके लेखन में आती है। जो उसी वक्त लिख रहे किसी दूसरे लेखन से भिन्न होती है। अगर कोशिश जैसी चीज होने लगे तो सबका लेखन एक जैसा हो जाएगा जो हमारे जनवादी साहित्य में ज्यादातर दिखाई देता है। इसलिए मैं समझता हूँ कि बहुत इस बात का बाजा भी नहीं बजाया जाना चाहिए कि साहित्यकार कोई कोशिश करे। तब होता क्या है कि वो जबरदस्ती कोशिश करने लगता है। हमारे सामने कुछ उस तरह का साहित्य है जहाँ एक खास तरह का अंत ही दिया जाता है। मेरे लिए तो पूरी प्रक्रिया अनायास होती है और उसमें सायासता तो होगी ही होगी, लेकिन वो जितनी दबी रहे उतना अच्छा है। इसलिए साहित्य मेरे लिए वो नहीं है जो एक खास दिशा देता है। जो एक खास तरफ लोगों को प्रेरित करता है बल्कि वो है जो अपने समय की यातना के बारे में सवाल उठाता है। कितनी तरह के सवाल उठा सकता है और किस तल्खी से उठा सकता है वही मेरे लिए महत्त्वपूर्ण है क्योंकि उन सवालों का निदान क्या है यह तो हर व्यक्ति, हर कौम, हर तबके को अपने-अपने ढंग से सोचना होगा। मैं नहीं समझता कि साहित्यकार एक नेता का रोल प्ले कर सकता है कि एक खास दिशा लोगों को दे। कम से कम मैं वो खूबी अपने आपमें महसूस नहीं करता। वैसे मैं आपसे ही एक सवाल पूछता हूँ—आप आज के माहौल में किस तरह की कोशिश चाहते हैं लेखक से?

अवधनारायण मुद्गल : मेरा मतलब है कि साहित्य साँस लेना नहीं है कि हमें कोशिश नहीं करनी पड़ती साँस लेने के लिए और साँस अपने आप चलती रहती है, निकलती रहती है। क्या आप साहित्य को वैसी ही चीज समझते हैं?

गोविंद मिश्र : देखिए, मैं अपने आप ही को पेश कर सकता हूँ, एक उदाहरण के रूप में। जहाँ तक मैं जानता हूँ, मुझे नहीं लगता कि मेरी कोई विचारधारा है। नंबर एक, यह जरूर है कि मेरी प्रतिक्रिया एक खास ढंग की होती है। नंबर दो, मैं यह देखता हूँ कि जिस वक्त मैं लिख रहा होता हूँ, मेरा सोचना कोई शक्ल उसी वक्त अख्तियार करता है। तीसरे, यहाँ भी वह पूरा-पूरा खुला होता है। सिवा कुछ बुनियादी बातों के और खूँटे नहीं होते।

मसलन, आदमी से सरोकार, आदमीयत...या ऐसी ही बुनियादी चीजें। उन्हीं के परिप्रेक्ष्य में मेरे लिए सवाल उठते हैं। मेरे सरोकार हैं, विचारधारा नहीं क्योंकि यह क्रमबद्ध चिंतन नहीं है। ऐसा हो सकता है कि मैं लेखन के माध्यम से कोई अपनी विचारधारा ढूँढ़ रहा हूँ। मैं अपनी रचनाओं के परिप्रेक्ष्य में बात करूँ कि ज्यादातर मेरी रचनाएँ सवाल पर खत्म होती हैं। अब अगर मेरी अनुभूतियों का एक हिस्सा यह नहीं है कि जो परेशानियाँ उठाई गई हैं उनका एक हल भी देख सकता, तो मैं हल कहाँ से दूँ। अगर मैं उनमें अपनी तरफ से या अपनी विचारधारा, जो मैं सोचता हूँ कि मेरी है, उससे प्रभावित होकर एक खास मोड़ देने लगूँ, तो मेरी हर रचना एक ही पृष्ठ में आ जाए। मैं इसीलिए मानता हूँ कि रचना में रचनाकार को लगातार अपने आप को खुला रखना चाहिए। किसी एक बँधी-बँधायी लकीर पर चलना न तो लेखक के लिए श्रेयस्कर है और न साहित्य के लिए। मैं इसे एक व्यापक और बहु-आयामी यथार्थ से भागना ही मानता हूँ।

अवधनारायण मुद्‌गल : एक बात और कि वे सारी चीजें जो हमारे आसपास होती रहती हैं, न तो इस लायक होती हैं कि उन्हें लेखकीय दायरे में लिया जाए। या उन पर कुछ लिखा जाए और न इस लायक होती हैं कि उनको ज्यादा अहमियत दी जाए लेकिन कुछ चीजें ऐसी जरूर होती हैं, जिन्हें आदमी शिद्दत से महसूस करता है लेकिन उनके खिलाफ कुछ कर नहीं पाता। जैसे तेजी से सीधी खड़ी रेखा में बढ़ती हुई महँगाई और घटते हुए अतिरिक्त आय के साधन। उस स्थिति में आदमी सिर्फ जबानी भड़ास निकालकर रह जाता है। अक्सर यथार्थ के नाम पर हमारा साहित्यकार भी उसी भड़ास का शिकार हो जाता है। क्या उसे कोई सकारात्मक रूप नहीं दिया जा सकता?

गोविंद मिश्र : सच कहूँ तो हम हिंदुस्तानी कुछ ज्यादा ही झेलने और झेलते चले जाने के आदी हो गए हैं। तो मेरे खून में भी झेलना कुछ ज्यादा है। फिर भी, अक्सर सोचता हूँ कि अगर यह न हो या ऐसा न किया जाए तो शायद कुछ बात बने। लेकिन चूँकि मैं या हममें से अधिकांश उस स्थिति में नहीं हैं, जहाँ वो उन चीजों को कंट्रोल कर सकें, खिलाफत या दूसरे तरीकों से, तो वहाँ मैं अपनी असमर्थता पाता हूँ। उस स्थिति में सारी भड़ास हर आदमी और साहित्यकार दोनों के अंदर घुमड़ती रहती है तो फिर वह लेखन में निकलती है। ये बिल्कुल सहज है। आज जैसे यथार्थवाद का विकल्प नहीं है, तो सिर्फ इसी वजह से कि आज कितनी तरह की परेशानियाँ मनुष्य के

स्तर पर हम झेलते हैं। तब इस यथार्थवाद को अपने साहित्य में लाए बगैर कोई और गुंजाइश हमारे लिए है ही नहीं। तो वह सब लिखेंगे भी। यही हमारे लिए सहज है। जब तक मैं उस स्थिति में, उस पोजीशन में, पावर में, नहीं हूँ कि स्थितियाँ बदल सकूँ तब तक मैं मनुष्य के स्तर पर झेलता हूँ और जो मेरे और साथियों की व्यथा है उसे अपने साहित्य में शब्द देता हूँ।

अवधनारायण मुद्गल : अंतर्राष्ट्रीय भाईचारा भी कोई चीज है—कुछ उसकी भी तकलीफें हैं। वहाँ भी दुर्घटनाएँ, घटनाएँ गुजरती रहती हैं तो उस भाईचारे के नाते या एक बिरादरी के नाते, हमारे उनके साथ भी कुछ दायित्व हो जाते हैं। उन दायित्वों को हम किस सीमा तक निबाहते हैं? निबाहते भी हैं या नहीं निबाहते?

गोविंद मिश्र : महसूस तो होता है। दायित्व न भी निभे तो भी तकलीफ हमें होती ही है। इसलिए हम उस तकलीफ के प्रति भी अपनी प्रतिक्रिया उसी ढंग से जाहिर करना चाहते हैं जैसे यहाँ की तकलीफों के लिए करते हैं। लेकिन फिर भी हमारे यहाँ, विशेषकर हिंदी में इस तरह के विषय नहीं बनते। उसकी वजह ये है कि हमारी अपनी सीमा है। ज्यादातर हमारी जानकारी अखबारों तक सीमित रहती है। लेखन सिर्फ जानकारी के स्तर पर नहीं किया जा सकता।

अवधनारायण मुद्गल : मेरा मतलब दूसरा है। वह यह है कि दुनिया के किसी भी हिस्से में कोई महत्त्वपूर्ण घटना होती है तो उसका असर पूरी दुनिया पर पड़ता है। और विशेषकर जो अविकसित या अर्द्धविकसित या विकासशील देश हैं, उन पर सबसे ज्यादा पड़ता है। और हम चूँकि इत्तफाक से उन्हीं देशों में हैं या उनसे ताल्लुक रखते हैं तो हमारे ऊपर भी उसका असर सीधे-सीधे पड़ता है। तब क्या वह हमारे लेखन में नहीं आना चाहिए?

गोविंद मिश्र : आना चाहिए। बिल्कुल आना चाहिए क्योंकि आजकल के वक्त में जो भी लेखक लिख रहा है उस पर और उसकी मानसिकता पर अंतर्राष्ट्रीय स्तर के प्रभाव तो पड़ ही रहे हैं। उसका थोड़ा बहुत तो असर आता है उपन्यासों में। फिर भी भारत कभी भी विश्व की बड़ी घटनाओं का सीधा केंद्र रहा नहीं तो एक इसका भी थोड़ा-सा असर पड़ जाता है। कोई भी ऐसी घटना, जिसका हमारे पूरे सिस्टम में असर जल्द हो, वो हमारा हिस्सा बन जाए, ये तभी हो सकता है जब वो घटना हमें बहुत पास से आकर झकझोरे। हमारे लिए वह स्थिति एक अकेलापन और एक एलियनेशन है।

अवधनारायण मुद्गल : क्या आज साहित्य में एलियनेशन बहुत जरूरी चीज नहीं है?

गोविंद मिश्र : नहीं। जबरदस्ती या पाली हुई कोई चीज लेखक के लिए ठीक नहीं है। एलियनेशन हमारे भारतीय परिवेश में सिर्फ कुछ बड़े शहरों में। कुछ खास वर्ग के लोगों में अब आने लगा है। क्योंकि इसका ताल्लुक यांत्रिकता से है। उस हद की यांत्रिकता हमारे देश में अभी नहीं आई। नंबर दो, हमारे यहाँ अब भी हमारी समाज व्यवस्था ऐसी है। जहाँ सुरक्षा की कोई न कोई लकीर हमें हर स्थिति में उपलब्ध रहती है और हम उससे लटक जाते हैं। असुरक्षा की भावना अगर हमारे यहाँ कोई पालता भी है तो वो एक बनावटी किस्म की चीज होगी। साहित्य में उसे हमारे पाठक ही नकार देते हैं। पश्चिम में देखिए, उनके यहाँ व्यक्ति माने होता है सिर्फ व्यक्ति। एक अकेला। और हमारे यहाँ व्यक्ति का परिचय ही अधूरा है। व्यक्ति से पूर्व धारणाएँ उठकर बाहर जाने लगती हैं कि कभी इसकी बीवी, इसका भाई, इसकी माँ, इसका बाप, इसकी नौकरी फौरन सामने आने लगती है। और जब तक आप उस व्यक्ति को इन धाराओं के बीच में बिठाकर न देखें तो उसका चरित्र ही पूरा नहीं बन पाता। तो इस तरह की भावनाओं, एलियनेशन की हमारे समाज के परिप्रेक्ष्य में कोई अहमियत नहीं। हो सकता है, आगे आने वाले समय में हमारे नगरों, महानगरों में ये चीज आ जाए लेकिन फिलहाल तो नहीं है। पश्चिम की तरह हमारी व्यवस्था इकाई की व्यवस्था नहीं है।

अवधनारायण मुद्गल : प्रियंवद की बातचीत भी पाठकों के सवाल पर ही समाप्त हुई है। मैं भी अंत में उसी सवाल को एक व्यापक स्तर पर उठाना चाहता हूँ क्योंकि पाठकों से आप और हम सीधे-सीधे जुड़े हैं इसलिए पाठकों की चर्चा के बगैर बातचीत अधूरी ही रहेगी। क्या आपको ये नहीं लगता कि कहानियों का पाठक वर्ग बहुत कम हुआ है। क्या यही कारण नहीं है कि कहानियों की पत्रिकाएँ लगातार एक के बाद एक बंद होती चली गईं?

गोविंद मिश्र : देखिए, पत्रिकाओं का तो मेरे ख्याल में यह सही माप नहीं है क्योंकि पत्रिकाएँ अगर बंद होती हैं तो दूसरी वजह से बंद होती हैं। धर्मयुग, सारिका तो बंद नहीं होतीं, क्योंकि पत्रिकाओं का तो गणित ही दूसरा है। और आपकी भी प्रसार संख्या अगर लगातार बढ़ती जा रही है तो फिर सिद्ध है कि कहानी पढ़ने वाले तो हैं ही। यह जरूर है कि अच्छे और गंभीर पाठकों की संख्या घटी है। दरअसल समस्या क्या है कि खासी तेजी से सस्ता

साहित्य पाठकों को उपलब्ध होता जा रहा है। उसकी वजह से पाठक की रुचि दूषित हो रही है और वह साहित्य से कटता चला जा रहा है। लेकिन मैं एक बात यह भी कहूँगा कि हम लेखकों में भी इधर एक कमी आई है। रस नाम की चीज खत्म होती जा रही है। कहानी में कथात्मकता की कमी, दुरूहता और कविता में गीतात्मकता का अभाव...यह रस की कमी है। कुछ लोग कह सकते हैं कि जब जिंदगी में ही रस नहीं रहा तो साहित्य में कहाँ से आए! लेकिन मैं इसे नहीं मानता। मेरे विचार से रस एक अनुभूति है और जब तक जिंदगी में अनुभूति है तब तक रस भी रहेगा ही। उसका प्रकार चाहे कोई भी हो।

सर्जनात्मकता के रहस्य

(गोविंद मिश्र, बल्लभ सिद्धार्थ, लीलाधर मंडलोई
स्थान : आकाशवाणी, छतरपुर, म. प्र. : 1981)

लीलाधर मंडलोई : गोविंद जी, आपकी रचनाओं में खासतौर पर 'लाल-पीली ज़मीन' तथा 'हुजूर दरबार' में ग्रामीण परिवेश के गहरे इम्प्रेशन हैं और आप स्वयं भी बुंदेलखण्ड के साधारण गाँव से हैं। आपकी रचनाओं में आए 'इंप्रेशन' कितने सजीव हो सके हैं, कृपया बताएँ?

गोविंद मिश्र : जिन पात्रों और घटनाओं के बीच मैं बचपन से रहा, उनकी छाप कुछ ज्यादा ही मन पर रही। और वो...इतनी गहन और विस्तार में भी इतनी ज्यादा है कि ये मेरे उपन्यासों में खासतौर पर जरूर आती रही है, जिसे आपने भी महसूस किया।

बल्लभ सिद्धार्थ : हमारे सम्मुख सवाल लेखन-प्रक्रिया का है, ऐसा कि एक तो लेखन होता है जो अनुभव का इण्टरप्रिटेशन हो।

गोविंद मिश्र : जी हाँ।

बल्लभ सिद्धार्थ : और एक लेखन ऐसा होता है कि कोई वाद चल रहा है जैसे हिंदी में कई वाद आए, उसके हिसाब से अनुभवों को इण्टरप्रिट कर देना। तुम्हारी लेखन-प्रक्रिया क्या है?

गोविंद मिश्र : मेरी प्रक्रिया एक तरह से खाली रहने की प्रक्रिया है।

एक खाली कटोरे की तरह जीवन के सामने प्रस्तुत हो जाता हूँ कि चीजें मुझमें आकर भरें और एक खास साँचे में कोई शक्ल लें। वैसे यह बिलकुल इस तरह नहीं होता कि जो कुछ मैं कह या सोच रहा हूँ, वो हू-ब-हू रचना में आ जाए। जाहिर है कि इसमें मेरे ऐसे अनुभव जो अब तक रचनाओं में नहीं आए हैं, वे होते हैं। दरअसल, वो कुछ चीजें होती हैं, जिन्हें दूसरी कुछ रचनाओं में आधा छोड़ या कहिए पूर्णतः विकसित नहीं कर पाया, जो भूत की तरह मेरा पीछा करती रहीं। तो इतनी साधारण प्रक्रिया तो यह कतई नहीं होती। लेकिन इतना जरूर स्पष्ट कर दूँ कि कोई खास विचार लेकर मैं कभी नहीं चलता। मेरे लिए विचार से कहीं ज्यादा महत्त्वपूर्ण है भावना और भावना से ही कहीं यदि मैं विचार तक पहुँचता हूँ तो वही विचार ठीक है, कोई पूर्वग्रह लेकर चलना मैं समझता हूँ यह एक साहित्यकार का काम नहीं है।

लीलाधर मंडलोई : आपके उपन्यास 'लाल-पीली जमीन' तथा 'हुजूर दरबार' में आए पात्र जैसे केशव, मालती, शिवमंगल, लछमन ददूदा, मास्टर कंठी अथवा "हुजूर दरबार" के मुख्य पात्र, क्या वे सब वास्तविक जीवन से लिए गए हैं और आपका पात्रों के चुनने का तरीका क्या होता है?

गोविंद मिश्र : मेरी शायद एक आध कहानी भूले भटके ऐसी हो कि जिसके पात्र काल्पनिक हों अन्यथा सब जीवन से लिये गए हैं। उनका चुनाव बहुत सायास होता है, ऐसा मुझे नहीं लगता। यह जरूर है कि हर वक्त एक भीड़ मेरे मन में होती है। मुझे नाम याद नहीं रह पाते, लेकिन कोई खास गली, खास अंदाज, पात्रों के खास तौर-तरीके याद रह जाते हैं। लिखते समय वह सब उतरता चला आता है। आपने पूछा कि मैं किस तरीके से पात्रों को उठाता हूँ तो उठाना जैसा तो शायद नहीं है। हाँ...एक खास चीज या खास परिवेश जिससे आप परेशान होकर लिखने बैठते हैं, तो पात्र या घटनाएँ अपने-आप आने लगते हैं, मैं उन्हें छोड़ देता हूँ और वे फिर स्वयं अपनी जगह बनाना शुरू कर देते हैं, हाँ...जहाँ तक नियोजित करनेवाला काम है, तो मैं ये तो नहीं कहता कि बिल्कुल नहीं होता है। मेरे लिए शुरू होता है जब एक बार रचना पूरी हो जाती है ताकि उसका जो जज्बाती तेवर है, जिसकी वजह से ताजगी है...सीधे जीवन से एकदम उठाई हुई चीज़ वो बनी रहे।

लीलाधर मंडलोई : अच्छा, इसी तारतम्य में एक और प्रश्न, वास्तविक जीवन से जो अनुभव पात्र या घटनाओं को आप उठाते हैं, क्या वे आपकी

रचना में उतने ही फोर्स के साथ आ पाते हैं या यूँ कहें कि क्या उतने ही और प्रामाणिक हो पाते हैं जितना आपने देखा होता है उनको यानी कि भीतर ग्रहण करते वक्त?

गोविंद मिश्र : नहीं होते। शायद, बल्लभ जी भी इससे सहमत होंगे, जीवन जीवन है और साहित्य साहित्य। दरअसल साहित्यकार का सारा चैलेंज यही होता है। कम से कम मेरा तो यही होता है, खासतौर पर उपन्यास लिखते वक्त कि पूरा का पूरा जीवन उठा सकूँ, लेकिन वैसा हो नहीं पाता। और जिसे हम अपनी आलोचनात्मक शब्दावली में सब कहते हैं 'स्ट्रक्चर्ड रियलिटी' उसके तहत वे पात्र एक खास कलात्मक निर्वाह में चलते-चलते, अपना असली रूप खो देते हैं। मेरे विचार से ऐसा प्रायः होता है। हाँ...कभी-कभी पात्र कुछ इस निर्वाह में ज्यादा जीवंतता भी प्राप्त कर लेते हैं। जैसे 'लाल-पीली जमीन' के कुछ पात्र कल्लू पंडित वगैरह मैंने जब उन्हें देखा था और लिखने के बाद उन्हें पढ़ा तो लगा कि वे जीवन में उतने नहीं थे जितने बन गए हैं, क्यों बल्लभ जी?

बल्लभ सिद्धार्थ : हाँ...ऐसा हो जाता है। जैसे 'हुजूर दरबार' में भी दो-तीन पात्र हैं जैसे कि वह दीवान...बड़ा घाघ आदमी है। अच्छा ये जो 'हुजूर दरबार' के बारे में आलोचनाएँ छपी हैं कि इसमें राजतंत्र की हिमायत की गयी है तो इसके बारे में...

लीलाधर मंडलोई : हाँ...यह एक महत्त्वपूर्ण सवाल है जिसे कदाचित् मैं भी पूछना चाहता था।

गोविंद मिश्र : इस उपन्यास को लेकर यह विवाद व्यर्थ ही उठ खड़ा हुआ है। इस उपन्यास की शुरुआत आज के आदमी की यातना से हुई और अंत भी देखेंगे तो यातना पर हुआ है। तो वह यातना ही है जो महत्त्वपूर्ण है..आप एक बड़े ही आमफहम ढंग से, कहते हैं कि आज के जमाने से बेहतर तो राजाओं का समय था। दरअसल यह एक मुहावरा बन गया है। लोगों की अपनी व्यथा और अपनी तकलीफ को व्यक्त करने का। इसके यह मायने नहीं कि आप राजतंत्र वापस लाना चाहते हैं। सही मायने में, इस उपन्यास में या कि अपनी दूसरी रचनाओं में मुझे इस तरह का खयाल कभी नहीं आया। मैं तो सिर्फ सवाल खड़े करता हूँ और मैं समझता हूँ कि लेखक को अपने तईं इतना मुगालता नहीं पालना चाहिए कि वह बड़े मसीहाई अंदाज में कहता चले कि ये सही हैं, ये गलत हैं। दूसरे लोगों और लेखक में ये फर्क होता है कि लेखक काले और सफेद के

बीच के रंग को भी पहचानता है। तो अब मेरे पूरे लेखन में यह रवैया नहीं रहा तो इस उपन्यास में एकाएक क्यों मैं फैसले देने लगूँगा। ये तो कलात्मकता का तकाजा था कि अतीत को थोड़ा ज्यादा रंग दो ताकि आज की तकलीफ ज्यादा उजागर हो सके।

लीलाधर मंडलोई : अच्छा, गोविंद जी, एक खास किस्म की विचारधारा के लोग लेखक के ज़रिए सामाजिक परिवर्तन का दावा करने की बात कर रहे हैं अथवा दबे-दबे भाव में संकेत दे रहे हैं तो आप इससे कहाँ तक सहमत हैं?

गोविंद मिश्र : भई, छोटे में कह दूँ बात सीधी-सी और इतनी है कि वे लेखक या जो ऐसा कहते हैं वो अपनी कमजोरी छिपाने के लिए कहते हैं। जो आपको परिवर्तन लाना है तो वहाँ आप क्यों नहीं जाते? शब्दों की आड़ लेकर क्यों ढोंग करते हैं। अगर आपको दहेज रुकवाना है तो वहाँ जाइए और रुकवाइए। यदि आदमी को मारा जा रहा है तो वहाँ जाइए, जहाँ ज्यादा जरूरत है बनिस्बत इसके कि आप साहित्यकारों के सम्मेलन में भाषण दे रहे हैं। साहित्य और जीवन दो अलग-अलग चीजें हैं। शुरू से आज तक देख डालिए, कौन साहित्य जीवित रहा है। शेक्सपियर के जमाने में बैन जॉनसन था। वो उसी समय की चीजों पर लिखता था। शेक्सपियर युग-युगांतर वाले मूल्यों पर चले जाते थे। शेक्सपियर आज हैं और बैन जॉनसन का नाम शेक्सपियर के पुछल्ले के रूप में जाना जाता है। तो मैं सोचता हूँ कि साहित्य का असली सरोकार समकालीनता में उगता तो है लेकिन वह उसके परे जाता है। मतलब समकालीनता अगर एक बहाव है तो उसमें उसका शरीर तो रहे लेकिन सिर ऊपर, जिससे वह दूर तक देख सके। सच्चा साहित्यकार समकालीनता की बहती धारा से वह सत्य निकालकर उस धारा से जोड़ देता है जो सभ्यता की शुरुआत से चली आ रही है और आगे चलती रहेगी।

लीलाधर मंडलोई : गोविंद जी। क्या आपके लिखने का कोई निश्चित शिड्यूल होता है। और एक रचना को पूरी करने के बाद बार-बार उसको माँजने का कार्य करते हैं अर्थात् 'रिराइट' करते हैं क्या?

गोविंद मिश्र : शायद हर रचना का एक अलग तरीका होता है अपने आपको लिख लेने का। मैं ईश्वर का रोल भी इसमें मानता हूँ। आप बेशक मुझे परंपरावादी कह लें लेकिन एक स्तर जरूर आता है जब रचना अपने-आपको लिखा लेती है और आपको करिश्मा लगता है। मुझे अपनी रचनाओं को

देखकर अक्सर ताज्जुब होता है। शुरू तो आप जरूर एक सायास प्रश्न से करेंगे—बैठेंगे और ये कहेंगे, वो करेंगे और लिखने के बाद बार-बार तराशेंगे भी और यह एक सायास कोशिश होगी, लेकिन इसी के बीच कहीं पर एक रहस्य खुलनेवाली बात या एक खास पक्ष खुलने की प्रक्रिया चलती रही है। रचना को तराशने-सँवारने को भी मैं सायास नहीं कहता। कुछ आलोचक इसे बढ़ईगिरी कहते हैं, पर मैं नहीं मानता। दरअसल सब कुछ एक मुसलसल प्रक्रिया है, लगातार चलती हुई चीज...लेखक तराशता है यूँ कि समझ में नहीं आता क्या गड़बड़ी है, लेकिन यह उसका इंतजार है कि जब एकाएक सारी चीज आलोकित हो जाएगी। जब तक यह आलोक नहीं मिलता, तराशना जारी रहता है। इसे ही चाहे बार-बार लिखना कह लीजिए।

लीलाधर मंडलोई : जब आप कोई रचना समाप्त कर लेते हैं, तो क्या एकदम खालीपन- सा महसूस करते हैं, या भीतर ही भीतर खाली होने के बावजूद सृजन की प्रक्रिया चलती रहती है। क्योंकि अभी आपने कहा था कि मैं एक रचना के बाद एकदम खाली कटोरे की तरह प्रस्तुत हो जाता हूँ।

बल्लभ सिद्धार्थ : यानी कि एक रचना खत्म करने के बाद अवचेतन में कुछ चलता रहता है। जैसे कि लगता हो कोई धुंध है जो आकृति ग्रहण करने की चुपचाप प्रक्रिया में चल रही है।

गोविंद मिश्र : कुछ न कुछ चलता रहता है लेकिन मैं इसे बहुत पहचान पाता हूँ...यह नहीं कह सकता। यह जरूर है कि लेखन एक लगातार तनाव की स्थिति में रहना है...चाहे आप लिख रहे हों, लिख चुके हों, खाली हों या कि लिखनेवाले हों...यानी कोई भी स्थिति हो। मैं अपने आपको काफी मुक्त छोड़ता हूँ, हँसता हूँ और यह जो जीवन है इसे 'फ्लैश एंड ब्लड' में कहिए, छूने की कोशिश करता हूँ। अपने भीतर एक गर्माहट भरने को उत्सुक रहता हूँ। पर ऐसे क्षणों में भी एक तनाव रहता है। जहाँ तक असल खालीपन वो होता है—जो भयानक खालीपन होता होगा—जब लेखक को अहसास होने लगता है कि अब वह कुछ नहीं लिख पाएगा और ये घड़ियाँ आती हैं लेखक के जीवन में, शायद मेरे जीवन में भी आएँ क्यों बल्लभ जी?

बल्लभ सिद्धार्थ : नहीं आना चाहिए...(मिलीजुली हँसी)

अच्छा एक बात और। जब बंबई में बैठकर लिखते हो, जहाँ चौबीसों घंटे अच्छा माहौल है, समुद्र दिखाई देता है, नावें दिखती हैं, क्षितिज दिखता है समुद्र को छूते हुए, यानी शांति होती है, और एक जगह है दिल्ली जहाँ

बंद कमरे में बैठकर लिखते हो, तो परिवेश के इस फर्क का लेखन पर प्रभाव पड़ता है क्या?

गोविंद मिश्र : पड़ता है। मुझे लगता है मैं तो बंद माहौल में लिख ही नहीं सकता। अभी जब शिमला में लेखक सम्मेलन में गया तो तीन-चार दिन और रुक गया। उपन्यास का एक हिस्सा लिखना था तो जो कमरा मुझे मिला, वहाँ से बाहर का एक दरख़्त भी नहीं दिखता था। मुझे लगा कि भाग जाऊँगा। चाहे जितना छोटा कमरा हो, लेकिन बाहर के पेड़-पौधे दिखें, विस्तार दिखाई दे, जब मिला तो रुका, वरना लिखना तो दूर रह भी नहीं सकता था।

बल्लभ सिद्धार्थ : लेखन क्या कभी ऐसा लगा—जैसे आत्म साक्षात्कार से गुजरने की प्रक्रिया हो जैसे कि अंदर की किसी शक्ल की तरफ बढ़ने जैसा लगता हो?

गोविंद मिश्र : मैं समझता हूँ लेखन है ही एक लगातार चलता हुआ आत्म साक्षात्कार, रचनाएँ इसके पड़ाव हैं हम उस साक्षात्कार को ज्यादा सही बनाना चाहते हैं और यही है जो लेखन को सर्जनात्मक बनाता है। लेखक तो जीवन का एक शोधकर्ता है जिसका शोध उसकी अंतिम रचना से भी शायद पूरी नहीं होती। जीवन कम बैठता है इस शोध के लिए।

लीलाधर मंडलोई : गोविंद जी, आपने कई यात्रा-वृत्तांत भी लिखे हैं तो इन्हें आप किस श्रेणी में मानते हैं क्योंकि कई आलोचक बंधु इसे क्रिएटिव वर्क नहीं मानते।

गोविंद मिश्र : यात्रा-वृत्तांत को मैं एक सर्जनात्मक विधा मानता हूँ और एक मायने में कहानी, उपन्यास, निबंध और समीक्षा या कोई और भी जो विधाओं की परिभाषा में कैद है, उनके विधागत संस्कार जब सीमा बन जाते हैं तो यात्रा-वृत्तांत हमें मुक्ति दिलाते हैं। लगता है कि मैं विधागत सीमाओं से बाहर आकर कुछ कह सकता हूँ, जीवन को सीधे-सीधे तौर पर ले सकता हूँ यह मेरी नजर में खासा सर्जनात्मक है, मैं तो सोचता हूँ कि अगर लेखक कर्म अपनी संवेदना को निरंतर संस्कार देते चलता है तो उसके दो ही तरीके हो सकते हैं, या तो पढ़िए या फिर घूमिए।

बल्लभ सिद्धार्थ : या जेल जाइए। (सम्मिलित हँसी)

गोविंद मिश्र : हूँ...नए-नए जीवन अनुभवों से गुजरना होता है यात्रा में। किंतु यात्रा में अपने भीतर के विशिष्ट व्यक्ति को अगर हमने नहीं छोड़ा तो मज़ा नहीं आएगा। अपनी विशिष्टता उतार फेंकना होगा तब ही प्रकृति और परिवेश हमारे सामने खुलेंगे।

बल्लभ सिद्धार्थ : तुम्हें पढ़ते हुए एक बात दिमाग में बार-बार टकराती है कि तुमने पात्रों को उतनी हमदर्दी नहीं दी जितनी कि रचनाओं में समुद्र, पेड़, पशु-पक्षी आदि को दी है, जो प्रकृति के साथ तो तुम्हारी भावुकता जगती है जबकि पात्रों के प्रति निमर्मता।

लीलाधर मंडलोई : बल्लभ जी ने अच्छा प्रश्न उठाया है कि आदमी के प्रति निर्मम जड़ता और प्रकृति तथा पशु-पक्षियों के लिए कहीं अधिक संवेदना, इस फर्क की वजह?

गोविंद मिश्र : अगर प्रकृति से मेरे तादात्म्य की बात, मनुष्यों से तादात्म्य के मुकाबले रखकर देखी जाय तो शायद यह बात सही हो। और एक उसकी वजह जो मेरी समझ में आती है कि लेखक में यह विराटता होनी चाहिए जिसे मोटे तौर पर कहें कि जहर पिए और अमृत उगले। अभी मैं इस ऊँचाई को नहीं पा सका हूँ। कोशिश कर रहा हूँ।

बल्लभ सिद्धार्थ : यह मानते हो कि वह एक आदर्श स्थिति है ऐसा होना चाहिए।

गोविंद मिश्र : हाँ...यही होना चाहिए। दरअसल जीवन के जो कड़वे अनुभव होते हैं, वे जब तक फिल्टर नहीं हो जाते, किसी रूप में पिघल नहीं जाते, तब तक पात्रों के प्रति एक अजीब सी—क्या कहें रिजर्व सा बना रहता है। लेकिन मैं सोचता हूँ एक बिंदु आता है जब वह कड़वाहट पिघल चुकी होती है। यह एक बड़े लेखक की पहचान होती है, मैं मानता हूँ।

लीलाधर मंडलोई : गोविंद जी, लेखक को आप राजनीति से किस हद तक जोड़ना श्रेयस्कर मानते हैं क्योंकि राजनीति हमारे जीवन में इस तरह से रच-बस गयी है कि उससे अपने आपको विलग करना संभव नहीं है और साहित्य में राजनीति की दखलंदाजी तो आप देख ही रहे हैं क्यों बल्लभ जी...

बल्लभ सिद्धार्थ : बहुत सही बात है, बहुत कस के दखलंदाजी है।

गोविंद मिश्र : ये तो अब अपने जीवन की आम बात है। दूध, पानी, बिजली राशन जो नहीं मिल पाता...सभी में न राजनीति है।

बल्लभ सिद्धार्थ : यह राजनीति नहीं...बेईमानी है साब...?

लीलाधर मंडलोई : बिल्कुल सच...क्योंकि कभी राजनीति की अपनी आदर्श स्थिति भी रही थी।

गोविंद मिश्र : हाँ...मेरा सोचना है कि एक तो राजनीति वह है जो एक राष्ट्रीय स्तर पर है एक वो है जो रोज़-रोज़ के जीवन को प्रभावित करती है

जिससे लेखक व्यक्ति के स्तर पर जूझता है। दोनों कहीं मिलीजुली हो सकती हैं, पर जितना रोजवाली राजनीति लेखक के अनुभव का हिस्सा बनती है उतनी परिवेश वाली नहीं।

बल्लभ सिद्धार्थ : हमारे सामने कहानी में दो आंदोलन आये खासकर एक नई कहानी का और इसके बाद समांतर तो साहित्य में आंदोलन के बारे में तुम्हारा क्या ख्याल है?

गोविंद मिश्र : देखिए...आंदोलन चलाए गए तो उनका हश्र क्या हुआ? 'नई कहानी' में आपको मालूम है त्रिमूर्ति और उनके भाग्य से एक आलोचक भी मिल गया था। इरादा था कि पूरी पीढ़ी यानी जैनेंद्रजी वगैरह को एकदम साफ तरीके से काटो और कुछ खास नारों को लेकर चलो। यह मकसद भी पूरा कर लिया, लेकिन क्या जो नारे उन्होंने गढ़े, वे उनकी ही अपनी कहानियाँ पूरी करती हैं? बिल्कुल नहीं, नारों को कहानियों के साथ बिठाकर देख लीजिए। समांतर तो और भी फूहड़ था क्योंकि यह एक व्यक्ति का अपने को लेखक के रूप में जिंदा रखने के लिए किया गया तामझाम था। उसके हाथ में पत्रिका थी तो लेखक की भीड़भाड़ जैसे प्रतिष्ठित होने के लिए दौड़ पड़ी। यानी चार कहानियाँ लिखकर प्रतिष्ठित होने की बात। अब देखिए... लेखन—मतलब चार कहानियाँ लिखकर प्रतिष्ठित होने की बात यानी कि सारा जीवन लग जाता है इसमें और क्या बचता है, जैसे प्रेमचंद का एक 'गोदान' और तीन चार कहानियाँ वही न...? हम सब लोगों के साथ यही होना है, यानी सारा जीवन लगा देना है...दो-चार रचनाओं को पाने के लिए, और ये भाई लोग मात्र तीन-चार कहानियाँ रचकर ही महान लेखक बन जाना चाहते हैं। आंदोलनों से शिकायत मेरी यह है कि लेखक की रचनाधर्मिता गहराते नहीं, उन्हें शॉर्ट कट बताकर उल्टे रास्ते चलाते हैं...इसलिए इनसे जुड़े लेखक भी जल्दी समाप्त हो जाते हैं।

लीलाधर मंडलोई : अंत में एक महत्त्वपूर्ण सवाल और, संभव है निजी हो लेकिन जरूरी है। जीवन और रचनाकर्म में अगर वरीयता देने का प्रश्न उठे तो आपका चुनाव क्या होगा। मतलब किसे वरीयता देंगे आप?

गोविंद मिश्र : ये बड़ा गहरा सवाल किया है आपने। मैं कोशिश करता हूँ कि पूरी ईमानदारी से जवाब दे सकूँ। रचनाकर्म मेरा जीवन है पर जाहिर है कि यहाँ आपका आशय उस जीवन से है जो बाहर बहता है। तो जीवन और रचना...क्या शब्द आपने कहा था।

लीलाधर मंडलोई : रचनाकर्म।

गोविंद मिश्र : हाँ...तो जीवन और रचनाकर्म में मुझे वरीयता देने के लिए कहा जाए तो शायद...मैं जीवन को वरीयता दूँगा, अगर मुझे यह विकल्प हो कि आज की शाम तुम उस जीवन-अनुभव से गुजरोगे जहाँ तुम्हारी सारी शिराएँ जाग जाएँगी, या तुम बेहद जीवित महसूस करोगे या तुम्हारा अपना जीवन एक नया आयाम पा लेगा या उसके कई आयाम खुल जाएँगे तो शायद मैं उस शाम की तरफ दौड़ जाऊँगा, लिखना छोड़कर।

साहित्य की आत्मा का बसेरा कहाँ है?

(राजकुमार गौतम, बलराम और गोविंद मिश्र
स्थान : रवींद्र नगर, नयी दिल्ली : 1986)

गोविंद मिश्र : वैसे यह नहीं लगता कि क्या व्यक्ति या लेखक को जब हम महत्त्व देते हैं तो एक तरह से गलत रास्ते पर चले जाते हैं। वह तो महत्त्वपूर्ण नहीं है। महत्त्वपूर्ण हैं रचनाएँ। लेखक को छोटे होते जाना चाहिए...दिनोंदिन, ज्यों-ज्यों उसकी रचनाएँ आती जाएँ...दूसरे यह कि जो चीजें लिखी गईं उन्हें भी क्या और जनवाना जरूरी है। एक रचना जितना बोलती है, जो स्पंदन पैदा करती है, करती है। यदि नहीं करती तो उसमें कुछ गड़बड़ी है या कमी रह गई है।

राजकुमार गौतम : लेखक मूलतः, अंततः व्यक्ति ही होता है। किसी रचना का निमित्त तो यही होगा। उसी के विभिन्न आयाम होते हैं इसीलिए विभिन्न रचनाएँ भी वह लिखता है।

गोविंद मिश्र : चलो, मैं कोशिश करूँगा। मैंने आज तक कोई चीज छिपाई नहीं। छिपाने की जरूरत ही मुझे नहीं पड़ी लेकिन मुझे अपने व्यक्ति में बहुत दिलचस्पी है नहीं, सिवाय इसके कि मैं साधारण आदमी की तरह जियूँ, जो भी मुझे ईश्वर ने दिया है उसको लिखने में लगाऊँ। लिखने में तो है, कि लिखूँ। अंतिम समय तक लिखूँ। हमेशा लिखूँ, जितना लिखूँ बेहतर

लिखूँ। लेकिन अपने व्यक्ति में बहुत दिलचस्पी नहीं है। इसलिए बहुत से सवाल ऐसे हो सकते हैं जिनके उत्तर मैं नहीं दे पाऊँगा...किसी और वजह से नहीं...अपेक्षित उत्साह न होने के कारण।

बलराम : नहीं, इस तरह, व्यक्ति को महत्त्व...मैंने भी बहुत नहीं दिया है...गोविंद दा, आप ठीक कह रहे हैं कि महत्त्वपूर्ण रचनाकार होता ही नहीं है। महत्त्वपूर्ण होती हैं उसकी रचनाएँ। और इस बात को शरत् के उदाहरण से भी पुष्ट करना चाहूँगा कि शरत् जी ने अपने बारे में सही-सही जानकारी कभी नहीं दी, छिपाते रहे।

गोविंद मिश्र : छिपाना क्यों कहते हो, बलराम भाई। छिपाना क्या। वे महत्त्वपूर्ण नहीं लगतीं....ऐसा क्यों न मानें। छिपाने में ऐसी बात हो गई कि कुछ ऐसी चीज है जो हम नहीं बताना चाहते। ऐसा नहीं रहा होगा शरत् के साथ भी, शरत् क्या किसी भी साहित्यकार के साथ।

बलराम : शरत् के साथ, मुझे लगता है कि जिन परिस्थितियों से निकलकर वे आए थे उन्होंने जानबूझकर चाहा कि लोग न जानें।

गोविंद मिश्र : हमारे बारे में तो लोगों को जरूरत से ज्यादा चीजें मालूम होती हैं। जरूरत से ज्यादा वे सोचते हैं हम पर। (हँसी)

राजकुमार गौतम : गोविंद जी, आपका यह जो नया उपन्यास आया है, 'तुम्हारी रोशनी में' इसे पढ़ने के बाद मुझे ऐसा लगता है कि जो हमारे कथा-साहित्य में किस्सागोई या एक फैलाव था वह धीरे-धीरे कम होता गया है। और आपके यहाँ तो खासतौर से लगता है कि आप बहुत कृपण होते जा रहे हैं?

गोविंद मिश्र : नहीं, उस उपन्यास का तकाजा ऐसा था। प्रेम की आप कहानी लिखें...तो प्रेम में महत्त्वपूर्ण क्या है? अनुभूति, उसकी सघनता। इस उपन्यास की जो बुनियाद है वह कई तरह से कविता जैसी है। इसलिए उसमें कथा, फैलाव वह...जरूरी नहीं है। शायद अगले उपन्यास में फिर मैं वापस कथात्मकता की परंपरा पर आ जाऊँ।

राजकुमार गौतम : नहीं, कहानी में तो मुझे खास तौर से ऐसा लगता है कि आप उस फैलाव में न जाएँ...

गोविंद मिश्र : हाँ। यह इस वजह से है कि अंग्रेजी साहित्य का विद्यार्थी होने की वजह से या कैसे एक थोड़ा अनुशासन है। अगर आप बात एक जुमले में कह सकते हैं तो उसके लिए दस जुमले क्यों हों? बोलने में तो

फैलाव अपरिहार्य है लेकिन लिखने में तो कम से कम यह किया जा सकता है। दूसरे, प्रेमचंद से अब तक हमारी कहानियों या उपन्यास में जो विकास हुआ है तो उसमें एक चीज यह भी है कि गद्य पहले से ज्यादा चुस्त हुआ है और कहानी का कहानीपन बारीक होता चला गया है। घटना से ज्यादा महत्त्वपूर्ण उसके चरित्र जो घटना बनाते हैं। चरित्र से ज्यादा महत्त्वपूर्ण है वह जो वे चरित्र कहते हैं, खासतौर से उस चरित्र के कथन जिसमें लेखक बोलता होता है। उससे भी ज्यादा महत्त्वपूर्ण है वह जो लेखक न कहकर भी कह जाता है। तो इस बात से हम श्रेणियाँ तय करते हैं कि कौन कितनी बड़ी रचना है। अब इसमें यह जरूर है कि कथात्मकता जैसी चीजों का नुकसान हुआ है। लेकिन दूसरी चीजें आई हैं। वैसे मैं यह कोशिश करता हूँ कि रस रहे। मैं कथा नहीं कहूँगा उसे। रस। भावना की सघनता, जितनी ज्यादा से ज्यादा।

राजकुमार गौतम : आप अनुशासन की बात कर रहे थे। तो आपके उपन्यास 'लाल पीली ज़मीन' पर तो यह आरोप भी लगाया गया था कि आपने बहुत ज्यादा परिवेश....

गोविंद मिश्र : 'लाल पीली ज़मीन' की कल्पना जो थी मन में वह यह थी कि परिवेश ही इसका नायक हो। उसमें कोई एक पात्र या दो पात्र या यह प्रसंग या वे प्रसंग...ये महत्त्वपूर्ण नहीं हैं। पूरा तंत्र। मेरे दूसरे उपन्यासों में ऐसा नहीं है। तो 'लाल पीली ज़मीन' में जो फैलाव था वह इस वजह से था। इसलिए मैंने कहा कि हर उपन्यास की अपनी एक अपेक्षा होती है। तो उससे यह नहींमान लेना चाहिए कि इस उपन्यास में यह हुआ तो अब आप ऐसा करने लगे हैं।

राजकुमार गौतम : नहीं, किस्सागोई की बात थी और मुझे लगता है कि परिवेश को उसमें शामिल नहीं किया जा सकता। परिवेश की प्रधानता हुजूर दरबार में भी है, अपेक्षाकृत कम, और परिवेश नवीनतम उपन्यास में भी है। इससे जुड़ा एक सवाल और है कि जब आप किस्सागोई को इस तरह से लगभग छोड़ देते हैं या जैसा आपने कहा, वह कम हो ही जाती है तो किसी शिक्षित पाठक वर्ग के लिए लिखना आप ज्यादा कर रहे होते हैं।

गोविंद मिश्र : अब देखिए, यह तो साहित्य की एक सीमा है। साहित्य आप हमेशा से देख लीजिए हर देश में, हर युग में...यह विशाल जन-समुदाय के लिए कभी नहीं रहा। दूसरी तरह का लेखन हो सकता है पर वह साहित्य

की श्रेणी में नहीं आता। कालिदास या वाल्मीकि का साहित्य भी एक खास वर्ग के लिए ही था। आज भी अगर आप लोकप्रिय बनने की साहित्य में कोशिश करेंगे तो साहित्य नहीं रह जाएगा। लेकिन किस्सागोई वाली जो परंपरा है उसके प्रति मैं थोड़ा सचेत रहता हूँ, उसे एक खूबी भी मानता हूँ कहानी और उपन्यास की। लेकिन ऐसी किस्सागोई न हो कि वही वह हो जाए। कथा में भी कोई विशिष्ट आयाम या कोण होना चाहिए।

राजकुमार गौतम : नहीं, कहानी में मैं समझता हूँ कि कथा का न होना थोड़ा चल भी जाता है। लेकिन उपन्यास में...कहीं ऐसा न हो जाए कि किसी लेखक का उपन्यास आया और उसकी थीम क्या है, हम यह भी न बता पाएँ।

गोविंद मिश्र : राजकुमार भाई, मैं जब कभी विश्वविद्यालयों-कालेजों में जाता हूँ तो वहाँ प्राध्यापक-प्राध्यापिकाएँ या छात्र-छात्राएँ कहानियों का विश्लेषण इस तरह करते हैं कि फलाँ वहाँ से वहाँ गया और फिर वह लौटकर नहीं आता या उसने यह किया...यानी सिर्फ घटनाओं के आधार पर ही उपन्यास की चर्चा है। यह गलत है। इससे रचना के मूल में आप नहीं पहुँचते। व्यक्तिगत रूप से मेरे लिए रचना में जो अंतरध्वनियाँ होती हैं...वे चीजें जो लेखक अनकहे कह गया वे जितनी ज्यादा होंगी उतनी ही सशक्त रचना होगी। 'तुम्हारी रोशनी में' की बात उठी थी तो उसमें जो अनुभूति है वही महत्त्वपूर्ण है, यह नहीं कि अंत में सुवर्णा इसके पास जाती है या उसके पास जाती है। महत्त्वपूर्ण है उसकी वह छटपटाहट जिसमें से एक नया जीवन, एक नया व्यक्ति जन्म लेगा।

राजकुमार गौतम : 'कफ़न' कहानी में घटनाएँ बहुत सटीक काम करती हैं। कहानी के टोटल को वे ही उलीचती हैं।

गोविंद मिश्र : अब आप देखिए कितना गड़बड़ होता है उससे। उस पूरी कहानी के साथ न्याय नहीं होता। कहानी में है : घीसू और माधव। बुधिया अंदर कराह रही है, मर रही है। घीसू और माधव बाहर बैठे हैं। फिर चंदा इकट्ठा करते हैं। कफ़न का इंतजाम करने गए, लेकिन जाकर चंदे के पैसे की शराब पी जाते हैं। मछली खाते हैं और कहते हैं कि बुधिया स्वर्ग चली जाएगी। अब अगर आप सिर्फ इस घटनाक्रम से उस कहानी को विश्लेषित करने चलेंगे तो मुश्किल यह होगी कि प्रेमचंद क्या कहना चाहते थे?

राजकुमार गौतम : इस कहानी का जो प्रभाव है वह शब्दों में नहीं,

आंतरिक आशयों-अर्थों में खुलता है। लगता है ऐसा हो ही नहीं सकता। लेकिन ऐसा ही हुआ है। इस होने के कारण बाहरी दबाव हैं और इन्हीं दबावों की वास्तविकता यहाँ उजागर हो जाती है।

गोविंद मिश्र : मतलब प्रेमचंद यह बताना चाहते थे कि वे दोनों व्यक्ति असंवेदनशील इस हद तक हो चुके हैं, या निकम्मापन है उनका या वह भूख का एक तरह आदर्शीकरण है?

राजकुमार गौतम : नहीं, नहीं, यह स्थापित करने का कोई मन नहीं है। वहाँ घीसू, माधव या बुधिया के चरित्र को तो लाना ही नहीं है। वहाँ तो इन वास्तविकताओं को लाना है जिनके चलते आदमी घीसू या माधव बन जाते हैं। अब आप देखिए आम जीवन में पचास साल के बाद भी उसी तरह से हो रहा है। घर में बीमार बच्चा पड़ा रहता है, बाहर बाप दारू पी रहा होता है।

गोविंद मिश्र : मतलब यही हुआ न कि प्रेमचंद दूसरी अपनी कहानियों में घटनाओं के आगे नहीं जाते, इसमें चले गए हैं। इस कहानी की व्याख्या दस तरीके से हो सकती है, इसीलिए यह बड़ी कहानी है। ऐसी कहानियों में घटनाक्रम को बहुत महीन रखते हुए पात्रों के बीच जो डायलाग होते हैं वे और डायलाग के बीच में जो गैप छूटता है वह...और और भी कितनी चीजें...

बलराम : इससे जुड़ा एक और सवाल है—रिश्तों की बात—जैसे वह 'वह' अपना चेहरा के संदर्भ से है कि इतना सँकरा आदमी कैसे हो गया कि एक बार मानसिक रूप से सोच लेता है कि ठीक है मैं इस प्रेमिका को छोड़ देता हूँ, तो वह वाकई छोड़ देता है।

गोविंद मिश्र : नहीं, यह बहुत जटिल मामला है। बुनियादी बात है कि आज का हमारा समाज किस तरह का है, किस तरफ जा रहा है और यहाँ हम सभी को मालूम है कि जो पश्चिम में है, भारतीय समाज में भी वही धकेला जा रहा है। बाजार की चीजें टी.वी., वीडियो, कैसेट...हर परिवार कुछ न कुछ पाने के लिए, ले जाकर घर में कुछ भर देने के लिए बेचैन रहता है। तो जहाँ चीजें आने लगती हैं तो व्यक्ति और उनके बीच के रिश्ते, उन रिश्तों की गर्माहट...ये तब पीछे छूट जाती हैं। एक उदाहरण देता हूँ। जैसे आज किसी के घर जाएँ आप शाम को, तो वे लोग टी. वी. देख रहे हैं। आप भी बैठकर टी. वी. देखने लगते हैं। अब आप उनसे या वे आपसे बात करना चाहते थे—यह पीछे छूट जाता है। तो एक दूसरे के जीवन में जो हिस्सेदारी थी वह तेजी से खत्म हो रही

है। जो समस्या मैंने तुम्हारी रोशनी में उठाई है कि प्रेम महसूस होना ही बंद होता दिखता है, क्योंकि जीवन को हम इतना ज्यादा दिमाग से चलाने के आदी हो गए हैं।

मैंने बंबई में एक और एक्सट्रीम देखी—एक महिला जो एक जगह अपना ध्यान ही नहीं केंद्रित कर पाती। जो हर जगह खटाखट अपने रोल बदलने की आदत डालती रही। इसलिए अब एक चीज पर अपना ध्यान ही केंद्रित नहीं कर पाती। शायद यह एक अंतर्राष्ट्रीय साजिश है कि जहाँ-जहाँ संस्कृति बहुत समृद्ध है, वहाँ-वहाँ की बाजार को चीजों से पाट दो...एक तरह का नया उपनिवेशवाद। बाजार की चीजों की ओर धकेल कर लोगों को खोखला कर दो। अभी हिंदुस्तानी आदमी जो है वह काफी पुख्ता और मजबूत आदमी है। पश्चिम का आदमी तो सह ही नहीं पाता। ट्रेन लेट हो जाती है या ऐसी ही कोई मामूली बात कि उसे फौरन ड्रग या बियर चाहिए। किसी तरह की ट्रैजेडी हो गई तो साइकेटरिस्ट चाहिए। भारतीय आदमी की क्या ताकत हो सकती है इसकी बहुत उम्दा मिसाल महात्मा गाँधी थे। भारतीय संस्कृति की शक्ति क्या है, यह उस एक व्यक्ति ने दिखा दिया। अपनी यह संस्कृति आज हम छोड़ रहे हैं, छुड़ाई जा रही है।

बलराम : क्या जैसा आपका इशारा था यह कोई साजिश है अन्तर्राट्रीय स्तर पर?

गोविंद मिश्र : हाँ, साजिश है। मुझे बिलकुल लगता है यह है। अंग्रेजी की एक से एक कूड़ा किताबें, सस्ता साहित्य शहरों में उपलब्ध करा दिया गया है। हिंदी या प्रादेशिक भाषाओं की किताब नहीं मिलेंगी। अंग्रेजी की उन किताबों को बहुत सस्ते में, बुकसेलर को बहुत ज्यादा कमीशन देकर बाजार में पेल दिया जाता है। हमारे बच्चे यही पढ़ते हैं...या जैसे भोपाल-गैस-कांड। उस पर साहित्यकारों की ओर से मेरी शायद पहली प्रतिक्रिया...प्रतिक्रिया तो हल्का शब्द है, मेरी छटपटाहट थी। वह लेख नवभारत टाइम्स में छपा था। अब इस तरह की कीटनाशक दवाएँ...ठीक है कि आबादी ज्यादा हो गई है, खेती के लिए आपको कीटनाशक दवाएँ चाहिए भी। लेकिन पहले भी तो कोई तरीका रहा होगा खेत को बचाने का या और तरीके नहीं ढूँढ़े जा सकते? हम इतने विकसित हो गए हैं तो क्या हम अपनी ऐसी दवाएँ खुद नहीं पैदा कर सकते कि विदेशी कंपनी का आधार लेना ही नहीं पड़े। तो इसमें तकलीफ होती है। मुझे तो लगता है कि जितना हमने अपने दरवाजे खोल रखे हुए हैं

पश्चिमी संस्कृति के लिए ये कहीं न कहीं बंद कर देने चाहिए। अब आजकल अंतर्राष्ट्रीय प्रजातंत्र का वक्त है तो यह कैसे हो...मुझे नहीं मालूम। लेकिन कुछ-न-कुछ बंदिश हो। नहीं तो हमारी जो नई पीढ़ियाँ...पहले मुझे डर नहीं लगता था क्योंकि टी. वी. नहीं पहुँचा था गाँवों में, छोटे नगरों में। सोचता था शहर के कुछ लोग रंग भी गए तो हमारे गाँव, छोटे नगर बैलेंस कर लेंगे। लेकिन अब टी. वी. सब जगह पहुँच रहा है और इसमें आदमी को कूड़ादान बना लिया जाता है, डालते जाइए कुछ भी!

बलराम : लेकिन इसमें तो आजकल साहित्यकार भी काम कर रहे हैं। बड़े-बड़े लेखक और साहित्यकार...

गोविंद मिश्र : साहित्यकार हैं तो क्या, कितने और क्या लेकर। अब भई पैसे की ललक है। मैं नहीं समझता कि साहित्यकार इसमें नाम या कोई चीज बड़े पैमाने पर संप्रेषित करने के लिए जाते हैं। नाम होता नहीं। नाम तो जो एक्टर-प्रोड्यूसर आते हैं उनका होता है। पैसा जरूर मिल जाता है।

बलराम : अगर टी. वी. लेखन से जुड़ता है तो वह कुछ ही नामों को क्यों दोहराता है। क्या आपको नहीं लगता कि...

गोविंद मिश्र : यह तो टी. वी. वालों पर निर्भर करता है कि विविधता लाने के लिए वे और लेखकों के पास जाएँ। ऐसा नहीं करते तो क्या किया जाए। ब्यूरोक्रेटिक तंत्र है टी. वी. का भी। पर चलो, लेखकों वाले ये कार्यक्रम जो उनके साधारण प्रोग्राम हैं, उनसे तो थोड़ा अच्छे ही हैं।

राजकुमार गौतम : हम अभी पश्चिम के खुले दरवाजों की बात कर रहे थे...आप उपन्यासकार के रूप में ही मुख्यतः पहचाने जाते हैं। यहाँ भारतीयता का एक प्रश्न उठाया जा सकता है जैसे कि आपने अभी कहा कि पश्चिम के दरवाजों को पूरा नहीं तो कम से कम थोड़ा तो बंद कर ही देना चाहिए। भारतीयता, भारतीय संस्कृति, इंडियननैस को लेकर आपकी क्या अवधारणा है?

गोविंद मिश्र : हमारे चिरंतन मूल्य आदमी के क्रमशः उदात्तीकरण से संबंधित हैं। शरीर तो क्षरित होता जाता है। लेकिन व्यक्ति ऊपर उठता चला जाता है। हमारे सारे मूल्य इस मूल अवधारणा के इर्द-गिर्द हैं। ये मूल्य भारतीय संस्कृति में जितने अच्छे ढंग से अब भी सुरक्षित हैं और किसी संस्कृति में नहीं। इसलिए इन्हीं को अगर हमारा साहित्य रेखांकित करे तो भारतीयता आएगी ही। मैं भले ही आधुनिक ढंग से प्रेम का उपन्यास लिखता हूँ, लेकिन जब मैं प्रेम के मूल्य को स्थापित कर रहा हूँ तो मैं भारतीयता की बात कर रहा हूँ।

राजकुमार गौतम : जो हमारी प्राचीन भारतीयता है उसमें दिल और दिमाग का एक अच्छा संतुलन मिलता है। इधर जैसे कि पश्चिम के प्रभाववश दिमाग हावी होता जा रहा है...यह बात आपने 'तुम्हारी रोशनी में' बार-बार रेखांकित की है। लेकिन सभ्यता के इस दौर में दिमाग को हटाया भी कैसे जा सकता है?

गोविंद मिश्र : नहीं, दिल और दिमाग को आपने कहा तो इसमें एक और स्थापना है हमारे यहाँ। गीता में एक जगह कहा गया है कि इंद्रियों के विषय इंद्रियों में विलीन हो जाएँ। इंद्रियाँ शरीर में, फिर शरीर मन में। यहाँ मनस् शब्द का इस्तेमाल किया गया है जिसमें मन और दिमाग दोनों आ जाते हैं। और फिर मनस् आत्मा में और फिर आत्मा ब्रह्म में...इस तरह। तो इस तरह से हमारे यहाँ उदात्तीकरण का जो एक क्रम या सीढ़ियाँ बताई गई हैं यह महत्त्वपूर्ण हैं। इसका जो आशय मैं समझता हूँ वह यह है कि आप किस ढंग से आत्मिक प्रतीति के साथ रहने लगें। यों तो बहुत ही सूक्ष्म शब्द है आत्मा और उसकी तरह-तरह से व्याख्या है। मान लें कि जहाँ गुण अपने पूरे उदात्तीकरण में प्रस्तुत हो जाए तो वह आत्मा। जैसे कि अगर ऐसी कल्पना हो कि व्यक्ति प्रेम के अपने छोटे दायरे से ऊपर उठकर सारे संसार को संपूर्ण जीवों को बराबरी से प्रेम करने लगता है तो यहाँ आत्मा आ गई है। या जैसे सुख में सुखी होना और दुख में दुखी होना—यह आदमी का स्वभाव है लेकिन 'सुख-दुखे समे कृत्वा लाभालाभौ जया जयौ', जो न सुखी होता है न दुखी होता है—तो वह आत्मा हुई। तो जब भी किसी अच्छे गुण का उदात्तीकरण करते हुए हम ऊपर उठते हैं तो आत्मिक तक पहुँच सकते हैं। आज के संदर्भ में इन चीजों की बहुत जरूरत है, क्योंकि दिमाग हावी होता जा रहा है। इसकी बहुत सीमाएँ हम लोगों के सामने आ गई हैं। एक बड़ी सीमा यही देख लीजिए कि आपकी पृथ्वी को अपने ढंग से आप इस्तेमाल करेंगे, इधर से यह उखाड़ेंगे, उधर कुछ उत्खनन करेंगे...आप एटोमिक टेस्ट करें, यह करेंगे वह करेंगे...तो पृथ्वी, प्रकृति भी आपको अपना कुछ तेवर दिखाएगी—मैक्सिको में जो भूकंप आया या ऐसी और जो त्रासदी हैं।

दूसरे, दिमाग की सीमा देखिए कि आप तरक्की करते हुए कहाँ पहुँचे? तरक्की आपकी क्या है—तरक्की का अंतिम माप यह है कि इतने सेकेंड में पृथ्वी को इतने बार नष्ट किया जा सकता है। अमेरिका में भी बेकारी है, भुखमरी है। रूस में भी बेकारी है और ऊपर से वहाँ आदमी की आत्मा को

ही मार देते हैं...वही, सामंतवाद जिसके खिलाफ उनकी लड़ाई थी जो हमारे यहाँ राजाओं के वक्त में था वह आपको आज के रूस में मिल जाएगा। तो दिमाग आपको कहाँ ले आया? इससे तो आपको निकलना ही है। दिमाग जो काटता है उसके विपरीत मन जो जोड़ता है। मन और आत्मा मान लीजिए कि सामाजिक स्तर पर रियलाइज नहीं किए जा सकते लेकिन वैसा एक आयाम मेरे ख्याल से हर समाज के सामने रहना चाहिए उससे मुझमें एक अच्छा इंसान बनने की कशिश जागती है और अगर हर व्यक्ति बेहतर बनेगा तो समाज भी बेहतर बनेगा। मसलन, बहुत कम लोग ऐसे मिलेंगे जो यह सोचते होंगे कि हमें भी खत्म होना है। आधी समस्याएँ इसी से खत्म हो जाती हैं अगर हम यह मानकर चलने लगें कि भाई जाना है यहाँ से अंततः। इतनी मोटी चीज। यक्ष ने युधिष्ठिर से पूछा—किमाश्चर्यम्—आश्चर्य क्या है? युधिष्ठिर ने कहा कि अपने आसपास रोज मृत्यु को देखते हुए भी अपने बारे में कोई यह नहीं मानता कि उसे भी मरना है...। यह आश्चर्य है। आत्मा की बात यहीं से शुरू होती है। मरण की बात हमारे यहाँ आत्मा से जुड़ी हुई है...इसलिए यह कभी निराशावादी चीज नहीं रही। मृत्यु की बात हमारे यहाँ हमेशा एक आलोक वाली बात मानी गई। तो मस्तिष्क की सीमाएँ बाँध देना जरूरी है। मेरे ख्याल से साहित्य को यह करना चाहिए। साहित्य प्रेम, सत्य, सौहार्द आदि का वाहक बने।

राजकुमार गौतम : सही है...इनको तो महसूस ही किया जा सकता है।

गोविंद मिश्र : इनको स्थापित करना चाहिए साहित्य में...वही जो धर्म दूसरी तरह से करता है...और यहाँ साहित्य और धर्म एक हो जाते हैं। मेरी कहानी 'मायकल लोबो' प्रार्थना पर खत्म होती है।

राजकुमार गौतम : अच्छा, मैंने सबसे पहले आपके लिए यह सवाल नोट किया था कि अध्यात्म की तरफ झुकाव आपकी रचनाओं में, खासतौर से भूमिकाओं में इधर कुछ ज्यादा दिखाई दे रहा है। इसकी कोई वजह...वह विकास है, या कोई नया सोच?

गोविंद मिश्र : सोच क्या है इसमें? जीवन के संदर्भ में विकास कह सकते हैं...अच्छा या बुरा, यह तो आप जानें। और जो कहानियों में या रचनाओं में आता है तो उसकी चर्चा, या आलोचना, कलात्मकता या वैसी दूसरी चीजों को उठाकर ही होगी। यह जरूर है कि मुझे यह एक नया आयाम दिखाई दिया है और यह आया है रचनाओं में। जैसे 'मायकल लोबो' कहानी में। अब

व्यक्तिगत वजह शायद यह हो सकती है अगर उसको घटनाक्रम से जोड़ना हो तो मेरे छोटे बच्चे की मृत्यु के बाद...यहाँ से देखा जा सकता है। क्योंकि जब आप बहुत नजदीक से मृत्यु देखते हैं तो वे बहुत सारे सवाल जो पहले कहीं बंद पड़े होते हैं, वे खुल जाते हैं। पहले उतना धैर्य मुझमें नहीं था कि मैं जाकर यह देखूँ कि हजार-हजार सालों से मंदिरों में ऐसे पागल हुए लोग क्यों चले आते हैं, उन्हें क्या मिलता है। पहले मैं भी एक आम शिक्षित की तरह कह देता था कि अंधविश्वास है यह। धीरे-धीरे मुझे दिखाई दिया कि नदियाँ, पहाड़, सूर्य, अग्नि ये सब जो हमारे देवी, देवता, माता-पिता रहे...यह सब निष्प्रयोजन नहीं था। देखिए, आर्यों ने कैसे हर उस शक्ति को जो मनुष्य की मदद करती है और जो मनुष्य की वजह से नहीं है उसे देवता मान लिया—वायु, सूर्य, पृथ्वी, अग्नि...तो इन बड़े-बड़े देवस्थलों में भी वही है कि जब-जब हम दुर्बलता के तल पर आ लगें, उस वक्त आप प्रस्तुत कर दीजिए अपने आपको। शक्ति मिलेगी, विराटता से जोड़कर खड़े होने की शक्ति, चलते रहने की शक्ति। तो अंततः यह है कि आपको चलते रहना है। जो कर्म ईश्वर ने आपको दिया है, उसको करते रहना। और दूसरे, जब आप मृत्यु को इतने नजदीक से देखते हैं, तो एक बेवजह का अहंकार जो हमारे मन से लिपटा रहता है, वह झर जाता है...आपकी प्रतीति उन चीजों पर जगने लगती है जो पहले अहंकार के कारण नहीं उठ पाती थी।

राजकुमार गौतम : इससे संवेदनशीलता के आधिक्य का खतरा नहीं बन जाता क्या?

गोविंद मिश्र : अब मुझे अभी यह पता नहीं चला। मैं स्वयं अपने नए उपन्यास में इस खोज में लगा हूँ कि ये अध्यात्म और धर्म का जो पक्ष है यह क्या जीवन से लेता और क्या देता है। अभी तो इतना ही समझ में आया है कि उस तरह से आस्थावान जैसा आम भारतीय होता है, उसे समझने के लिए उसकी जैसी ही थोड़ी आस्था जरूर चाहिए। उतनी मुझमें आई है। अब मैं साधारण भारतीय की भाषा में समझने की कोशिश कर रहा हूँ। एक रचना के माध्यम से यह कर सकता हूँ तो...

राजकुमार गौतम : मुझे लगता है, अस्त की ओर जाते हुए प्रायः सारे भौतिकवादी ईश्वर में अधिक विश्वास करने लगते हैं...या कोई ऐसी घटना होती है जिसकी वजह से आप चले जाते हैं अध्यात्म की ओर...दिनकर जी, पंत जी...तो क्या इस तरह लगता है...

गोविंद मिश्र : मेरा ख्याल है कि अगर आप भारतीय ढंग से बड़े हुए हैं, तो थोड़ा बहुत हम सबके साथ यह होगा कि पैंतालीस-पचास की आयु में पहुँचते-पहुँचते आपमें कुछ बदलाव आना शुरू हो जाए। और वह इसी दिशा में होता है चाहे आप कितने बड़े लेखक हों। मैंने तो ऐसे लोगों को भी देखा है जो आजीवन पूरी तरह पाश्चात्य संस्कृति में रंगे रहे, वे भी। मुझमें स्वाभाविक रूप से आया, जैसे कि जो आपकी संस्कृति है, जो पीढ़ी-दर-पीढ़ी आपके खून में आती रही, जिससे आपकी शिक्षा ने थोड़ा अलग कर दिया था...वह आवरण हट जाए...कुछ उस तरह से। आपने दिनकर जी, पंत जी का नाम लिया। पंत जी अरविंद की तरफ झुके थे। आपका आशय शायद यह है कि धर्म हुआ या अरविंद या किसी दर्शन को स्वीकार लेना, कुछ ऐसा है जैसे आप अपनी छटपटाहट को कहीं बड़े ही सरल ढंग से समर्पित करके मुक्त होना चाहते हैं। मुझे नहीं लगता कि ऐसा मेरे साथ है कि आप कहीं जाकर अपनी छटपटाहट को...मैं कंठी पहने था तो विष्णुकांत शास्त्री जी ने पूछा कि तुमने दीक्षा किससे ली? मैंने कहा कि ऐसे ही मन में आया, तुलसी से भक्ति या आस्था मिलती है। दीक्षा और कोई गुरु एक धार्मिक अनुशासन के अंतर्गत आते हैं। मैंने भीतर किसी को गुरु मान लिया जो अब इस संसार में नहीं है। तो मेरी छटपटाहट मेरे पास है और मुझे ही उसके हल ढूँढ़ने हैं। हलों के लिए मुझे किसी गुरु या धर्म विशेष के पास जाने की सुविधा नहीं है। हाँ, फर्क इतना जरूर हो गया कि मैं अपनी छटपटाहट के हल आस्था के इर्द-गिर्द ढूँढ़ने की कोशिश करने लगा हूँ। धर्म और साहित्य के मूल रूप में कोई विशेष अंतर नहीं है। 'मायकल लोबो' के अंत में बाइबिल है और बाइबिल इतनी हिला देने वाली रचना है, मैं समझता हूँ कि साहित्यिक रचना ऐसी कम मिलेंगी। उसे साहित्य मानते भी हैं, जैसे हमारे यहाँ तुलसी-सूर को। तो मेरा ख्याल है कि अध्यात्म और धर्म एक साहित्यकार में इस तरह उगे तो इसे उसका अध्यात्म या धर्म की तरफ झुकाव मानने की बजाय साहित्य में ही एक नए आयाम के लिए संचेतना माना जाना चाहिए। बल्कि उसको एक विकास मानना चाहिए कि वह एक साधारण भारतीय जितनी आस्था पाने के लिए अब उस मनुष्य के और पास आ रहा है, उन मूल्यों में आस्था गहरा रहा है जो बल दे, जिसे मैं अपने व्यक्तिगत स्तर पर कहना चाहता हूँ कि मैं खड़ा रह सकूँ, चल सकूँ। तो ये सारी समस्याएँ फिर आदमी की समस्याएँ हो जाती हैं और इसलिए साहित्य की भी।

बलराम : यह बदलाव...मानसिक स्वीकार या सघनता की नई ताजी स्थितियाँ और इन्हीं से आकार लेता साहित्य...तो आपको क्या यह नहीं लगता

कि इस मानसिकता से पहले लिखा गया आपका साहित्य एक तरह से अप्रभावी या अपूर्ण रह गया है और जैसे कि कुछ लेखक यह चक्कर पाले रहते हैं कि मैं अपना लिखा इतना खारिज करता हूँ।

गोविंद मिश्र : नहीं, मैं खारिज नहीं करूँगा। इसलिए कि मैं जिस तरह की रचना आज लिखता हूँ वहाँ उसी रास्ते से आकर ही तो पहुँच सकता था। पर हाँ, यह जरूर लगता है कि जो आज मैं लिख रहा हूँ, वह साहित्य है...पहले का सिर्फ लेखन था।

बलराम : प्राइमरी स्टेज का महत्त्व है...

गोविंद मिश्र : हाँ, महत्त्व तो है। यह न केवल मेरे संदर्भ में बल्कि उन व्यक्तियों के संदर्भ में भी जो उस रास्ते के इर्द-गिर्द होंगे। अब इसलिए संपूर्ण कहानियों की पांडुलिपि जो बनाकर दे रहा हूँ उसमें सभी कहानियाँ लेने का आग्रह है, वह भी जो सबसे पहले...इतनी बचकानी थीं, सचमुच...एकदम नकारात्मक स्वर भी था। अब मैं इस पर आ गया हूँ कि जैसे तरह-तरह के आम के पेड़ हैं, आप देखिए कि एक पेड़ का आम दूसरे से थोड़ा फर्क होता है। यह सिलसिला तो प्रकृति का खुद का बनाया हुआ है। प्रकृति से बड़ा कृतिकार और कौन होगा? तो लेखक भी कोई इस तरह लिखेगा, कोई उस तरह। मैं ही कभी इस तरह, कभी उस तरह...जो जहाँ थोड़ा स्वाभाविक रूप से लेखन आपका विकसित हो रहा है तो वहाँ लेखक को थोड़ा-सा ऐसा मान लेना चाहिए कि वह भी पेड़ जैसा ही है कुछ।

राजकुमार गौतम : अच्छा गोविंद जी, जब आप कुछ वाक्य लिख नहीं रच रहे होते हैं तो आपको **नास्टेलजिया** किस तरह से घेरता है?

गोविंद मिश्र : नास्टेलजिया तो होता ही है, वह या फिर स्मृति...आदर्श का पुट लिए रहता है, कुछ इस तरह से कि जो चीज आज है वह खराब है जो पहले थी, वह अच्छी थी। लेकिन उस वक्त खास तौर से हमने जो गाँवों और कस्बों में देखा, वह आज नहीं है। कभी एक छोटी-सी बस्ती में हर कहीं प्रेम था, आज वहाँ—तनाव आ गया। आबादी बढ़ गई, होशियारी, चतुराई बढ़ गई। तो नास्टेलजिया है वह थोड़ा आदर्शात्मक हो जाता है। मेरे मन में कस्बे या गाँवों की अच्छी चीजें भी हैं, तो उनकी थोड़ी-सी झलक रचनाओं में भी आने दी जाए। यह तो ठीक है कि रचनाओं में जो यथार्थ है, वही आएगा, पर कभी-कभी कुछ बतौर कलात्मक निर्वाह ही सही...

राजकुमार गौतम : ऐसा तो नहीं कि यह कहीं ज्यादा हो जाता है। इसीलिए कुछ लोगों का कहना है कि बनावटीपन आ जाता है उन रचनाओं

में। यदि यह कुछ कभी ज्यादा हो जाता है तो बनावटीपन का खतरा भी बढ़ जाता है।

गोविंद मिश्र : जरूर।

बलराम : जब आप पाठक के रूप में अपनी रचनाएँ पढ़ते हैं तो कैसा महसूस करते हैं।

गोविंद मिश्र : अपनी रचनाओं को दोबारा पढ़ना मुझे बहुत खराब लगता है। मुझे बड़ा कष्ट होता है। ...लेकिन वह बनावटीपन वाली बात। बनावटीपन जो है वह शायद इसलिए और लगता होगा कि आज जो गाँव, कस्बे हैं औरजो तस्वीर मेरी स्मृति में उभरती है तो उनमें फर्क तो है ही.. .करीब-करीब पच्चीससाल का फर्क है। पर क्या 'लाल पीली ज़मीन' में भी लोगों को बनावटीपन लगताहै?

बलराम : मेरा ख्याल है कहानियों में। क्योंकि कहानियों में कभी-कभी आप सजाने की कोशिश करते हैं–

गोविंद मिश्र : असल में नौकरी में आने के बाद मुझे गाँवों में तरीके से...मतलब कोई लंबे अर्से के लिए लगातार रहने का अवसर मिला नहीं। जब तक आप यह न करें और वहाँ के परिवारों, लोगों से जुड़ें नहीं तब तक आप एक बाहरी व्यक्ति के तौर पर आते हैं और चले जाते हैं...

बलराम : इस संदर्भ में मैं यह कहना चाहता हूँ कि गाँवों में पहले जितनी घटनाएँ होती थीं उससे अब बहुत ज्यादा होने लगी हैं। जैसे पहले गाँवों में हत्या जैसी चीज जो है वह हमारे जैसे गाँवों में पचास-सौ सालों में कोई एक; अब हर माह खबर सुनते हैं...

गोविंद मिश्र : मैं सोचता हूँ कि लेखकों को गाँवों और कस्बों में रहना चाहिए। लेकिन पता नहीं क्या। कुछ तो नौकरी की वजह से हमारे भाई-बंधु सभी गाँवों से शहरों में आ जाते हैं। एक अजीब बात है कि जो लोग वहाँ रह भी रहे हैं वे भी तो अपनी शिक्षा की वजह से गाँव से कट जाते हैं। मेरे मन में है कि नौकरी से जल्दी मुक्त हो जाऊँ। एक खाका भी बाकायदा सोचा हुआ है। बल्लभ सिद्धार्थ के पास गरौठा गाँव में रहने के लिए जगह भी है। तो यह भी नहीं है कि मुझे रहने के लिए घर खरीदना है। गरौठा साल में कम से कम तीन-चार महीने बीच-बीच में रह आए। तो यह मन में है। इसको क्रियान्वित करने के लिए एक दिक्कत यह आती है, कि मुझे तो अब अपने लिए बहुत ज्यादा चीजों की जरूरत नहीं है, लेकिन जो पारिवारिक

जिम्मेदारियाँ आप ओढ़े हुए हैं वे जकड़े रहती हैं। अब आपको अपने लेखन की जरूरतों के लिए पारिवारिक जिम्मेदारियों से भागना कहाँ तक उचित है?

राजकुमार गौतम : हमारी अब तक की बातचीत में मूल्यों का, आस्था का जोर था...मुझे लगता है कि मूल्य और आस्था आज एक ही समाज में जीवित हैं जो तथाकथित रूप से असभ्य हैं....

गोविंद मिश्र : निश्चित।

राजकुमार गौतम : और ये चीजें साहित्य में लाने के लिए हमें उस समाज और परिस्थितियों से दो-चार होना होगा....

गोविंद मिश्र : बात इतनी-सी ही नहीं है। आपको अपनी बुद्धि से मुक्ति पाना होगा, शिक्षा से मुक्ति पाना होगा। मुझे लगता है कि जो हम कहते हैं कि वे अपढ़ लोग हैं जिनमें इतनी आस्था है, तो शायद आस्था का ताल्लुक अपढ़ता से भी है। हमारी यह शिक्षा अनास्था ही हमको देती है, प्रतिस्पर्द्धा कि मैं आपका गला काट कर आगे बढ़ूँ यही मिलता है उससे...तो ऐसी शिक्षा से मुक्ति पा लेनी चाहिए। बस्तर जिले में हंदावाड़ा गाँव में मैं ठहरा था। उनके यहाँ जमीन जो है उसकी हदें बड़ी... क्या कहेंगे—परिवर्तनशील रहती हैं। किसी समय एक आदमी थोड़ा दिक्कत में है तो वह व्यक्ति जिसके पास थोड़ी ज्यादा जमीन है वह कुछ अपने में से दे देगा उसको, कि भाई इस साल तुम...और फिर उसके बाद किसी तीसरे के पास वह जमीन चली जाती है। आराम से ऐसा इंतजाम चलता रहता है। एक तरफ यह—दूसरी तरफ, हमारे उत्तर प्रदेश या बिहार में जमीन को लेकर खून-खच्चर हो जाएगा। गाँव का व्यक्ति भी बहुत काँइयाँ मिलेगा। जब मैं कहता हूँ कि मैं ऐसा सोच रहा हूँ कि किसी गाँव को केंद्र बनाकर रहूँगा, चार-पाँच गाँवों से संबंध रखते हुए...आज इस गाँव चले गए कल उधर...तो यह हो सकता है कि वे आपको वहाँ रहने ही न दें। दूसरी तरफ, बंबई में, महानगर होते हुए भी कभी-कभी एक-दूसरे के लिए यह हमदर्दी, सरोकार मिलते हैं जिसकी कल्पना नहीं की जा सकती। थोड़ा बड़ा करके देखने की आवश्यकता है इसे। अब आपकी बगल में क्या हो रहा है, एक व्यक्ति क्यों आगे बढ़ रहा है। वह आगे बढ़ रहा है तो उसकी टाँग खींच दें आप...ये चीजें आपको गाँवों में मिलेंगी उतना बड़े शहरों में नहीं।

राजकुमार गौतम : यह गलाकाटू संस्कृति हमने ही तो दी है उनको...

गोविंद मिश्र : शायद ऐसी बातें हमें गाँव, और शहरों को लेकर करने की बजाय मूल्यों को लेकर करनी होंगी।

राजकुमार गौतम : आपको यहाँ से ले जाने का मन है, रचना-प्रक्रिया की तरफ। यद्यपि आपके इस संबंध में हमने पर्याप्त वक्तव्य पढ़े हैं, लेकिन संभवतः वह और नवीनतम बदलाव लेकर हमारे सामने आएँ।

गोविंद मिश्र : एक बदलाव तो यह है कि मुझमें थोड़ी-सी यह प्रवृत्ति आई है, जैसे कि प्रेमचंद कहते थे कि आप मजदूर हैं, मजदूर की तरह लिखिए। मैं अब अतिरिक्त मेहनत करने लगा हूँ। मुझे ऐसा लगने लगा है कि अब मैं वहाँ आ गया हूँ, जहाँ मुझे यह अधिकार नहीं है कि मैं अपने को आराम दे सकूँ। चूँकि प्रकृति ने मेरे लिए लिखना ही बनाया है तो मेरे लिए लिखना माने सारी चीजें...नया-नया लिखना, पढ़ना, तैयारी। मैं लेखन को सँवारने में भी अतिरिक्त श्रम करूँ। बल्लभ भाई (बल्लभ सिद्धार्थ) कहते हैं कि तुम कहानी क्यों पूरी करते हो...मत करो। वे खुद पूरी नहीं करते, तीन-चार साल लगाते हैं। लेकिन मुझे क्षितिज पर कोई दूसरा प्रसंग या जीवन बुलाने लगता है तो क्या करूँ? एक और बात हुई है इधर—रचना में मुझे अब बहुत मेहनत करनी पड़ती है। और कहानी बनती नहीं दिखाई दे तो बहुत झुँझलाहट होती है...ये सब तनाव बढ़ गए हैं इधर। बाहर के प्रेशर भी ले लेता हूँ। जहाँ नहीं भी निबाह सकते, और उन्होंने रचना माँगी तो उन्हें भी हाँ कह दिया। यह इसलिए कि शायद उनकी वजह से ही मुझे एक अच्छी कहानी मिल जाए। लिखने से इतर चीजें मेरे जीवन से हटती जा रही हैं।

बलराम : इस अतिरिक्त श्रम के लिए आपकी रुचियाँ, दिनचर्या....में भी कुछ परिवर्तन आया होगा?

गोविंद मिश्र : मैं बड़े सवेरे उठकर लिखने के लिए बैठने की कोशिश करता हूँ। वह मेरा समय जाया न जाए, इसकी चिंता करता हूँ। पहले मैं यूँ ही कहीं चला जाया करता था...मित्रों के साथ आधी-आधी रात तक बैठकबाजी.. .अब कोशिश करता हूँ कि दिन में बातचीत खत्म हो जाए, रात को मैं जल्दी सोऊँ, ताकि सवेरे उठ सकूँ।

राजकुमार गौतम : आमतौर पर यह समझा जाता है कि लेखक जो लिख रहा होता है, व्यापक अर्थों में वह उसकी आत्मकथा ही होती है। आपके अपने लेखन में यह आत्मकथा-भाव कितने प्रतिशत माना जा सकता है?

गोविंद मिश्र : चूँकि मैंने इस तरह से अपने आपको कभी बाँधा नहीं है, इसलिए कहना मुश्किल है। दूसरे की वेदना के साथ अपनी वेदना को जोड़ दिया...संवेदना भी और क्या है...सम+वेदना। इस तरह दूसरे की बात करते

हुए भी अपनी चीजें लिख लीं...। प्रतिशत बैठाना ही हो तो लगभग आधा मेरा और आधा दूसरों का...ऐसा मान सकते हैं।

बलराम : अच्छा, गोविंद जी, यह बताइए आपने अभी नाटक क्यों नहीं लिखा?

गोविंद मिश्र : आता ही नहीं नाटक लिखना, तो क्या लिखता...(हँसी)

बलराम : उपन्यास लिखने लगे थे, तब क्या किसी ने सर्टिफिकेट दिया था?

गोविंद मिश्र : उपन्यास में कुछ सुविधाएँ रहती हैं, कुछ भी डाल दीजिए तो उसका तर्क भी पैदा हो जाता है। नाटक में एक्शन चाहिए...जहाँ कुछ भी पकड़ से खिसका तो पूरा प्रभाव ढह जाएगा।....दूसरे शायद यह भी बात है कि आप जिस विधा में अधिक लिखते हैं, उसके आदी भी हो जाते हैं। पर असली बात कि उपन्यास एक खुला मैदान है। उस मैदान में आप टकराव, डूब-उबरना, फैलाव-गहराई...यानी जीवन को पूरेपन में पकड़ने के लिए स्वतंत्र हैं। यह चैलेंज रहता है। आप जीवन को पकड़ पाएँ या नहीं यह अलग बात है...कितना भी बड़ा लेखक हो, पूरी तरह से तो पकड़ ही नहीं पाता। इसलिए आप देखेंगे कि उपन्यास चाहे बड़ा से बड़ा पढ़ लीजिए, पूरी तरह से संतुष्ट नहीं करेगा आपको। मुझे चैलेंज अच्छा लगता है। कहानी...किसने कहा था—कहानी अँधेरे में चीख की तरह होती है। तो उसमें भावना को खूब तीव्रता से लाने का लुत्फ होता है। नाटक अपेक्षाकृत योजनाबद्ध काम है।

कथा-समारोह में कलकत्ता गया तो कलकत्ता में लोगों ने कहा कि नाटक लिखिए। मैंने कहा कि उपन्यास 'तुम्हारी रोशनी में' से फुर्सत पाकर...मगर यह उपन्यास निकला तो अगले उपन्यास की तरफ बढ़ गया और वह नाटक वाली बात भूल गई।

बलराम : उपन्यास लिखना ही आपको सूट करता है, यह आपको शुरू में ही पता लग गया था, क्योंकि आपकी शुरुआत उपन्यासकार के रूप में ही हुई।

गोविंद मिश्र : अब...पता नहीं। उपन्यास मुझे अपनी तरफ खींचता है... मैं खिंचता भी जाता हूँ।

राजकुमार गौतम : एक सक्रिय रचनाकार के रूप में आपने उपन्यासों के साथ-साथ कहानियाँ भी पर्याप्त लिखी हैं। कथा साहित्य की आलोचना के सन्दर्भ में मुझे यह पूछना है कि हमारे यहाँ आलोचनात्मक परंपरा कहानी के लिए संतोषजनक है या उपन्यास के लिए?

गोविंद मिश्र : मेरे ख्याल में उपन्यास पर ज्यादा और ईमानदार काम हुआ है। उपन्यास की एक खूबसूरती यह भी होती है कि वह आलोचक को बहुत बेईमान होने की सुविधा नहीं देता। कहानी में आप इधर-उधर हो सकते हैं... यूँ कुल मिलाकर तो हमारी आलोचना काफी पीछे है ही...इसकी वजह यह है कि हमारे आलोचक प्रायः इस कुंठा में जीते रहते हैं कि वे सर्जनात्मक साहित्यकार नहीं हो सके।

राजकुमार गौतम : आपका यात्रा साहित्य भी काफी पढ़ने में आया है। आप इस लेखन को बहुत पसंद करते हैं, ऐसा लगता है।

गोविंद मिश्र : मैं सोचता हूँ कि मेरे लिए तो बहुत सार्थक है यात्रा लिखना। इस तरह किसी नई जगह से मैं आत्मीयता विकसित कर पाता हूँ। नहीं तो क्या होता है कि आप गए और घूम-घाम कर चले आए। पर जब आप लिखते हैं तो उस जगह के बारे में और ज्यादा जानना चाहते हैं। उसके बारे में महसूस करते हैं। अपना महसूसना हम पकड़ने की कोशिश करते हैं। तो यात्रा अपनी आत्मीयता का विस्तार है, एक तरह से। मुझे अपने लेखक को बनाए रखने के लिए यात्रा करना और यात्रा लिखना जरूरी लगता है।

राजकुमार गौतम : यात्रा लिखते-लिखते कई बार अपनी बात पहले आने लगती है, जब कि यात्रा में तो सिर्फ उस जगह की बात होना चाहिए। वहाँ भी कई बार ऐसा होता है कि स्थान पर या वहाँ के लोगों पर ध्यान केंद्रित है या खुद पर।

गोविंद मिश्र : यह चुनाव की बात है। देखिए हमारे अज्ञेय जी—'एक बूँद सहसा उछली'। वे कहीं जाएँ, उनका मैं उन पर बराबर हावी रहता है। वे कवि हैं तो शायद इसलिए भी अपने से बाहर कम निकलते हैं। निर्मल वर्मा की भी यात्रा पर एक किताब है—'चीड़ों पर चाँदनी'—वहाँ मैं इतना तो नहीं पर बाहर की चीजें जैसी हैं वैसी प्रस्तुत न हो कविता की भाषा में प्रस्तुत होती हैं...भावलोक है उनका तो उन जगहों का निजी व्यक्तित्व नहीं उभर पाता। अब कुछ तो यह अपरिहार्य है क्योंकि यात्रा तो मैं ही कर रहा हूँ मुझमें ही कुछ हो रहा है। और मैं वह रखना भी चाहता हूँ। वरना फिर बाहर की चीजें गिना देने मात्र से तो बात नहीं बनती। वह तो लोग जानते ही हैं। लेकिन मैं अपने मैं को बाद कर रखूँ, उसे यात्रा और यात्रा में जो चीजें मिल रही हैं, हो रही हैं, उनके हवाले कर दूँ...पूर्णतया। मेरा तरीका यह है। यात्रा करते समय मैं अपने लेखक, लेखकीय उधेड़बुनों को लिए-लिए न घूमूँ।

इसलिए मैं सोचता हूँ अज्ञेय और निर्मल वर्मा के मुकाबले मैं ज्यादा बहिर्मुखी रहता हूँ....यात्रा लिखते हुए भी।

राजकुमार गौतम : कहीं ऐसा तो नहीं आपके मन में बहुत सी चीजें निबंध के तौर पर कहने की बात रही हो और आप सोचते हैं कि निबंध नहीं लिखा तो यात्रा...

गोविंद मिश्र : ऐसा कुछ नहीं है। निबंध लिखने की बात हो तो बैठकर लिख ही न डालेगा कोई। नहीं मुझे इसके बारे में...

राजकुमार गौतम : नहीं, कई स्थानों पर निबंध...जैसा लगता है।

गोविंद मिश्र : आप उसको निबंध कह लें या यात्रा...मैं क्या जानूँ। अच्छा एक तो होती है क्रमबद्ध यात्रा। यदि आप विदेश गए...एक जगह से दूसरी जगह, दूसरी से तीसरी–तो उसको तो आप यात्रा मान लेंगे। अब भारत में ही मैं बस्तर गया, अंडमान गया...इन अलग-अलग यात्रावृत्तों को आप निबंध कहें। मुझे तो कोई आपत्ति नहीं है। लेकिन मूल बात है कि अगर लेखक यात्रा कर रहा है और यात्रावृत्त भी यात्रा लोगों को कराता है तो फिर? मैं उन-उन जगहों के बारे में पहले भी लिख सकता था, उनके बारे में लिखूँ जहाँ मैं नहीं गया। लेकिन वह तो मैंने किया नहीं। जहाँ तक गया वहीं तक सीमित रख रहा हूँ तो इसे यात्रा ही कहना चाहिए।

बलराम : अच्छा आप इतना सारा लेखन...इसे अरेंज कैसे करते हैं?

गोविंद मिश्र : मैं सोच रहा था कि पूछ रहे हो इतना सारा लेखन करते क्यों हो...(हँसी)

शायद इस उम्र तक पहुँचते-पहुँचते पता लग जाता है आपको कि यह करना है और यह नहीं करना है। वह बात जो कई लोगों ने कही है कि आदमी के भीतर ताकत तो बहुत होती है। सोई रहती है। तो उसको आप जिस चीज में जितना लगाना चाहें। यह संकल्प-शक्ति भी आप धीरे-धीरे उतनी अपने में पा लेते हैं। यह भी मेरी समस्या नहीं रही कि क्या लिखना है। मेरे मन में लिखने के लिए बहुत-सी चीजें हैं। समस्या यह होती है कि जितनी अच्छी मैं बनाना चाहता हूँ जितनी मेहनत मैं उस पर कर सकता हूँ, वह उतनी अच्छी बनी नहीं।

राजकुमार गौतम : जैसे, 'बड़ा लेखन प्रभु की तरह झलक दिखा-दिखाकर चला जाता है, मिलता नहीं।'

गोविंद मिश्र : मुझे घर ले चलो पुस्तक की भूमिका...

राजकुमार गौतम : भूमिका की बात से याद आ गया एक सवाल है कि मेरे पास आपके कहानी-संग्रह जितने भी हैं उनमें तो भूमिकाएँ हैं, लेकिन एक उपन्यास के अतिरिक्त और किसी में भी भूमिका नहीं। यह क्यों...

गोविंद मिश्र : शायद उपन्यास में इतना ज्यादा आप कह देते हैं, कि और कहने को नहीं रहता। जब तक आप यह न लिखना चाहें कि मैंने यह सोच कर उपन्यास शुरू किया—यह हुआ और वह हुआ। कहानी में चूँकि एक तो हर कहानी अलग-अलग है, अलग-अलग किस्म की है, फिर वहाँ बहुत सारी बातें वे हैं जो अनकही हैं, लेकिन कहानी में मौजूद हैं। और मैं चाहता हूँ कि उन्हें पाठक देख सकें। तो शायद भूमिका लिखने का मन होता है...पर मैं शायद सही बात नहीं कह रहा रेशनलाइज कर रहा हूँ। सही बात शायद यह है कि भूमिका लिखने का मन आया, लिख दी...या किताब में कुछ पृष्ठ कम पड़ रहे थे तो लिख दी...या कुछ लिखा रखा था तो उसे डाल दिया।

राजकुमार गौतम : लेकिन कहानी कुछ अलग तरह की है और भूमिका कुछ और बोल रही है तो क्या यह असफलता नहीं है?

गोविंद मिश्र : बिलकुल, असफलता है। पर लेखक सफल ही सफल तो नहीं होना चाहता...(हँसी)

राजकुमार गौतम : आपको लगता है कि भूमिकाएँ देना जरूरी है?

गोविंद मिश्र : नहीं, बिलकुल जरूरी नहीं है। रचनाओं के संदर्भ में जरूरी नहीं है, रचनाएँ अपने आप बोलें। भूमिका अपने आप में एक अलग रचना हो सकती है। जैसे साहित्यत्यिक निबंधों का जो मेरा संग्रह है—साहित्य का संदर्भ...उसकी भूमिका या 'मुझे घर ले चलो' की भूमिका। मैं समझता हूँ कि ये अपने आप में रचनाएँ हैं।

राजकुमार गौतम : मेरा मतलब सामान्य कहानी-संग्रह की भूमिका से था। मेरा झगड़ा... मेरी प्रिय कहानियाँ की भूमिका में अन्तिम पंक्तियों में एक प्रेम कहानी लिखने की बात आपने की थी तो उसमें क्या कुछ प्रगति की है?

गोविंद मिश्र : उपन्यास तो आया है—'तुम्हारी रोशनी में' उसके पहले एक 'कहानी अलग-अलग समय भी'...लेकिन जो ललक थी...पोर-पोर दर्द में रिसती हुई कहानी...वह शायद अब भी मन में है।

राजकुमार गौतम : क्या आपको ऐसा लगता है कि अक्सर कुछ कहानी या उपन्यास में छूट जाया करता है...कभी कोई कहानी उपन्यास बनते-बनते रह जाती है। कहानी और उपन्यास के बीच की इस रिश्तेदारी को आप कैसे देखते हैं?

गोविंद मिश्र : छूटता तो हर रचना में है...फिर उसे किसी दूसरी रचना में पकड़ने की कोशिश होती है। यह भी है कि हर लेखक की अधिकांश कहानियाँ, उपन्यास हो सकती हैं—फिर भी आप उपन्यास तभी लिखेंगे, जब उस चरित्र-परिवेश को अधिक जानेंगे।

राजकुमार गौतम : मुझे आपकी कहानियों को लेकर एक विरोधाभास देखने को मिला है...

गोविंद मिश्र : लेखन को लेकर विरोधाभास तो होना ही चाहिए। अगर शुरू से लेकर आखिर तक एक-सा चला, इधर-उधर थोड़ा भी नहीं हिला-डुला तो रचनाकार क्या हुआ...

राजकुमार गौतम : मेरा कहना था कि विरोधाभास इस तरह का कि जो रचनाएँ पाठकों को पसन्द आईं, उनके बारे में आपका कहना है कि मुझे यह अच्छी नहीं लगीं....

गोविंद मिश्र : यह होना चाहिए। इसलिए कि आपसे बेहतर लेखन तभी होगा। दूसरे पाठक को पसंद आ जाने वाली बात और होती है। और लेखक के मन में लेखन कला और कलात्मकता के प्रति जागरूकता और उसके स्तर—ये एकदम अलग चीजें हैं। इसका लेना-देना पाठक से नहीं है। पाठक को तो रचना से मतलब।

राजकुमार गौतम : कहीं ऐसा तो नहीं कि पूर्वाग्रहवश आप यह कह रहे हों।

गोविंद मिश्र : नहीं, ऐसा नहीं है। उदाहरण ले लीजिए 'खाक इतिहास' तथा 'फाँस' कहानियाँ। अंतरध्वनियों की दृष्टि पर 'खाक इतिहास' बड़ी रचना है, लेकिन 'फाँस' पाठक में जितनी सरलता से उतरती चली जाती है...इसमें एक तरह से कला से मुक्ति पा ली गई है। प्रेमचंद कला की ज्यादा परवाह करते ही नहीं थे, उठाया और लिख दिया। लेकिन मुझे कलात्मकता की परवाह है। साहित्य का एक आवश्यक तत्त्व है वह...फिर कला से मुक्ति भी कला के ही अंतर्गत आती है।

बलराम : आपकी आरंभिक 'रगड़ खाती आत्महत्याएँ' संग्रह की कहानियाँ यह इशारा देती हैं कि आप शुरू से ही अलग-थलग कहानीकार बनकर आए हैं। उस समय के आंदोलन के जो हीरो थे, उनमें अपने आपको अलग रखा आपने। इस अलगाव का कौन-सा पक्का रास्ता आपने चुना था।

गोविंद मिश्र : वे कहानियाँ तो शुरू की कहानियाँ हैं। शुरू में यह बहुत

होता है कि आप जो पढ़ लीजिए उस मुहावरे का प्रभाव थोड़ा पड़ता है। फिर आपका रचनाकार क्रमशः ऊपर आना चाहता है।

बलराम : पहले ही सवाल का कुछ खुलासा और...कुछ लेखक आंदोलन विशेष के चलने तक तो लेखक बने रहते हैं, और उस आंदोलन के समाप्त होते ही वे भी समाप्त हो जाते हैं। आप उस सबसे कैसे बचे रहे...

गोविंद मिश्र : मैं बचा रह गया इसलिए कि किसी ऐसे आंदोलन से जुड़ा नहीं या किसी व्यक्ति को आदर्श नहीं बनाया। मैंने अपना रास्ता चुना और तय किया कि गलत या सही, इसी पर चलूँगा। एक तो यह कि मैं जो कुछ जितना कुछ हूँगा वह अपने लिखने के बल पर ही, दूसरे लिखना भी वह जो मेरे अंतस से निकले...वह आधुनिकता के अन्तर्गत, फैशन के तहत, आए या न आए...

बलराम : कभी किसी कमजोर क्षण में आपने साहित्य छोड़ देने की बात सोची है कि बस, बहुत हो गया अब....

गोविंद मिश्र : मेरे जीवन में ऐसा कोई कमजोर क्षण नहीं आया। साहित्य धीरे-धीरे जीवन का पर्याय बन गया है। यह जरूर होता है कि अक्सर, दिनोंदिन मुझे यह अहसास नहीं रहता कि मेरे भीतर साहित्यकार बैठा हुआ है।

बलराम : अपनी प्रतिष्ठा के प्रति सचेत रहना...?

गोविंद मिश्र : नहीं...यह जो शब्द है प्रतिष्ठित होना—यह काफी निरर्थक और बेमानी शब्द है। शुरू में इसकी अहमियत हो सकती है कि आपको छपने-वपने की सुविधा मिल गई। इसके बाद इसकी निरर्थकता दिखाई देने लगती है। फिर तो यह रह जाता है कि आप लेखन की किन ऊँचाइयों को देख पाते हैं और जो दिखाई दे रहा है, उस तक कैसे पहुँचें। यह संघर्ष इतना बड़ा और अहम हो जाता है कि बाकी सब उठा-पटक मूर्खता के सिवाय कुछ नहीं लगती।

बलराम : हिंदी उपन्यास का भविष्य आपको कैसा लग रहा है? क्योंकि जब पुराने लोग नहीं रहेंगे तो...

गोविंद मिश्र : बहुत अच्छा भविष्य है क्योंकि मैं लिख रहा हूँ। (हँसी)

बलराम : एक अच्छे उपन्यास की सफलता क्या होती है?

गोविंद मिश्र : एक तो यह बात है कि वह कितने बड़े तनाव की सृष्टि करता है, समाज की कितनी तरंगें उद्वेलित करता है और कितने सवाल उठाता है। जो उपन्यास जितने अधिक आयामों को छुएगा-उठाएगा वह उतना

ही महत्त्वपूर्ण है। कहानी में ऐसा नहीं है। वहाँ तो प्रायः एक ही तनाव की उपस्थिति होती है। वहाँ सघनता महत्त्वपूर्ण है...लेकिन उपन्यास में फैलाव। बेशक गहराई से भी फैलाव आता है। कहानी में एक ही तनाव होता है, उपन्यास में कई तनाव होते हैं।

राजकुमार गौतम : इसी के आलोक में देखना हो तो बाल्जाक और तोलस्तोय में आप किसे बड़ा मानेंगे?

गोविंद मिश्र : तोलस्तोय को मैं बाल्जाक (शायद फ्रेंच उच्चारण बाज़ा है) से बड़ा इसलिए मानूँगा कि बाज़ा यथार्थ के अतिरिक्त आग्रह के कारण वह करुणा, सहानुभूति नहीं पैदा कर पाते जो तोलस्तोय करते हैं।

राजकुमार गौतम : आज के साहित्य में करुणा जगाने वाले साहित्यकार को तो काफी पिछड़ा हुआ माना जाता है।

गोविंद मिश्र : हाँ। अब गुस्से का जमाना आया है। रचना भी आक्रोश, क्रोध पैदा करे। मैं यह नहीं चाहता क्योंकि यह भी जिस क्रूर ढंग से हम मानवता को विनाश की तरफ ले जा रहे हैं, उसमें जोड़ना ही हुआ। क्रोध स्थायी प्रभाव भी नहीं है। करुणा ज्यादा स्थायी है। मनुष्य के उदात्तीकरण में सहायक सिद्ध होती है। यह भावुकता नहीं मानवीयता की गरिमा है। अब तक संसार का सारा बड़ा साहित्य करुणा के गुण से ही बड़ा हुआ है।

बलराम : एक प्रश्न यह है कि आज राजनीति जिस तरह से आम जीवन के घर-आँगन में उतर कर लोगों के जीवन में हस्तक्षेप कर रही है, वह सर्वविदित है। यानी राजनीति समाज का एक आवश्यक अंग बन चुकी है। समाज को ही चित्रित करने का दायित्व रचनाकार को है। लेकिन आप बार-बार यह दोहराते हैं कि लेखन में राजनीति को नहीं आना चाहिए। बल्कि एक जगह तो आपने यहाँ तक कहा है कि रेणु राजनीति में फँस गए थे।

गोविंद मिश्र : हाँ, लेखक की यह भूमिका नहीं हो सकती। इसका सबसे बड़ा उदाहरण प्रेमचंद हैं। उन्होंने पत्नी से कहा था कि तुम जाओ आंदोलन में, मेरा काम यह नहीं है। मेरा काम लिखना है। और यदि प्रेमचंद भी जेल आते-जाते रहते तो जितना वे हमें दे गए हैं, क्या उतना दे पाते? हाँ, यदि आपके जीवन का स्वाभाविक विकास ही राजनीति के क्षेत्र में है, तब जाइए। वरना वहाँ जाकर आप क्या कर लेते हैं। सिर्फ अपने को कुछ करते होने का भ्रम भर देते रहते हैं, जो थोड़ा बहुत फर्क किस्म का भगवान ने आपको दिया है—दूसरे की तकलीफ भोग कर उसे दूसरे (पाठक) को भी भुगाने का...आप उस पवित्र वस्तु को भी

भ्रष्ट कर डालते हैं। आज के आदमी के साथ यह बड़ी दिक्कत है—वह हर चीज करना चाहता है।

बलराम : लेकिन उसे भी एक क्षेत्र तो माना ही जा सकता है। जैसे लेखक प्रेम करने की इच्छा रखता है, वैसे ही इस क्षेत्र की तरफ भी वह झुक सकता है।

गोविंद मिश्र : झुक सकता है, बशर्ते कि स्वाभाविक ढंग से आपके जीवन की दुनिया में वह उपजे...मसलन ऐसा व्यक्ति जो राजनीतिक कार्य-कलापों के इर्द-गिर्द रहा हो। तब वह आपका स्वाभाविक कार्य क्षेत्र है, कोई और जैसा ही। लेकिन अगर आपने सोचा कि राजनीति में अच्छे लोग नहीं हैं, अच्छों की जरूरत है...इसलिए जा रहा हूँ...वहीं जाकर कुछ किया जा सकता है...तो यह भ्रम है।

राजकुमार गौतम : आपको यशपाल जी का लेखन कैसा लगता है?

गोविंद मिश्र : यशपाल जी के जीवन में काफी हद तक राजनीतिक स्वाभाविकता थी। अब एक ही किस्म के दर्शन की वजह से उनके लेखन में सीमाएँ आ गईं। यशपाल जी की कोई रचना कलात्मक दृष्टि से उतनी बड़ी नहीं हो सकी जितना बड़ा उनका अनुभव रहा होगा...यह इसी वजह से। पर साहित्य को छोड़िए, मैं आपसे ही सवाल करता हूँ कि साहित्यकार राजनीति में जाकर क्या कर लेते हैं—यशपाल जी, रेणु या श्रीकांत वर्मा...क्या कर सके?

राजकुमार गौतम : मेरा ख्याल है कि भूमिका के अलग हो जाने के कारण इस निगाह से देखना उचित नहीं होगा।

गोविंद मिश्र : अधिकांश साहित्यकार राजनीति में अपना क्षेत्र विकसित करने, कैरियर बनाने के लिए चल पड़ते हैं। जब कि उसे जाना चाहिए विनम्रता, ऋजुता की ओर। यह लालच और मतलबपरस्ती है। इसीलिए नतीजा उलटा होता है।

राजकुमार गौतम : लेकिन गोर्की क्यों कभी आउटसाइडर नहीं हुए?

गोविंद मिश्र : जवाब लेखक के लेखन में ही मिल जाता है। अब जैसे मैंने कहा कि मैं गाँव में जाना और वहाँ रहना चाहता हूँ। अब अगर मुझे मुगालता हो कि मैं वहाँ जाकर उन लोगों के दुख दूर कर सकता हूँ...यह नजरिया ही बचकाना है...बहुत से बहुत मैं उनके दुख को अपना बना सकता हूँ।

राजकुमार गौतम : आपको यात्राओं में कौन-से स्थान अपेक्षाकृत अधिक पसंद आते हैं—प्राकृतिक, ऐतिहासिक या आधुनिक...

गोविंद मिश्र : ऐतिहासिक और प्राकृतिक...ये दोनों मुझे अधिक आकर्षित करते हैं।

राजकुमार गौतम : यह आकर्षण आपके लेखन में अवतरित होता है?

गोविंद मिश्र : लेखन में आ पाता है या नहीं, यह मैं ठीक से नहीं कह सकता। हो सकता है यह आकर्षण इस वजह से हो कि आप महानगर में रहते हैं तो ऐसी जगह जाना चाहते हों जो एकदम उल्टी हों।

बलराम : आपको किस विधा की पुस्तकें अधिक अच्छी लगती हैं?

गोविंद मिश्र : ज्यादातर कहानी, उपन्यास या फिर लेखन के अंतःसंघर्ष की चीजें, डायरी या वैसा कुछ। अपने शास्त्र भी मैंने पूरे नहीं पढ़े। मौका मिलता है तो इन्हें पढ़ता हूँ। लोक साहित्य भी पढ़ना अच्छा लगता है, उनके तेवर...भाषा एकदम अलग होते हैं...

राजकुमार गौतम : आप अपनी यात्रा में कैमरे का इस्तेमाल नहीं करते हैं, जबकि छायांकन तो यात्रा-लेखन का पूरक माना जाता है।

गोविंद मिश्र : कह लीजिए कि उस तरह के यात्राकार हम हैं ही नहीं। फोटो लेना ठीक से आता नहीं, यह भी कारण होगा। एक यह बात भी सोचता हूँ कि हमारी संवेदना में एक स्वाभाविक फिल्टर जैसी चीज होती है जिससे छनकर जो सत्व है वही रह जाता है अपने पास, उसी को लेखन में इस्तेमाल लायक भी मानता हूँ। कैमरा का सिर्फ इतना उपयोग है कि पाठक को वह जगह जैसी है वह दिखा दे...जब कि यात्रा से मैं दिखाना चाहता हूँ वैसी जैसे मैंने उसे देखा...

राजकुमार गौतम : डायरी तो आप लिखते ही हैं...

गोविंद मिश्र : जब-तब। कभी-कभी तीन-तीन महीने बाद। जब बहुत उलझ बैठता हूँ। बहुत ऊबड़-खाबड़ महसूस करने लगता हूँ, तब अपने उस उलझाव या अपने व्यक्तित्व पर चिपक आए कूड़ा-कचरा को साफ करने के लिए डायरी की जरूरत महसूस होती है। या अक्सर यह साफ करने के लिए कि मैं चाहता क्या हूँ...

खुलापन जरूरी है

(भीष्म साहनी, गोविंद मिश्र, केशव
स्थान—इंस्टीट्यूट ऑफ एडवांस स्टडीज, शिमला)

गोविंद मिश्र : भीष्म जी, साहित्य में एक तो विचारधारा को लेकर चलने वाले लेखक हैं। उनमें भी ज्यादा कुछ लोग बहुत कट्टर तरीके से जुड़े होते हैं, कुछ थोड़ा यह समझते हैं कि हम साहित्य को ज्यादा महत्त्व दें और विचारधारा को उतना ही दें जितना कि उसमें रच-बस सकें। और दूसरे वे लोग हैं जो बिना किसी विचारधारा से जुड़े हुए लेखन कर रहे हैं।

केशव : क्या हम मेरा मतलब, यह जरूरी है कि कोई हमारी विचारधारा हो तभी हम साहित्य लिख सकते हैं, ऐसा क्या जरूरी है?

आप लोग इस चीज पर थोड़ा सा खुलासा करें कि आज के परिप्रेक्ष्य में क्या होना चाहिए।

गोविंद मिश्र : भीष्म जी इसमें मुझे परेशानी होने लगी है कि अधिकांश पत्रिकाएँ, उनमें जो कहानी लेखन आ रहा है वो थोड़ा-थोड़ा अपठनीय-सा होने लगा है, मतलब कहानियाँ जो हैं वे एक ढर्रे की आ रही है, और आपको मालूम है कि वे इस तरह का विषय या परिवेश उठाएँगी और उनका अंत यों होगा। यह एकरसता...

केशव : आपके कहने का मतलब यह कि हर कहानी एक ही कहानी का लगभग लघु एक्सटेंशन लगती हैं। विचारधारा तो हर वक्त वही होगी।

गोविंद मिश्र : पहले विचारधारा वाले में भी एक वेरायटी होती थी उसमें भीष्म जी हैं, अमरकांत आदि हैं, इन लोगों की जो तस्वीर बनी तो उसमें यह है कि कहानी और साहित्य पहले है। चूँकि हम व्यक्तिगत स्तर पर एक विचारधारा से जुड़े हैं तो ठीक है लेकिन वो बहुत ही क्रूड ढंग से प्रकट नहीं की जाती थी। वो साहित्य में एक बड़े ही...क्या कहें साहित्य के रस से फिल्टर हो के आती थी। पर एक वह दौर आया जब वह बड़े क्रूड ढंग से प्रकट की जाने लगी।

केशव : हाँ वैसी बहुत सारी कहानियाँ हैं...कहानियाँ जिनमें एक ही विचारधारा है।

भीष्म साहनी : यह गोविंद जी ने ठीक ही कहा है, जो मेरे मन में भी बात उठती है। बात यह है कि कहानी में, उपन्यास में, साहित्य में सामान्यतः विचार की भूमिका जरूर होती है। लेखक की भूमिका जरूर होती है। लेखक की विचारधारा–लेखन की दृष्टि बनाते हैं और उस दृष्टि के आधार पर वह न केवल अपनी कच्ची सामग्री उठाता है बल्कि उसी चयन के आधार पर वो अपनी रचना भी करता है और कई बार हम विचारधारा से बड़ी प्रेरणा भी ग्रहण करते हैं। यह आज ही की बात नहीं है। मैं समझता हूँ कि साहित्य का सदा यह रहा–जैसे जातक कथाएँ हैं। जातक कथाओं का साहित्यिक स्तर अपने तरीके से बहुत अच्छा होता है, पर उनके पीछे बुद्धिज़्म की विचारधारा से प्रेरणा ग्रहण करके उन्होंने लिखा होता है। ऐसा ही अब भी हुआ है। गाँधीवाद की जब बड़ी प्रबल अभिव्यक्ति हुई और प्रभावित किया उसने तो केवल हमारी राजनीति को ही नहीं किया, हमारे सांस्कृतिक जीवन को भी किया, लेखकों को भी किया। और अनेक लेखकों ने उस विचारधारा से प्रेरणा ग्रहण करके, केवल प्रेरणा ग्रहण करके, एक दृष्टि अपनाई और...

केशव : मतलब उनका अनुवादक आप न बन जाइए।

भीष्म साहनी : हाँ प्रेरणा ग्रहण करें परंतु...अव्वल तो यह कि विचार साहित्य में खपता हो। ऊपर से थोपा गया विचार, वो गलत है। मुझे कभी भी वो सही नहीं लगा। दूसरे यह कि लेखक मूलतः जुड़ता जो है वह जिंदगी से जुड़ता है।

केशव : सबसे पहले वो जिंदगी से ही जुड़ता है।

भीष्म साहनी : और उसका सरोकार मनुष्य से है। साहित्य के केंद्र में मनुष्य ही है और उसी के जो संघर्ष हैं, उसी के जो सुख-दुख हैं, वही उसके लेखन का विषय भी बनता है।

गोविंद मिश्र : भीष्म जी, इससे तो यह लगता है कि हम लेखकों में आपसी कोई...मतलब किसी तरह का वैमनस्य जैसा होने की बात ही नहीं उठना चाहिए क्योंकि एक तो सभी लेखकों का सरोकार मनुष्य है। नंबर दो—कि कोई भी साहित्यकार जब वो दुख उठाता है, जाहिर है वो पक्षधर पीड़ित मनुष्य का ही होगा, अन्याय के खिलाफ ही होगा।

केशव : मनुष्यता का। मनुष्यता का ही तो शोषण किया जा रहा है।

गोविंद मिश्र : बिलकुल। तो फिर विचारधारा वाला फर्क क्यों? पिछले दिनों जो अच्छी कहानियाँ लिखी गईं वह सब शोषित की पक्षधर ही मिलेंगी। मैं समझता हूँ कि हर साहित्यकार शोषित का पक्षधर है। मानवीय धरातल पर निश्चय ही है। इसलिए तो मेरा एक...अज्ञेय जी अपने अंतिम दिनों में इस परेशानी में थे कि जो लेखकीय बिरादरी पहले हुआ करती थी, अब वह खत्म होती जा रही है।

केशव : मतलब प्रेमचंद के जमाने में उनके जो संबंध प्रसाद जी वगैरह से थे।

गोविंद मिश्र : हाँ, वे बिलकुल अगल तरह की रचनाएँ लिखते थे और उससे एक फायदा भी होता था कि आपका अनुभव कुछ और है, मेरा अनुभव कुछ और है और जाहिर है कि आप उसको ही लाएँगे और वो ही लाएँगे तभी अच्छा है। उससे ही साहित्य में जो वेरायटी है और अलग-अलग तरह की चीजें हैं वो आएँगी। जैनेंद्रजी ने खुद बताया था मुझे कि प्रेमचंद ने उनसे कहा था कि तुम मेरी तरह लिखने की कोशिश मत करो। हम लोगों के बाद खास तौर से मेरी पीढ़ी के बाद यह हुआ—आग्रह ऐसा बढ़ा कि आप एक ही तरह का लेखन करें, तो उससे गड़बड़ी हो जाती है।

भीष्म साहनी : प्रत्येक लेखक का अपना संवेदन है, अपनी दृष्टि होती है अपनी लिखने की शैली होती है। कुछ हैं जो शहरी जीवन के साथ जुड़े हुए हैं तो वह लिख सकते हैं। कुछ की व्यंगात्मक दृष्टि होती है। कुछ की (लिरिकल) दृष्टि होती है। और सभी अलग-अलग अपने तरीके से अभिव्यक्त करें।

गोविंद मिश्र : भीष्म जी, लेकिन जो बात मैंने उठाई उसके बारे में बताइए, उसके लिए क्या किया जाए। एक तो जो आत्मीयता का वातावरण हम लेखकों के बीच में होना चाहिए, आप किसी भी तरह का लेखन करें। अगर वो साहित्य के स्तर का है और मोटा-मोटी हम सब लेखक जानते हैं कि साहित्य के स्तर से क्या आशय है, तो हम लोगों में एक-दूसरे के प्रति...

केशव : सहिष्णुता...

गोविंद मिश्र : सहिष्णुता के आगे भी मैं कहूँगा, प्रेम होना चाहिए। आखिर आज के जमाने में जब इतने प्रलोभन आदमी को मौजूद हैं तो एक व्यक्ति लिख रहा है यही बड़ी बात है। तो साहब जिसे सौंदर्य बोध भी कहते हैं, या मान लीजिए कि वह जिसकी मोटा-मोटी मिसाल निर्मल वर्मा दिए जाते हैं।

केशव : ये दक्षिणपंथी, वायवीय...

गोविंद मिश्र : लेकिन उसका भी एक महत्त्व यूँ है कि वो आपके मन की जाने कितनी शेड्स में जाता है और वो शेड्स जो एक पाठक के लिए उजागर करता है तो उसमें जिंदगी की बेहतर समझ शायद पैदा करता है तो उसके लिए भी हम लोगों के मन में आत्मीयता, आदर... कि, वो भी एक रोल प्ले कर रहा है। एक लेखक मान लीजिए वह एक व्यक्ति की नौकरी का संघर्ष है उसे अगर उठा रहा है तो उसका महत्त्व है, बिलकुल है लेकिन वही अपेक्षा मुझसे करना कि मान लीजिए कि मैंने भूख नहीं देखी, नौकरी का संघर्ष नहीं देखा, 19 साल की उम्र से ही नौकरी करने लगे तो अगर आप मुझसे उम्मीद करें कि मैं वो कहानी लिखूँगा तो यह वैसे ही है जैसे प्रेमचंद से उम्मीद करना कि वे प्रेम-कहानी लिखते।

भीष्म साहनी : गोविंद जी, बिलकुल सही है। एक तरह मैं आपसे अपनी बात कहूँगा कि अगर आप मुझसे कहें कि मैं गाँव की कहानी लिखूँ तो मेरी सीमाएँ हैं। भले ही कितना ही शोषण किसी गाँव में हो, मैं उसके साथ न्याय नहीं कर सकता। अगर कोई मुझसे कहे कि मैं खान मजदूरों के बारे में लिखूँ। यह अलग बात है कि मेरे अंदर ऐसी तड़प हो कि मैं सब छोड़-छाड़ के वहाँ पहुँच जाऊँ और बैठ जाऊँ, कुछ लोगों ने ऐसा किया है और उन्होंने जो लिखा वो अच्छा लिखा लेकिन अपनी सीमाओं को देखते हुए मैं नहीं कर सकता अगर मैं एक मैकेनिकल तरीके से कहूँ कि आज का जमाना तो है जिसमें किसान का शोषण हो रहा है, खान मजदूर का शोषण हो रहा है और मैं शोषण को अपना विषय बनाकर लिखूँ तो यह मेरे लिए संभव नहीं होगा। मैं अपनी सीमाओं के अंदर रहकर ही अपने अनुभव के आधार पर, अपनी दृष्टि के आधार पर कुछ लिख पाऊँगा। इस तरह की तो अगर आप कोशिश भी करेंगे तो असरदार नहीं...वह मैं नहीं कर पाऊँगा। हाँ मैं इतना मानता हूँ कि कुछ लोगों में इतना अधिक वो...एक तरह की तड़प-सी होती है कि वो सब काम छोड़ कर...और उसमें भी किसी हुक्म से वह नहीं होता। अंदर से

हो तब वो आदमी कर सकता है। मैं अपनी क्षमता के अनुसार, अपने संवेदन के अनुसार और अपनी दृष्टि के अनुसार ही लिख पाऊँगा।

केशव : लेकिन भीष्म जी आपको तो लोग प्रतिबद्ध...

भीष्म साहनी : मेरी दृष्टि को प्रभावित करने के लिए बहुत कुछ है।

केशव : भीष्म जी, एक व्यक्तिगत सवाल पूछूँ कि...मतलब आपको क्या जिस विचारधारा से आप जुड़े रहे उससे बिलकुल अलग विचारधारा वाले लेखकों का भी लेखन कुछ पसंद आया?

गोविंद मिश्र : जैसे निर्मल वर्मा का लेखन?

भीष्म साहनी : क्यों नहीं? निर्मल वर्मा मुझे पसंद है कि उसकी कलम बड़ी नाजुक है। मैं मानता हूँ। वह संवेदन को बड़ी बारीकी से...बड़ी बारीकियाँ हैं। कोई शक नहीं। और फिर वो जब अंतर्जगत् की बात करता है वह भी समझ में आती है बात। पर जिन रचनाओं में उसने सामाजिक सरोकरों को उठाया है, वे कहानियाँ और ज्यादा निखर कर आई हैं जैसे—'लंदन की एक रात'।

केशव : कुछ और भी खूबसूरत कहानियाँ हैं, हालाँकि वे तैरती सिर्फ शराब के इर्द-गिर्द हैं।

गोविंद मिश्र : उनमें भीतर एक ऐसी अनुगूँज है...एक इधर अच्छा उपन्यास आया है। आप...नजर आए देखिएगा। प्रियंवद हिंदी की नयी पीढ़ी के लेखक हैं। उनका तो मतलब बाद की पीढ़ी में कुछ-कुछ उस तरीके से लिखनेवाले हैं, बारीकियों में जाने वाले कि बात को तो उठा रहा है आदमी और औरत के संबंध की लेकिन बड़े फलक को छू देता है थोड़ा-सा, तो उसमें बात ही कुछ और आ जाती है। एक बात जो मैं...

केशव : नहीं, आप मेरे ख्याल में प्रियंवद की बात उठाएँगे। मैं आपको बताऊँ—प्रियंवद की जहाँ तक भाषा और शैली की बात है, बहुत है उसके पास लेकिन मैंने बहुत सारी कहानियाँ पढ़ी हैं। कहीं-कहीं ऐसा लगा मुझे कि कुछ कहानियों को जानबूझकर जहाँ वो नहीं जाना चाहतीं, वहाँ ले जाता है।

भीष्म साहनी : विचारों के धरातल पर एक बात और। ये मैं नहीं कह सकता कि एक लेखक के नाते इसके साथ इसके अनुरूप मैं लिख पाऊँगा या नहीं लिख पाऊँगा। मैं समझता हूँ कि आज के जमाने में जिस तरह के दबाव में हम जी रहे हैं, जिस तरह से दुनिया छोटी होती जा रही है, संकट उठा रहे हैं जगह-जगह। तो मैं साहित्य के केंद्र में मनुष्य को रखता हूँ, लेकिन

उस व्यक्ति को, उस मनुष्य को समझ पाने के लिए एक उसका जो दायरा है, परिवेश है, उसके परिप्रेक्ष्य में उसको देख पाना मददगार होता है। उसको निपट अकेले व्यक्ति के रूप में देखना हो...

गोविंद मिश्र : काट नहीं सकते परिवेश को...हिंदुस्तानी मनुष्य के संदर्भ में तो और भी समस्या है, जैसे हमारे भारतीय मनुष्य, मतलब जो साधारण मनुष्य है, धर्म उसके इर्द-गिर्द यहाँ तक कि उसकी जो जीवन शैली है, जिस तरह से वो जीता है, रोज-ब-रोज जिंदगी जो वो जीता है उसमें धर्म इतना घुसा हुआ है कि मैं समझता हूँ भारतीय मनुष्य को समझने के लिए इस तरह जो भारतीय धर्म हैं और जिस तरह उसमें घुसा है। उसको भी जानना जरूरी है। उसे एकदम आप नकार नहीं सकते। अब अगर कोई कहानी या उपन्यास धर्म के परिप्रेक्ष्य में भारतीय आदमी को उठाता है और आप कहें कि धर्म तो आधुनिक चीज़ नहीं है, या धर्म आज के समय में अप्रासंगिक है या, आज जो उसके जीवन का संघर्ष है, देह धारण करने के लिए उसे रोटी चाहिए, भौतिक संघर्ष...उसमें धर्म कहाँ तो उस तरह के साहित्य को कोई छुए ही नहीं।

भीष्म साहनी : ये...ही, ये मैं गलत मानता हूँ, क्योंकि धर्म की बहुत बड़ी भूमिका रही है हमारे सांस्कृतिक विकास में शुरू से अब तक और बहुत कुछ धर्म में ऐसा है जो हमें न केवल नए मूल्य, नए नैतिक मूल्य देता है बल्कि दर्शन के स्तर पर और दृष्टि को विशाल करने की दिशा में बहुत कुछ उससे हम लेते हैं, अगर कहीं आपत्ति उठती है तो वो संस्थागत धर्म है जिसमें तरह-तरह की कुरीतियाँ, अंतर्विरोध और जब संस्थागत धर्म राजनीति में पहुँच जाए तो वो तो...

गोविंद मिश्र : मेरा ख्याल है, धर्म धर्म रहता है जब तक वो व्यक्ति के उसमें है, जहाँ वो एक संस्था में गया और प्रचार में आया तो वहाँ वो धर्म नहीं रह जाता।

केशव : मेरा ख्याल है गोविंद जी—ऐसा भी है कि धर्म हमारे जीवन में सबसे बड़ा काम जो करता है अगर वो सही मायनों में है, वो ये करता है जो हमारी आस्था है उसे मनुष्यता के प्रति और प्रगाढ़ करता है।

गोविंद मिश्र : हाँ, तुलसीदास ने कहा भी है,

परहित सरस धर्म नहीं भाई।
पर पीड़ा सम नहीं अधमाई।।

नहीं भीष्म जी जो बात बीच में रह गई थी कि आप गाँव में या किसी परिवेश में गए और वहाँ बहुत तकलीफ है, शोषण है, अन्याय है...ये देखा तो एक नज़रिया तो यह है कि अगर आप अपने समाज के उस तबके की उस तकलीफ को देख रहे हैं तो उसको खत्म करने के लिए आप सीधे-सीधे मैदान में उतर आएँ और दूसरा यह कि हमारा काम है लिखना और जैसा प्रेमचंद ने भी कहा था अपनी पत्नी से कि जेल जाना मेरा काम नहीं है, मैं तो एक लेखक हूँ। जेल अगर जाना है स्वतंत्रता संग्राम वगैरह में तो तुम जा सकती हो। तो यह एक ही तरह का लेखन होने लगता है तो मैं सोचा करता हूँ कि अगर आप इतने ज्यादा सचमुच पीड़ित हैं तो वाकई कर्म के स्तर पर उतर आइए लिखना छोड़िए और लिखना है तो फिर वो तो साहित्य की सीमा जो है, उसमें रहना होगा। साहित्य की शर्तें माननी होंगी। लोगों को उकसाने की बात या सीधे कुछ लोगों पर अटैक करने की बात आप नहीं करेंगे।

भीष्म साहनी : गोविंद जी ठीक है लेकिन यह प्रत्येक व्यक्ति की अपनी क्षमताओं और अपने संवेदन पर निर्भर करता है। मार्क्सवादी विचारधारा ने बहुत लोगों को प्रभावित किया लेखकों को भी प्रभावित किया। कुछेक ऐसे लेखक भी मेरी आँखों के सामने आते हैं जिन्होंने राजनीति में भी भाग लिया और उत्कृष्ट साहित्य भी रचा जैसे...फैज, पाब्लो नेरूदा। इस तरह के कुछेक लेखक जरूर आँखों के सामने उभरते हैं जो राजनीति में भी उतरे, साहित्य में भी उतरे। लेकिन हमारे देश में नहीं हो पाया । इसमें कोई नियम नहीं हो सकता। ये तो व्यक्ति की बात है। उसकी क्षमताओं की बात है और बहुत कुछ इसके संवेदन की बात है।

गोविंद मिश्र : भीष्म जी, लेकिन हमारे समाज में यह क्यों नहीं हो सकता? ऐसे लेखक एक दो क्यों नहीं हो सकते। मेरे ख्याल से पाकिस्तान में फैज़ का वह रोल हो सका—क्योंकि वहाँ स्वतंत्रता, लेखकीय स्वतंत्रता, मनुष्य की स्वतंत्रता पर दबाव आने लगा था। उस पर आएगा दबाव तो यहाँ पर भी साहित्यकार उछल पड़ेगा तो वहाँ तो इस वजह से हुआ। हमारे समाज में यह नहीं हो पाता क्योंकि मैं समझता हूँ कि यहाँ फिर भी काफी स्वतंत्रता है और क्योंकि लेखन स्वतंत्रता से चलता है तो इसलिए वो लिखकर ही जो कुछ उसे कहना है, करना है, कर लेता है। वरना हमारे यहाँ देखिए मुक्तिबोध थे। नागार्जुन ने भी कोशिश की जयप्रकाश नारायण के वक्त, रेणु ने बाकायदे चुनाव भी लड़ा, भले हार गए।

भीष्म साहनी : हमारे अपने संदर्भ में उनकी देन महत्त्वपूर्ण रही। रेणु की बड़ी महत्त्वपूर्ण देन रही है। भले ही वह जयप्रकाश जी के साथ रहे हों। नागार्जुन तो प्रभावित हुए जयप्रकाश से भी और लोगों से तो इसी तरह से मतलब यह कि इसमें कोई नपा-तुला नियम नहीं हो सकता—ऐसा मैं मानता हूँ। अपनी-अपनी क्षमताओं पर यह निर्भर करता है।

केशव : नहीं मैं एक बात और कहूँगा जैसे अभी आपने कुछ विदेशी लेखकों के नाम लिये तो अगर मैं वैसे ही बात करूँ कि हरमनहैस हैं या हैमिंग्वे हैं...तो उन्होंने मेरा ख्याल में किसी राजनीति में कहीं कोई भाग नहीं लिया जहाँ तक...

गोविंद मिश्र : वही बात तो भीष्म जी कह रहे हैं। ये व्यक्ति की क्षमताओं पर निर्भर है।

भीष्म साहनी : लेकिन वो जितने बड़े लेखक हैं, वो तो हैं ही। ये तो सारी दुनिया जानती है कि वो कितने बड़े लेखक हैं। भले ही वो किसी भी स्तर पर राजनीति से न जुड़े रहे हों।

केशव : दूसरे मैं अपनी बात को एक और थोड़ा-सा अपने हिमाचल के संदर्भ में जरा-सी छोटी-सी, साधारण-सी बात कहूँगा आपसे, जो इसी बात से संबंध रखती है। जैसे हमारे यहाँ इंडस्ट्रियलाइजेशन और अर्बनाइजेशन के नाम की कोई चीज़ नहीं है। एक तरह से नहीं हैं। न होने के बराबर है। औद्योगिकीकरण कोई नहीं है और डेफिनेटली उससे जुड़ी कोई समस्याएँ भी हमारे यहाँ नहीं हैं। हमारी समस्याएँ बिलकुल अलग हैं। ये समस्याएँ जो हैं वो बड़े-बड़े शहरों में हो सकती हैं वहाँ बड़े...इंडस्ट्रियलाइजेशन बहुत बड़े लेवल पर हुआ है। सब कुछ है, वहाँ समस्याएँ हो सकती हैं। फैक्ट्री की है, मज़दूरों के शोषण की है। ये सब उनकी समस्याएँ हैं। वहाँ जो लेखक रहते हैं, उन्हें देख रहे रहे हैं, उन्हें भुगत रहे हैं, जान रहे हैं और लिख रहे हैं। हमसे ये क्यों एक्सपेक्ट किया जाता है। हम तो नेचर के सबसे ज्यादा क्लोज़ रहते हैं। हम शिमला में रहते हैं। मैं शिमला में रहता हूँ। मैं प्रकृति के बहुत नज़दीक रहता हूँ। हमारे हिमाचल में रहने वाला हर लेखक प्रकृति के बहुत नज़दीक रहता है। अगर हमारा सारा का सारा लेखन जो है प्रकृति को एक...एक मनुष्य मानकर...मानकर लिखता है तो क्या बुराई है?

भीष्म साहनी : भाई साहब,—नहीं-नहीं। कौन एक्सपेक्ट करता है।

गोविंद मिश्र : भीष्म जी, यही दिक्कत है कि इधर कहानी लेखन में कुछ

ऐसा हुआ कि शोषण, अन्याय, उनके खिलाफ विद्रोह—बस इसी पर लिखना है। इसीलिए एक-सी कहानियाँ आईं। प्रकृति का सवाल वह तो मैं समझता हूँ, बड़ा अहम सवाल है मनुष्य की जाति पृथ्वी पर रहेगी या नहीं रहेगी, यही अब इस पर निर्भर होता जा रहा है कि मनुष्य का प्रकृति के साथ क्या रिश्ता होने जा रहा है। और दूसरी तरह से देखिए न। रचना-कर्म, उसका उत्स क्या है। वो पैदा कहाँ से होता है? प्रकृति से...प्रकृति की ही जो—ये सर्जना...बड़े विशाल स्तर पर जो प्रकृति काम कर रही है उसकी ही एक, मैं समझता हूँ, छोटी-सी अनुकृति है—लेखन। तो हमारा जो यह डिसिप्लिन है, ये भी प्रकृति के बगैर कहाँ है उसकी प्रेरणा पाए बगैर आप लिख ही नहीं सकते।

केशव : नहीं लिख सकते। जब कि अपेक्षा हमसे की जाती है कि हम मजदूर के संघर्ष पर लिखें या दूसरी सामाजिक समस्याओं पर ही लिखें।

भीष्म साहनी : नहीं-नहीं। ऐसा नहीं है।

केशव : अदरवाइज़ भी हमारे यहाँ समस्याएँ बहुत अलग किस्म की हैं। देखिए हमारे हिमाचल में भूख से कोई नहीं मरता। आपने कभी किसी अखबार में नहीं पढ़ा होगा कि कोई आदमी भूख से मरा हो। यहाँ उस स्तर पर लोग अमीर भी नहीं हैं। लोगों के पास दो वक्त की रोटी खाने का जुगाड़ जरूर है, चाहे उनकी जमीन में उतनी उपज होती है या नहीं होती है लेकिन वे कर लेते हैं। जैसे बिहार में या इन बड़े-बड़े प्रांतों में इस तरह की भुखमरी है। वहाँ जिस तरीके से लोगों का शोषण हो रहा है, वो समस्याएँ हमारी नहीं हैं। हिमाचल की नहीं हैं। जिस परिवेश में हम रह रहे हैं हम उन समस्याओं को फेस ही नहीं कर रहे। जो समस्याएँ हम यहाँ रहकर फेस कर रहे हैं, प्रकृति की समृद्धि में रहते हुए फेस कर रहे हैं। डेफिनेटली हम उन्हीं के बारे में लिखेंगे।

गोविंद मिश्र : भीष्म जी, ये तो वही बात हुई जो शुरू में हुई थी कि हाल के कुछ वर्षों में हिंदी लेखन में यह हुआ कि एक ही तरह के आग्रह सामाजिकता का अतिरिक्त आग्रह...उससे यह हुआ कि एक ही तरह की रचनाएँ आने लगीं। हर लेखक जो अपनी तरह की एक नई चीज़ लेकर आता है, संसार को देकर जाता है...वो चीज़ कम हुई। और वो यहाँ तक पहुँची कि पीढ़ी की पीढ़ी पूरी लिख रही है और एक ही रचना दे रही है। पहचान नए लेखकों की मुश्किल हुई और दूसरे जो मैं वैमनस्य की बात कर रहा था। कल के दिन साम्यवाद था, आज जनवाद हो गया, आने वाले कल के दिन

जातिवाद हो जाएगा। ये चीजें जो लेखक को बाँटती चली जाती हैं...इससे आज दिल्ली में यह आलम हो गया कि मतलब हम लेखक लोग आत्मीयता से आपस में बैठ-उठ नहीं सकते, इसके लिए क्या किया जाए आज के माहौल में...

भीष्म साहनी : गोविंद जी, मैं तो समझता हूँ एक तरह का खुलापन, मिल-बैठना, आदान-प्रदान, एक-दूसरे की रचनाओं को साहित्यिक स्तर पर आँकना निहायत जरूरी चीज़ है। इसमें कोई संदेह नहीं और इसमें कोई समझौता भी किसी का नहीं है। जो जिस दृष्टि से लिखना चाहता है—लिखे, लेकिन एक-दूसरे की बात हम सुनें, एक-दूसरे को समझने की कोशिश हम करें और शायद आज की स्थिति की यह माँग भी है कि हम एक-दूसरे को समझें।

गोविंद मिश्र : मेरी समझ में व्यावहारिक स्तर पर इसकी शुरुआत यूँ की जा सकती है कि जो साहित्यिक मंच है उन मंचों पर मतलब अलग-अलग विचारधारा के लोग आकर और उस दूसरी तरह की कृति के साहित्यिक पक्ष को उजागर करते हुए आएँ, बोलें। आज पत्रिकाएँ हैं। 'पहल' अपने ग्रुप को लेकर चल रही है। 'हंस' अपने ग्रुप को लेकर चल रहा है। इसके बजाय हर पत्रिका में हर कोई हो। जो हम लोगों की गोष्ठियाँ, सेमिनार, जिसमें हम बोलते हैं, हमारे भाषणों में ऐसे रैफ्रेंसिस भी आएँ जो उन लेखकों के हों जिनकी आपकी विचारधारा से ताल्लुक न हों। इस तरह से शायद एक माहौल बने। जैसे एक चीज़ अच्छी हुई है...एकदम आज जो कहानी लिखी जा रही है वह कट्टर पूर्वग्रह से बाहर आ रही है...ऐसा लगता है।

केशव : भीष्म जी, मैं एक बात कहना चाहता था कि हमारे हिंदुस्तान में हिंदी भाषा में जो लिखा जा रहा है और जितना भी लिखा जा रहा है वो किस मायने में कम है? यूरोप में या और विदेशों में जो साहित्य आ रहा है, उससे वह किस मायने में कम है? ऐसा क्यों है कि उन लोगों की चर्चाएँ जो हैं, वे बहुत होती हैं। कोई भी उनका उपन्यास या कविता संग्रह या कहानी संग्रह उनकी बहुत चर्चाएँ होती हैं जबकि हम किसी मायने में उनसे उन्नीस नहीं हैं। ऐसा क्यों है? हम क्यों इस तरीके से प्रोजैक्ट नहीं होते?

भीष्म साहनी : देखिए, यह सवाल छोटा सवाल नहीं है। इसके कई पहलू हैं। मैं जहाँ तक समझता हूँ कि इधर कुछ वर्षों में हिंदुस्तान की किताबें ऐसे प्रकाशकों द्वारा जो बाहर के हैं, जैसे 'पेंगुइन' है, ऐसे कुछ और भी हैं...वो

अनुवाद कराकर विदेशी भाषाओं में छाप तो रहे हैं और काफी छाप रहे हैं। पहले ऐसा नहीं था। पहले बहुत कम संख्या में छपती थीं। अब अधिक संख्या में छपने लगी हैं। लेकिन इसका एक तंत्र भी है। हिंदी या अन्य भाषाओं से जो रचनाएँ विदेशी भाषाओं में अनुवाद होकर छपती हैं, अनुवाद करने का काम अधिकतर बाहर के विश्वविद्यालयों में होता है, जैसे पेरिस में हिंदी का विभाग है, अब जिस यूनिवर्सिटी में उसका संपर्क है, हिंदुस्तान के उसी साहित्य से, उसी भाषा के साहित्य से कोई उत्कृष्ट रचना मिली तो उन्होंने अनुवाद किया और वहाँ छाप दिया। हम उस तंत्र से जुड़े हुए नहीं हैं। यदा-कदा कोई रचना जो बहुत प्रचलित हो जाती है, लोकप्रिय हो जाती है प्रेमचंद की जैसी रचनाएँ हैं या कोई औरण्ण्वे छप जाती हैं।

रचनात्मकता का संकट : एक अन्तरंग संवाद

(भीष्म साहनी, गोविंद मिश्र, केशव
स्थान—इंस्टीट्यूट ऑफ एडवांस स्टडीज, शिमला)

दिनांक	:	12-13 नवम्बर, 2016 गाँधीनगर, गुजरात।
विषय	:	रचनात्मकता का संकट... अपना सन्दर्भ उठाते हुए।
प्रतिभागी	:	गोविन्द मिश्र, नन्दकिशोर आचार्य, रामजी तिवारी, विजय कुमार, जितेन्द्र भाटिया, राजकुमार गौतम, बसन्त त्रिपाठी, प्रियंवद।
श्रोता	:	प्रवेश नहीं।
फॉर्मेट	:	पहले लेखक अपना सन्दर्भ रखें... फिर उस पर प्रतिक्रियाएँ, प्रतिप्रश्न, विस्तार।

पहली बैठक
(नन्दकिशोर आचार्य)

नन्दकिशोर आचार्य : मैं अपने लेखन से जोड़कर बात करना चाहूँगा। जैसा गोविन्द जी ने कहा कि थोड़ा उससे जोड़ते हुए अपनी समस्याओं को व्यापक स्तर पर रखने की कोशिश करूँ।

मुझे लगता था कि लिखना मेरे लिए आत्म-सृजन का एक माध्यम है। मैं आत्माभिव्यक्ति नहीं कह रहा हूँ। इन दोनों में फ़र्क़ करता हूँ। उसके माध्यम से मैं अपने को गढ़ता हूँ। क्योंकि जब आप अपने को गढ़ रहे होते हैं तो आप एक समाज में भी हैं, एक परिवेश में भी हैं, एक इतिहास के भी अंग हैं, एक परम्परा के भी हिस्से हैं और अभी जो कुछ हो रहा है समकालीन जीवन में उसके भी आप एक हिस्से हैं। इसलिए उस गढ़ने में इन सारी चीज़ों का प्रभाव पड़ता है। आप इनसे कटकर अपने को नहीं गढ़ते। कोई ऐसा नहीं कि किसी गुफा में जाकर मैं गढ़ रहा हूँ अपने को। तो इन सबका प्रभाव पड़ता है, इसलिए वो आपके लेखन में भी और आपकी अपनी तलाश में आता है।

कई विधाओं में लिखने की जो मेरी कोशिश रही, उसकी वजह शायद यह रही कि मुझे नहीं लगता कोई एक विधा या कला ही जीवन को सम्पूर्णतः समझ सकती है या उसमें अपने को पा सकती है या मनुष्य की आन्तरिक चेतना और उस बाह्य के साथ में उसकी टकराहट उसको सम्पूर्णतः अभिव्यक्त कर सकती है! क्योंकि हर कला-विधि की अपनी ताकत है और उसकी अपनी सीमाएँ हैं।

इसको अगर मैं विज्ञान की शब्दावली में कहूँ, जो हाइजैनबर्ग कहते हैं वो यह है कि 'आप जिस किसी भी यंत्र के माध्यम से यथार्थ को देखते हैं, उस यंत्र का बीच में होना ही उस यथार्थ को आपके लिए रूपान्तरित कर देता है।' आप देख रहे हैं जिस यथार्थ को, वो उस यंत्र के माध्यम से देखा गया यथार्थ है। यथार्थ है, सच नहीं है। तात्पर्य यह कि विज्ञान भी अपनी किसी एक ब्रांच के माध्यम से सब कुछ को नहीं समझ सकता है। हम देखते हैं कि विज्ञान में नित नयी ब्रांच डेवलप हो रही हैं चीज़ों को समझने के लिए। ठीक वैसे ही अपने को जानने की कोशिश।

यह जानने की कोशिश जो है, इसे केवल कोई आध्यात्मिक अर्थ में न लें। मैं उस तरह आत्मा में विश्वास भी नहीं करता हूँ। बहुत से लोगों को

आश्चर्य होगा यह सुनकर कि मैं आत्मा और पुनर्जन्म वगैरह में विश्वास नहीं करता, ईश्वर में नहीं करता। पर मैं यह कह रहा हूँ कि अपना सेल्फ़- जिसे सोल न कहें, अपना सेल्फ़ कह लीजिये- उस सेल्फ़ को आप जानते हुए गढ़ते हैं या गढ़ते हुए जानते हैं यों कह सकते हैं। क्योंकि निरन्तर उसमें कुछ न कुछ घटित होता रहता है, निरन्तर उसमें कुछ न कुछ बदलता रहता है, रूपान्तरित होता रहता है और यह एक कारण है, जैसा मैंने कहा कि किसी एक विधा में आप पूरी तरह से... तो जहाँ-जहाँ मैं कर सकता हूँ! जैसे मैं संगीत नहीं कर सकता या मैं स्कल्पटर नहीं हो सकता या मैं डांसर नहीं हो सकता या मैं दूसरी कलाओं में नहीं जा सकता। लेकिन भाषा के माध्यम से, जो मेरा माध्यम है, उसके माध्यम से मैं जितना-जितना; जबकि मैं यह भी कहूँगा कि भाषा के माध्यम से भी आप पूरा नहीं समझ सकते। उसकी भी अपनी सीमाएँ हैं। ताकत भी है और उसकी अपनी सीमाएँ भी हैं।

परिवेश तो हमेशा ही रहेगा। मैं कहूँगा कि मैं उस परिवेश का हिस्सा हूँ। मैं जो अपने को जानता या गढ़ता हूँ, उसमें वो टकराहट भी शामिल है जो परिवेश से मेरी होती है और उस परिवेश को जाने बिना मैं कैसे अपने को जान सकता हूँ। साहित्य का परिवेश भी उसका एक हिस्सा होता है, जो छोटा हिस्सा है। शायद मैं नहीं समझता कि मुझ पर उसका ज़्यादा असर है। असर नहीं है, ये नहीं कहता, लेकिन कोई निर्णायक असर उसका है, ऐसा मैं नहीं मानता। क्योंकि मैं यह मानता हूँ कि वो भी फिर आपको बाँध देता है। साहित्यिक परिवेश भी आपको बाँधता है।

मुख्य तलाश जो है वो यह कि मैं उसे आत्म-सृजन का माध्यम मानता हूँ और ये जो मेरा आत्म-सृजन है, जब मैं अपने आत्म को पहचानने की और सृजित करने की प्रक्रिया में होता हूँ तो यह भी जानता हूँ कि कोई आइसोलेटेड नहीं है, कटा हुआ नहीं है; जुड़ा है। जुड़ा है तो जिनके साथ जुड़ा है, उनके साथ मैं उसका साझा करना चाहता हूँ। अब कितना कर पाता हूँ या कौन उसमें साझा करते हैं कि नहीं करते हैं, उस साझा करने के लिए आपको कई तरह के साधनों की आवश्यकता होती है, कई तरह के साधनों की ज़रूरत पड़ती है। उनकी प्रॉब्लम आती हैं, वो सब होती हैं, लेकिन मैंने यह कभी नहीं पाया कि मैं उनके कारण से निराश हूँ।

प्रियंवद : एक सवाल से आप इस बात को थोड़ा और आगे बढ़ा दें। यदि आप अपने लेखन से आत्म-सृजन करते हैं और यदि उसको सर्वाइव होते

हुए नहीं देखते हैं, जो कि होता है; उससे क्या आप निराश या हताश होते हैं, कोई चिन्ता आपके भीतर होती है?

नन्दकिशोर आचार्य : नहीं... बिल्कुल नहीं। आपसे बहुत ईमानदारी से कह रहा हूँ, बिल्कुल नहीं होती। यह नहीं कि मैं बाँटना नहीं चाहता। एक लेखक को या किसी भी कलाकार को इस चीज़ को समझना चाहिए कि वह जो कर रहा है वो जीवित रहेगा या नहीं रहेगा, उसका कोई महत्त्व होगा या नहीं होगा, उसको लोग पहचानेंगे कि नहीं पहचानेंगे- ये सारी सेकेण्डरी चीज़ें हैं।

कोई भी लेखक जब लिखना शुरू करता है, उसके कई कारण होते हैं। कई बार अच्छा लगता है, कई बार प्रभावित होता है आसपास के वातावरण से। लेकिन फिर धीरे-धीरे निरन्तर उसको अपनी एक दिशा उसमें मिलने लगती है उस आत्म-सृजन की। उस दिशा को जब वह फॉलो करता है, उसमें आगे जाता है तो कई गलियाँ उसमें से निकलती हैं और उन गलियों से गुज़रते हुए आपको यह लगता है कि हाँ इतना जान पाया और ये नहीं जान पाया, कुछ है जो छूट गया। तो आप किसी दूसरी विधा में जाते हैं।

विधाओं का जो परिवर्तन है, वो किसी एक विधा से निराश होने के कारण से नहीं है, उस विधा की अपनी सीमाओं के कारण होता है। जिन सीमाओं में, जैसे मैंने बचपन में नाटक लिखे और फिर काफी बाद में शुरू किया नाटक लिखना। मैं समझता हूँ कि कविता लिखने और आलोचना लिखते हुए जब कम से कम मुझे पन्द्रह साल से ऊपर हो चुके थे, तब मैंने नाटक लिखा, इसलिए नहीं कि मैं कविता से निराश था।

गोविन्द मिश्र : किस विधा में आपको आत्माभिव्यक्ति का सन्तोष सबसे ज़्यादा मिला?

नन्दकिशोर आचार्य : मैं यह नहीं कह सकता। देखिए, यह जो अक्सर कहा जाता है कि आप कुछ कहना चाहते हैं इसलिए लिखते हैं। मैंने इसको कभी नहीं माना। मैंने हमेशा ही यह माना कि आप कुछ जानना चाहते हैं इसलिए लिखते हैं। आप लिखने की प्रक्रिया में ही जान पाते हैं कि आप क्या कह रहे हैं। अगर पहले से तय है कि आपको क्या कहना है तो मैं समझता हूँ कि कोई लेजिटीमिसी नहीं है लिखने की। फिर तो एक क्राफ़्ट है जिससे आप उस बात को लोगों के गले उतार देंगे। आप अपने लिए नहीं लिख रहे हैं। फिर आप लिख रहे हैं इसलिए कि किसी को कुछ समझा दें, किसी को कुछ बता दें, किसी को कुछ गले उतार दें या अगर इतर दूसरे कोई प्रयोजन

हों तो उनके लिए लिख रहे हैं। हमारे यहाँ तो अर्थ, यश वगैरह सब प्रयोजन माने गये हैं, उनके लिए लिख रहे होंगे।

लेकिन जिस समय आप उस पर्पज से लिख रहे हैं कि मैं अपने को जानना चाह रहा हूँ और कोई एक घटना, कोई एक दृश्य, कोई एक चीज़, कोई एक शब्द... अन्ततः मैं उस परिवेश में अपने को गढ़ रहा हूँ। उस परिवेश को तो नहीं गढ़ सकता। अपने को गढ़ रहा हूँ। उस परिवेश में कुछ परिवर्तन होता है, कि नहीं होता है, इसके लिए बिल्कुल चिन्ता नहीं कर रहा हूँ। मैं नही जानता होता है, कि नहीं होता है। लेकिन मैं सिर्फ़ इतना जानता हूँ होता होगा। जैसे मैंने किसी लेखक को पढ़ा है, उसका असर मुझपर पड़ा, तो मुझसे कुछ अच्छा लिखा गया तो उसका भी असर पड़ता होगा। ये एक सिद्धान्त रूप में मान लेता हूँ। लेकिन वाकई ऐसा होता है कि उससे तत्काल परिवेश बदल जाता है, ऐसा मैं नहीं मानता। उसके लिए तो फिर क्रान्ति ही करनी होती है। वो एक दूसरा रास्ता है। वो भी आत्म-सृजन का ही रास्ता है। मैं समझता हूँ पूरा समाज अपना आत्म-सृजन करता है।

सवाल इस बात का उठता है कि ये जो काम मैं कर रहा हूँ, इसमें और कोई इतर प्रयोजन नहीं है उस प्रक्रिया में। उसके बाद मुझे लगे कि यार किताब थोड़ी ज़्यादा बिक जाये तो ठीक है या थोड़ा पुरस्कार मिल जाये तो ठीक है, कुछ पद मिल जाये तो ठीक है। ये सब होता होगा और यदि मनुष्य है तो मेरे साथ भी होता होगा। यह नहीं कहता कि नहीं होता, लेकिन प्रयोजन वह लिखने की प्रक्रिया में नहीं है और न ये है कि उसका कुछ असर पड़ेगा कि नहीं पड़ेगा। इस परिवेश में मनुष्य के रूप में मैंने अपने को इस तरह से समझा-गढ़ा है और जो मेरे दूसरे लोग जिनके बिना मेरा आत्म कुछ नहीं है, शून्य है, उनके साथ मैं उसका साझा करना चाहता हूँ। वो प्रयोजन है लिखने का और उसके छपने का भी। अज्ञेय जब सम्प्रेषण की बात करते हैं और आवश्यक मानते हैं तो मैं समझता हूँ शायद इसी अर्थ में करते हैं। मैंने जो समझा है उनका अर्थ वही है।

गोविन्द मिश्र : आप अज्ञेय के बहुत साथ रहे हैं। आप अपने और उनके नज़रिये में कहाँ फ़र्क़ देखते हैं?

नन्दकिशोर आचार्य : काफी चीज़ों में फ़र्क़ था। तब भी था, उनके बाद भी। वो बढ़ा है। यह नहीं कि उनसे मैं असहमत होता हूँ, भिन्न होता हूँ। भिन्नता तो दिखाई देती है। मोटे तौर पर आप मान सकते हैं कि शायद कुछ बातें मैं वैसी ही मानता होऊँगा जैसी वो मानते हैं। वो नजदीकी का

कारण रहा होगा, लेकिन कुछ भिन्नताएँ हैं। दोनों का व्यक्तित्व भिन्न हैं, दोनों की परिस्थितियाँ भिन्न हैं, दोनों की टकराहटें भिन्न हैं। तो वो सब भिन्नताएँ साहित्य में आती होंगी या लेखन में आती होंगी। मैं नहीं जानता कि आती हैं कि नहीं आतीं।

जितेन्द्र भाटिया : एक बात- अगर मुझे यह कहना होगा कि इस सरकार को भाड़ में चले जाना चाहिए। तो मैं कभी कहानी या कविता नहीं लिखूँगा, मैं अख़बार में एक लेख लिखूँगा या अगर मेरा सरकार के साथ कोई संवाद होगा तो सरकार से कहूँगा कि तुम भाड़ में जाओ। मैं सीधे-सीधे उसको कहूँगा। लेकिन जब मेरे दिमाग में दो विचार या दो चीज़ें उठती हैं और मुझे स्वयं यह समझ में नहीं आता कि इनमें से कौन-सी चीज़ सही है, इसका क्या अन्त हो सकता है, इसका क्या परिणाम हो सकता है या इसको किस-किस नज़रिये से देखा जा सकता है। जब यह द्वन्द्व मेरे मन में उठता है तब मैं कहानी लिखना शुरू करता हूँ।

नन्दकिशोर आचार्य : ये बात एक दफा रसूल हमजातो ने दूसरी तरह से कही थी। यहीं हिन्दुस्तान जब आये थे, उनसे इण्टरव्यू किया गया था। शायद कन्हैयालाल नन्दन ने इण्टरव्यू किया था। जहाँ तक मुझे याद है, वो 'दिनमान' में छपा था। उस इण्टरव्यू में उनसे पूछा गया कि आपकी कविता का मुख्य सरोकार क्या है? पहला सवाल था और दूसरा सवाल यह था कि अभी आप कौन-सी ऐसी समस्या है जिससे सबसे अधिक चिन्तित हैं। उन्होंने यह कहा कि लेबनान की समस्या अभी मुझे सबसे अधिक परेशान किये हुए है और मैं उस पर एक बहुत लम्बी स्टडी, एक बहुत लम्बा लेख लिख रहा हूँ। मैं बहुत परेशान हूँ उस समस्या से। लेकिन पहले सवाल के उत्तर में उन्होंने कहा था कि मेरी कविता का विषय मेरे देश की धरती और स्त्री का सौन्दर्य है। ये उनका कहना था।

रसूल हमजातो से फिर अगला सवाल किया गया कि एक तरफ आप ये कह रहे हैं और दूसरी तरफ आप यह कह रहे हैं। बोले, हाँ... उसके लिए मैं लेख लिख रहा हूँ। एक विशेषणात्मक काम उसके लिए कर रहा हूँ। शायद उसके लिए वही उचित है। यहाँ जो मेरी अनुभूतियाँ हैं, उनको मैं कविता में रख रहा हूँ। रसूल हमजातो, हम सब लोग जानते हैं कि उस ज़माने में सोवियत रूस में बड़े प्रतिष्ठित कवि थे। यद्यपि उनकी भाषा प्रतिष्ठित नहीं थी, पर वे पॉलिटिकल ब्यूरो के मेम्बर भी थे।

गोविन्द मिश्र : इनकी बातों से एक मुद्दा, जो चर्चा हम लोग पहले कर रहे थे, उससे जुड़ता है कि लेखन के प्रति जबरदस्त आस्था है और परिवेश में जो-जो चीज़ें लेखन को प्रभावित करती हैं- उनका असर उस आस्था पर नहीं पड़ता। पड़ता होगा थोड़ा-बहुत, लेकिन इस हद तक नहीं कि जो हमारी मूल चेष्टा है, जो इन्होंने कहा कि जानने की प्रवृत्ति, वो खत्म हो जायेगी। अब ये बात दूसरी है कि वो जानना कभी नाटक में हो सकता है, कभी कविता में हो सकता है, कभी और किसी विधा में हो सकता है।

बसन्त त्रिपाठी ने बात उठायी थी कि आज के लेखक में आस्था की कमी है। यह मुझे भी कभी-कभी लगता है वरना अपनी सर्जनात्मकता को वह किन विधाओं में, कहाँ ज़्यादा व्यक्त हो सकती है... उसकी तलाश करता हुआ क्यों नहीं चलता चला जाता, बाहर की चीज़ों से क्यों विचलित होता है?

राजकुमार गौतम : यहाँ जितने लेखक हैं, मुझे लगता है कि सबसे लम्बा अनुभव दिल्ली में रहने का मेरा है और वहाँ का जो संसार है, ख़ासतौर से हिन्दी साहित्य का संसार है, उससे चाहे-अनचाहे आपको दो-चार होना ही पड़ता है; नहीं तो आप दुनिया से बिल्कुल कट जायेंगे और कहीं के नहीं रहेंगे। आचार्य जी जो कह रहे हैं, मुझे लगता है कि लेखक के लिए बड़ी दिव्य किस्म की स्थिति है कि आप अपना करें और किसी के बारे में न सोचें। कोई हस्तक्षेप आपको बिल्कुल भी विचलित न करे। यह मुझे परा मानवीय गुण लगता है। ऐसा कैसे हो सकता है?

गोविन्द मिश्र : माने कि हम लोग जो दिल्ली के बाहर रहते हैं, उन्हें ये एडवाण्टेज़ है...

नन्दकिशोर आचार्य : बिल्कुल... मुझे लगता है कि आस्था शायद इसलिए बची रही। एक बार जब गोविन्द मिश्र को व्यास सम्मान मिला, इन्होंने वहाँ जो स्वीकृति वक्तव्य पढ़ा, मैंने उसके बाद चाय पीते हुए कहा- 'भाईसाहब, अगर आप दिल्ली में रहते तो ऐसा वक्तव्य नहीं लिख सकते थे!' यह बहुत अच्छी स्थिति है कि आपकी आस्था बिल्कुल भी विचलित न हो। जैसी कि चर्चा हो रही थी, मुझे लगता है कि आज के समय में हमारे लिए चुनौती है कि हम अपनी आस्था को कैसे बचाकर रखें। सबसे ज़्यादा संकट और सबसे ज़्यादा आक्रमण भी उसी पर है।

आप मुझे बतलाइए कि जैनेन्द्र जी दिल्ली में रहते थे। गोविन्द जी के बहुत पसन्दीदा लेखक हैं। उनके पन्द्रह-बीस साल, शायद इससे भी ज़्यादा,

बिल्कुल रचना-शून्य थे। वह अब से तीस साल पुरानी बात है। निर्मल वर्मा की एक कहानी आयी थी 'सूखा', जिसमें एक अच्छे-ख़ासे आदमी का भी जो संवेदन-तंत्र है, उसमें एक दिन उस तरह का सूखापन आता है कि वो आगे बहुत नहीं सोच पाता, बहुत क्रियेटिव नहीं रह पाता।

राजकुमार गौतम : दिल्ली के माहौल में रहते हुए, हिन्दी साहित्य के माहौल में रहते हुए मुझे यह लगता है कि ये हस्तक्षेप, जो परिवेश का हस्तक्षेप आज की तारीख में आया है; ये आपको प्रभावित न करे, ये आपको विचलित न करे, ऐसा असम्भव है?

नन्दकिशोर आचार्य : गौतम जी, इसमें जो फ़र्क़ है वो सिर्फ़ इतना-सा है, ये नहीं कि वो प्रभावित नहीं करता। यह जो मैंने कहा कि जब आप उस पूरे परिवेश में हैं और उससे टकराहट में हैं, तो एक तरह से प्रभावित तो होंगे। उस तरह का प्रभाव तो है टकराहट का, लेकिन उसकी वजह से जिसे आप ठीक मानते हैं उसे आप छोड़ दें, ये होना आवश्यक नहीं है। मैं नहीं जानता कि दिल्ली में रहने का क्या प्रभाव हो सकता है। मैं दो-एक साल रहा, लगातार आता-जाता रहता हूँ, मिलता-जुलता भी रहता हूँ लेखकों से, मित्रों से। लेकिन मैं नहीं जानता कि मुझ पर क्या प्रभाव पड़ा। मैं जब रहा नहीं तो कैसे कहूँ। लेकिन मैं यह मानता हूँ कि आप कहीं भी रहें, शमशेर बहुत बरस दिल्ली में रहे, मैं नहीं समझता कि उन पर कोई प्रभाव था।

राजकुमार गौतम : उस समय था भी नहीं...

नन्दकिशोर आचार्य : मैं उस समय अख़बारों में ही काम कर रहा था। वो खेल शुरू हो चुका था। लेकिन सवाल सिर्फ़ इस बात का उठता है कि उस समय हम क्या कर रहे हैं। ये हम अपने लिए सोच रहे हैं न, जो लेखक वर्ग है वो अपने लिए सोच रहा है। जैसे मैंने अभी थोड़ी देर पहले कहा कि हर समस्या एक सम्भावना हो सकती है आपकी सृजनात्मकता के लिए। मैं मानता हूँ समस्या है तो आप उससे उलझते हैं, उसमें से रास्ता निकालने की, अपने को बचाने की भी कोशिश करते हैं। जब आप कोशिश करते हैं तो वो आपकी क्रियेटिविटी है, कैसे आप उसमें से रास्ता निकालते हैं।

मेरे ख्याल से सभी मित्र जानते हैं कि शायद ही कोई ऐसा विषय होगा समकालीन जीवन का जिस पर मैंने लेख नहीं लिखे। कविता में भी कहीं वो आया होगा, पर शायद यह माना जायेगा कि नहीं है। मैं यह मानता हूँ कि है। कविता कैसे बनती है या एक कलाकृति कैसे बनती है और एक लेख कैसे

बनता है, इसमें फ़र्क़ होता है। मैंने पॉलिटिकल अख़बारों में लिखा, टिप्पणियाँ लिखीं, लेख लिखे, मानवाधिकार पर लिखा, गाँधी पर लिखा, न्यूज मैग्जीन पर लिखा, अभी भी लिखता हूँ। अनुवाद भी किये उसी तरह की चीज़ों के। कुल मिलाकर साठ से अधिक किताबें हैं। लेकिन उसमें काफी सारा दूसरे तरह का लेखन है, आप भी जानते हैं, फिलॉसफी पर भी लिखा।

मैं यह कह रहा हूँ वो सारा कुछ है, वो काम भी मैं कर रहा हूँ लेकिन जहाँ मैं अपने आत्म-सृजन की बात करता हूँ वहाँ मैं एक अनुभूति के माध्यम से अपने को जानने की और अपने को बनाने की कोशिश कर रहा हूँ, अपने आत्म को गढ़ने की, उसकी निर्मिति की कोशिश कर रहा हूँ; और अगर मुझे लगता है कि मेरे लेखन का यही धर्म है और यही मुझे करना चाहिए तो फिर कोई चीज़ आपको विचलित नहीं कर सकती।

देखिए, एक बार गाँधी जी से पंडित नेहरू ने पूछा कि आप अहिंसा वगैरह की इतनी बात करते हैं- क्या मतलब है, कौन है जो इतना हो सके और कौन है ऐसा, वातावरण ही नहीं इस तरह का, कैसे हम ऐसा कर सकते हैं? उन्होंने कहा- नहीं है इसलिए मेरे लिए और भी अधिक ज़रूरी है कि मैं यही करूँ।

रामजी तिवारी : गौतम जी, आपको दिल्ली में क्या फ़र्क़ दिखता है? आप दिल्ली को लेकर इतने आतंकित क्यों हैं?

गोविन्द मिश्र : इसमें यह भी जोड़ दो कि क्या ये भी तो क्रियेटिविटी नहीं है- यह छटपटाहट... कि किस तरह इस परिवेश को ट्रांसेंड करने की हिम्मत अपने में जुटायी जाय, जिसके लिए वो आस्था ज़रूरी है।

नन्दकिशोर आचार्य : हम सब लोग बैठे हैं उसमें शायद ही कोई कहेगा कि हमारी आस्था लेखन में खत्म हो गयी है, हमने लिखना छोड़ दिया है। गौतम जी! आपका लेखन जब छूटा- हमारे आपके बीच रास्ते में भी बात हुई, आपने कई कारण भी बताये- कि लिखना छूट गया, और लोगों के भी उदाहरण दिये, एक नाम लिया- हिमांशु जोशी। आपने कहा- अपने समय के इतने बड़े लेखक, आज दिल्ली में हैं, कोई पूछता नहीं, कोई जानता नहीं है, उनका लिखना छूट गया। तो दिल्ली में ऐसा क्या है जो लोगों का लिखना छुड़ा देता है। आपका लिखना जो छूटा या कम हुआ, उसका कारण क्या है?

गोविन्द मिश्र : राजेन्द्र यादव का छूटा, जैनेन्द्र कुमार का छूटा था।

नन्दकिशोर आचार्य : क्या है दिल्ली में यह बताइए। आप रहे हैं, हम लोग तो नहीं रहे।

राजकुमार गौतम : जब साहित्यकार उस स्टेज पर पहुँचता है जहाँ समाज से कोई रिस्पॉन्स न हो, सम्पादक, प्रकाशक, पाठक से कोई रिस्पॉन्स न हो तो मुझे लगता है कि धीरे-धीरे वो जो धूल की परतें हैं, उदासी की, वो उसके ऊपर जमने लगती हैं।

नन्दकिशोर आचार्य : मैं यह कहूँगा राजकुमार जी कि ये भी एक अनुभव है। जो आप कह रहे हैं, उस लेखक के लिए ये भी एक अनुभव है और ये भी एक बड़ी रचना का आधार बनता है।

जितेन्द्र भाटिया : भाईसाहब, जिस 'सूखा' की बात हुई थी, एक नाम गिरधर राठी का इन्होंने लिया, एक नाम हिमांशु जोशी का लिया। हम लोग नाम लेकर बात कर सकते हैं, इसमें संकोच की बात नहीं है। राजेन्द्र यादव की भी बात की, वहीं भीष्म साहनी भी थे, कृष्णा सोबती, निर्मल वर्मा भी लिखते हैं। तो एक अजीब-सा...

नन्दकिशोर आचार्य : 'सूखा' निर्मल वर्मा ने ही लिखी। 'सूखा' कहानी उसी संवेदना का क्रियेटिव रूपान्तरण है। एक लेखक को यह करना होता है।

राजकुमार गौतम : वह तीस साल पहले आयी थी।

प्रियंवद : आज का जो परिवेश है, उसका रिस्पॉन्स नहीं। दिल्ली का एक माहौल है, वहाँ की राजनीति है, वहाँ पर पैसे का वर्चस्व है, घटिया लेखकों को प्रमोट करने की बात है, रातोरात कोई एक लेखिका बना दी जाती है, जिसके एक ही संग्रह को एक दिन, एक साथ दिल्ली के दो बहुत बड़े प्रकाशक छापते हैं। मतलब यह हिन्दी की अपने आप में एक अभूतपूर्व घटना है कि एक नयी लेखिका का पहला कहानी संग्रह दिल्ली के दो बड़े प्रकाशक एक साथ छापते हैं और फिर एक खारिज करता है, दूसरा करता है। नामवर जी उसकी भूमिका में सब कुछ लिखते हैं। ये सब माहौल हो गया है, जिससे आप पहचानेंगे कि दिल्ली क्या है। ये माहौल होगा, वहाँ क्या साहित्य होगा। जो मैं कहलवाना चाहता था, सामने आने दीजिए।

राजकुमार गौतम : मैं यह कह रहा हूँ कि दिल्ली न मुझे डराती है न डरने की ज़रूरत है; लेकिन वहाँ जो देखा, जितना देखा, जो चेंज देखा वो इतना व्यापक है, वो आपको शॉक ज़रूर देता है। मुझे यह लगता है कि ये नहीं होना चाहिए और जितना भी आपका संघर्ष है वो उसी को लेकर है। कुछ लोगों का है।

वातावरण का, परिवेश का जो पतन है, उसकी वजह से आप अपना ग्राफ़ तो देख ही नहीं पाते। आप विधाओं में इधर-उधर भटकते हैं, उसमें यही

लगता है। अब फलाँ उस मैगजीन में चली गयी हैं, उनसे मेरी जान-पहचान है, वहाँ दो पेज की कहानी छपती है तो मैं दो पेज की कहानी लिख दूँ। अब ये चमत्कार हो रहे हैं।

विजय कुमार : मुझे लगता है कि एक साहित्यकार या सर्जक का एक आवश्यक एकान्त होता है। दिल्ली जैसी जगहों का सबसे बड़ा ड्रॉबैक यह है कि वो आपके एकान्त को नष्ट करती हैं।

गोविन्द मिश्र : आपके बम्बई में फ़र्क़ है?

विजय कुमार : बहुत फ़र्क़ है। जैसे दिल्ली में हर शाम को आपको मण्डी हाउस जाना है, श्रीराम सैण्टर जाना है, त्रिवेणी सेण्टर जाना है, इण्डिया इण्टरनेशनल जाना है। आपके पास एकान्त कहाँ बचा?

राजकुमार गौतम : वैसा अब नहीं रहा...। अब बहुत सारे कैलकुलेशन्स वहाँ आ गये हैं और एकान्त में रहने के लिए लोग विवश हैं। लोगों ने 'मीडिया फ्लैट' जो चालीस वर्ष पहले चालीस हज़ार रुपये के खरीदे थे वो उसे दो करोड़ का बेचकर गुड़गाँव, फरीदाबाद, ग्रेटर नोयडा में जा रहे हैं और अब जब टैक्सीवाला एक तरफ से ग्यारह सौ रुपये माँगता है तो वह किसी का कहानी पाठ सुनने के लिए नहीं जा सकता। ये सब बातें अब वहाँ हैं।

गोविन्द मिश्र : प्रोत्साहित करने वाली चीज़ें... मैं नहीं समझता कि आज किसी कस्बे में मौजूद हैं, भोपाल में या लखनऊ में...

रामजी तिवारी : ये अलग-अलग चीज़ें हैं। विजय जी ने जो कहा, मेरी समझ में यह आता है कि लेखक को एकान्त की ज़रूरत है, इसमें कोई शक नहीं। लेकिन अगर वह चार लोगों से मिलता है, कहानी पाठ में जाता है, कहीं जाता है, इससे ऊर्जा भी मिलती है उसको।

विजय कुमार : प्रतिदिन आपका टाइमपास बन जाता है। अगर लेखकीय चर्चा और गोष्ठीबाजी आपका प्रतिदिन का टाइमपास बन जाता है तो वो जो एक स्पेस आपका नितान्त अपना था...

बसन्त त्रिपाठी : देखिये, न लिखना या जो लिखना छूट जाना है, मुझे लगता है कि इसके बिल्कुल व्यक्तिगत कारण हैं और इसका किसी बड़े शहर या छोटे शहर से बहुत ज़्यादा सम्बन्ध नहीं है। डिप्रेस आप हो सकते हैं। जैसे आप जिस दौर में डिप्रेस होकर लिखना बन्द कर रहे हैं, ठीक उसी दौर में बहुत सारे नये लोग लिखने आ रहे हैं।

विजय कुमार : कोई आपको नहीं कहता कि आप लिखो। परिवार में

कोई नहीं कहता। ऐसे लोग होंगे कुछ भाग्यशाली जिनको कि उनके पिता ने कहा होगा तुम लेखक बनो।

बसन्त त्रिपाठी : विरोध करते हैं। उल्टा कहते हैं- क्या बकवास कर रहे हो?

विजय कुमार : लिखने का व्यसन चुना, तो कहीं न कहीं वहीं से एक गम्भीरता आपके भीतर शुरू हुई कि आप हैं क्या? आप अपने को खोजते हैं और जब आप अपने को खोजते हैं तो परिवेश वाली बात आती है कि मेरा परिवेश के साथ रिलेशन क्या है। अब ये परिवेश भी कोई एक ठहरी हुई या कोई एक सॉलिड चीज़ नहीं है, रोज बदलता है। कहीं आप जुड़ते हैं, कहीं छूटते हैं, कहीं टकराते हैं, कहीं समायोजित करते हैं।

मुझे लगता है कि जब आपका सम्बन्ध एक बड़े परिवेश से बनता है और एक व्यापक समाज में, जैसे उदाहरण के लिए काफ़्का ने अपने पिता को पत्र लिखा। बहुत व्यक्तिगत-सा पत्र था। उसमें सारी बातें उन्होंने उड़ेल दी। काफ़्का मर गये, खत्म हो गये और हिटलर आता है और लोगों को काफ़्का के पत्र के पिता में हिटलर दिखाई देता है। पूरे यूरोप के हॉरर को वह पत्र व्यक्त करता है। लेखन जो है, किन स्थितियों में क्या व्यक्त करता है और आपकी क्या कुल जमा व्यक्तित्व की पूँजी है, निवेश जो उसमें होता है, वहाँ से शुरू होता है।

नन्दकिशोर आचार्य : वही मैं कह रहा हूँ। जो टकराहट है उसका एक ही रूप नहीं होता।

विजय कुमार : और समय के साथ उसके कितने अर्थ खुलते हैं। समय खोलता है उन अर्थों को। कोई प्रोग्रामिंग नहीं होती किसी भी लेखक की।

नन्दकिशोर आचार्य : अपने को जानने में क्या प्रोग्रामिंग हो सकती है? अगर आप पहले से जानते हैं कि मैं क्या हूँ, तब प्रोग्रामिंग कर सकते हैं। नहीं तो, उसमें क्या प्रोग्रामिंग हो सकती है?

जितेन्द्र भाटिया : आपने बात जिस तरह से शुरू की है आचार्य जी, मेरे ख्याल से उस पर जरा और बात की जाए। एक लेखक के लिए इस आस्था को बनाये रखने के क्या-क्या रास्ते हो सकते हैं? ये जो हमारा परिवेश है, ये परिवेश अपनी तमाम खामियों के बावजूद हमें सृजन की ऊर्जा भी देता है। ये सृजन की ऊर्जा के रास्ते कौन-कौन से हो सकते हैं? आज के परिवेश में वे रास्ते कौन-से हैं?

नन्दकिशोर आचार्य : क्यों नहीं देता... मैं तो यह मानता हूँ अपने अनुभव से ही और मेरा जो निजी अनुभव है, उसी के आधार पर मैं कुछ कह सकता हूँ। जब भी मुझे कोई चीज़ विचलित करती है- विचलन का मतलब कोई डिप्रेशन में जाना नहीं है- जो सोचने का मेरा एक ढंग चल रहा होता है, उसमें कुछ चुभन होती है कि अभी तक मैंने जो जाना है, अभी तक मैंने जिस तरह अपने को समझने की कोशिश की है, उसमें कहीं कुछ छूट गया है, कहीं कुछ चुभन मुझे लगती है। और वो कई बार परिवेश की वजह से भी लगती है, कई बार निजी कारणों से भी लगती है, क्योंकि इसका कोई फार्मूला नहीं हो सकता कि परिवेश से ही लगेगी। कई बार वो परिवेश के कारण से लगती है। कोई नयी परिस्थिति परिवेश में पैदा होती है और मुझे लगता है कि मैंने कभी सोचा ही नहीं इसके बारे में, ये तो बिल्कुल नयी चीज़ आ गयी और उसमें मैं किस तरह से अपने को बचाऊँ।

'अपने को बचाऊँ' मतलब अपने आत्म-सृजन की प्रक्रिया को बचाऊँ। उसको मैं कैसे बचाऊँ, इसका कोई फार्मूला नहीं बन सकता। इसलिए मैं यह नहीं कह सकता कि क्या-क्या रास्ते हो सकते हैं। लेकिन रास्ता एक ही होता है कि आप उस टकराहट के अन्दर गहरे से गहरे, जितने जा सकते हैं उतने जाएँ और वो गहरे से गहरा जाना ही आपके सामने रास्ते खोलता है। वो गहरे में जाना अपने आप में एक रास्ता है।

जितेन्द्र भाटिया : मेरा मानना यह है कि सृजन की प्रक्रिया एकाकी है, लेकिन सृजन एक सामाजिक कार्य है। लेखन के समय आपका सारा समाज, सारा परिवेश वगैरह नहीं रहता। उस समय वो उपस्थित नहीं रहता। आप बिल्कुल अकेले होते हैं। ये दोनों चीज़ें हैं और दोनों के बीच का सामंजस्य कह लीजिए, उसको सन्तुलन कह लीजिए, जो भी है, वही अन्ततः...

नन्दकिशोर आचार्य : वह तो होगा ही। आदमी लिखेगा एकान्त में ही बैठकर, इसमें कोई संदेह नहीं है। लेकिन हमें जो रचना का सूत्र मिलता है, जो प्रेरणा मिलती है वो बाहर से मिलती है, समाज से मिलती है, परिवेश से मिलती है, फिर वह हमारे भीतर टकराता है और हमारी संवेदना से छनकर कृति का आकार लेता है। और आकार क्यों लेता है, क्योंकि फिर हम उसको वापस करना चाहते हैं, इसलिए हम कभी उनको अलग...

बसन्त त्रिपाठी : बहुत योजनाबद्ध तरीके से कि हमको ये लिखना है, इस दृश्य ने हमको बहुत हॉण्ट किया, हमको वापस करना है... इतने योजनाबद्ध

तरीके से कोई लिखता नहीं है। वो तो लिखना शुरू होता है और लिखता चला जाता है। उस समय जब लिखता है, रचना कोई शैप लेगी या नहीं लेगी... यह भी नहीं पता।

आस्था तो आपकी लेखन के प्रति होती है। साधारण सी बात है या तो है, या नहीं है। यदि आपकी लेखन के प्रति आस्था है, तब आप उसको लिखने से बच नहीं सकते और यदि लेखन के प्रति आस्था नहीं है तो एक हज़ार चीज़ आपको हॉण्ट करती रहें, बेसिकली आप हॉण्ट होंगे नहीं और यदि हॉण्ट कोई होगा भी तो उसका अपना फ्रस्टेशन उस पर इतना हावी होगा कि जिस भी चीज़ से वह बेचैन हो रहा है, उसको पन्ने पर उतारेगा नहीं।

प्रियंवद : आप इस पर विचार कीजिए कि क्या शहरीकरण जो है, वो हमारी सृजनात्मकता पर प्रहार कर रहा है?

जितेन्द्र भाटिया : मेरे ख्याल से तो बिल्कुल नहीं। अगर वैसा होता तो आज़ाद भारत के बाद साहित्य आना लगभग बन्द हो गया होता। आपको उस बाती में तेल चाहिए कि आपकी निस्कम्प ऊर्जा बनी रहे। उस तरह से क्या टोटके किये जाएँ एक लेखक के द्वारा, यह उसकी समस्या है।

मैं अपना अनुभव दिल्ली के बारे में बताता हूँ। मैं दिल्ली में मुश्किल से डेढ़-दो साल रहा होऊँगा। मेरा अनुभव ये है, मुझे लगता है कि दिल्ली इस देश का सबसे संस्कृतिविहीन शहर है। वो बम्बई नहीं है, वो कलकत्ता नहीं है, वो कोई शहर नहीं है।

विजय कुमार : मैं जितेन्द्र जी की बात को समर्थन देते हुए अपना एक अनुभव बताता हूँ। अस्सी के दशक में मेरी पहली किताब आयी और लिखना-पढ़ना शुरू हुआ और उस दौर में बहुत सारे समवयस्क कवि थे, उनसे मेरा मिलना-जुलना होता था और बड़ा अच्छा भी लगता था। मैं बड़ा बेकरार रहता था दिल्ली जाने के लिए। ऑफिस के काम से दूसरे-तीसरे महीने जाना भी होता था और धीरे-धीरे दस वर्ष के भीतर मेरे अन्दर दिल्ली जाने का उत्साह कम होता गया और नब्बे के दशक तक आते-आते जिन मित्रों से मिलकर- अब सभी चर्चित नाम हैं- बड़ा अच्छा लगता था, उनसे मिलनेका उत्साह कम होता गया, उनसे मिलने का उत्साह कम होता गया।

वो फ़ॉरमेटिव ईयर्स थे, मैं देख रहा था कि इनका विकास क्या है, उनसे बातचीत होती थी, बड़ी वैचारिक बहसें होती थीं, बहुत सारा उनका निजी जीवन भी जानने को मिलता था। धीरे-धीरे मैं जिस चीज़ को महसूस कर रहा

था कि- दे हैड बिकम पार्ट ऑफ़ इस्टैबलिशमेन्ट- इतने कैरियरबाज़! ये सारे लोग वे थे जिनमें बड़ी आग थी, बड़ी धधक थी, धीरे-धीरे सब पुरस्कारों के पीछे, विदेश यात्राओं के पीछे, इस्टैबलिशमेन्ट के पीछे, किसी बड़े आलोचक से अपने अभिनन्दन के पीछे- इन सारे चक्करों में। मैं देख रहा था कि क्या हो गया इन लोगों को, तीस से लेकर चालीस वर्ष की आयु के बीच ही।

दूसरी चीज़, जो दिल्ली के परिप्रेक्ष्य में है, मुझे लगता है कि वहाँ जब आप लोगों से रोज मिल रहे हैं तो एक ख़ास तरह की प्रतिस्पर्धा पैदा होती है। जैसे मैं आपको एक बहुत अभी का ताजा उदाहरण देता हूँ। एक हमारे मित्र हैं, साहित्य अकादमी पुरस्कार का विवाद था।

पिछले दिनों उन्होंने मुझसे लम्बा डिस्कशन किया कि देखो पुरस्कार सब लौटाये जा रहे हैं। मैंने कहा, यार लौटाओ या न लौटाओ... इन चीज़ों से क्या फ़र्क़ पड़ता है। आपकी जो पूरी पर्सनेल्टी है वो आपके लेखन से जानी जाएगी। और जिन्होंने पुरस्कार नहीं लौटाये, क्या वो व्यवस्था समर्थक हैं? यह आपका निजी चुनाव होता है। बोले- हाँ... हाँ... बिल्कुल ठीक है। मैंने कहा, आप पुरस्कार को लौटाने से भी एक प्रकार से अहमियत दे रहे हैं पुरस्कार को। वो उदयप्रकाश के बारे में कहने लगे, देखिए उदयप्रकाश ने लाइम लाइट ले ली पुरस्कार लौटाकर, बड़ा स्ट्रैटजिक आदमी है, ये सब रणनीति बनायी, वगैरह-वगैरह। अगले दिन अख़बार में मैं पढ़ता हूँ कि उन्होंने पुरस्कार लौटा दिया, पिछली शााम तक वह मुझसे कह रहे थे कि- हाँ, ये सब बेकार की बातें हैं, कोई मतलब नहीं। इसलिए पुरस्कार लौटाया कि उसी दिन या उससे एक दिन पहले मंगलेश डबराल ने लौटाया था।

देखिए, इसके पीछे मानसिकता क्या काम कर रही थी। मानसिकता यह काम कर रही थी- अरे मंगलेश डबराल ने पुरस्कार लौटा दिया, मीडिया में उसको इतनी पब्लिसिटी मिल रही है, ये एक मौका है कि मैं भी पब्लिसिटी ले लूँ।

कुछ समय के बाद, करीब चार-पाँच महीने इस बात को हो गये, वह बम्बई आये। हम तीन-चार मित्र बैठे। हम लोगों ने उनके पुरस्कार के मामले को लेकर कोई बातचीत नहीं की। लेकिन वह खुद ही कहने लगे कि मुझे कई बार लगता है कि लौटाना या न लौटाना, इसके पीछे ख़ास तरह की रणनीति होती है और इन सब चीज़ों से दूर रहना चाहिए। अब ये किस चीज़ का परिणाम है? यह परिणाम इस बात का है कि आप स्पर्धा में रहते हैं, आप लगातार स्पर्धा में रहते हैं। जब आपके मन से भय निकल जाये, जिसको जो

करना है करे, मैं जो हूँ मैं हूँ, मैं क्यों किसी के साथ स्पर्धा करूँ। ये आना चाहिए।

हिन्दी में जो पुरस्कार के पीछे ज़्यादा दौड़ते हैं, प्रतिष्ठा के पीछे दौड़ते हैं- इसकी एक बड़ी वजह मुझे यह लगती है कि हिन्दी में पाठकों की घोर अनुपस्थिति है। यदि पाठक की अनुपस्थिति न होती तो लेखक का जो ईगो है न, वो वहाँ से सन्तुष्ट होता। जब पाठक रिस्पॉन्स नहीं दे रहा है- इसके बड़े सोशियोलॉजिकल कारण हो सकते हैं- तो उसके भीतर अपना जो ईगो है, उसको सन्तुष्ट करने के लिए वो इतर चीज़ें ढूँढ़ता है और उसमें फिर वह पुरस्कार वगैरह, जोड़-तोड़।

दूसरा एक बड़ा दुर्भाग्य है, जो जितेन्द्र आपने भी कहा कि दिल्ली एक संस्कृतिविहीन शहर है और ये हिन्दी के लेखक समाज का बड़ा दुर्भाग्य है कि सबसे बड़े संस्कृतिविहीन शहर से वो अपनी स्वीकृति चाहता है, वहाँ से अपनी पीठ थपथपवाना चाहता है। दिल्ली का जो हॉरर है, मुझे लगता है...

***

दूसरी बैठक

(विजय कुमार)

विजय कुमार : पिछले सत्र में हम लोग बात कर रहे थे आत्म, परिवेश के द्वन्द्व की। मुझे लगता है कि एक चीज़ देखनी बड़ी ज़रूरी है कि समय जो बदलता है, उसकी अन्तर्धाराएँ क्या होती हैं और किस तरह से इतिहास एक ख़ास तरह का दबाव हमारी चेतना पर बनाता है एक लेखक या आर्टिस्ट के रूप में।

जैसे हम लोग जिस वक्त में लिख रहे हैं, ये वक्त ऐसा है कि आधुनिकता के जो सारे भयानक अन्तर्विरोध हैं वो सब हमारे चारों तरफ हैं। हम लोगों से पीछे वाले लोग थे, आज़ादी मिली उस वक्त, कहते थे- ये भविष्यवाद है, नया सपना है। थोड़ा-सा साम्यवादी दर्शन था, यूटोपिया की बातें होती थीं। अगर हम उससे और सौ साल पीछे लौटें तो पूँजीवाद का इतना भयानक रूप नहीं था। लेकिन अगर आप भारत और यूरोप का थोड़ा-सा तुलनात्मक अध्ययन करें, यूरोप में बीसवीं सदी के शुरू में ही ये बातें समझ में आने लगीं थीं कि

पूँजीवाद का फ्रांसीसी क्रान्ति के बाद जो एक विकासवादी रूप था वो भयानक रूप से वर्चस्ववाद में बदल गया है और यह वजह थी कि यूरोप में जॉयस और प्रूस्त और इस तरह के तमाम लेखक हुए जिन्होंने आत्म की सत्ता को बचाने का एक केन्द्रीय विषय साहित्य में बनाया।

दूसरी चीज़ मैं एक और कहना चाहता हूँ जो हमारे वक्त के लिए बड़े रिलेवेन्ट हैं कि पहले महायुद्ध के बाद आवाँगार्द की जो थ्यौरी यूरोप में आयी, बाहर जो सर्वसत्तावाद है, निरंकुशता है, तानाशाही है; तो मेरा जो आत्मजगत है वो ये सारे बाहरी निज़ाम के ख़िलाफ़ खड़ा होता है और सारे आवाँगार्द कला, चाहे वो पेंटिंग में हो, चाहे कविता में हो- आप उन लोगों के घोषण ापत्र वगैरह को देख लें- ये एक पूरा का पूरा आवाँगार्द का सिद्धान्त था, उसने यूरोप को दूसरे महायुद्ध के बाद तक, कोल्ड-वॉर की सिचुएशन तक, प्रभावित किया। महायुद्ध के बाद और ख़ासतौर पर शीतयुद्ध के बाद ये सारे लोग जो थे- एडर्नो जैसे लोग- जो जर्मनी में हिटलर के फ़ासीवाद के बाद अमेरिका भागे थे। अमेरिका में जाकर इन्होंने जो चीज़ देखी, जो हमारे समय तक आते-आते और भयानक हो चुकी है। उन्होंने कहा कि सर्वसत्तावाद सिर्फ़ कम्युनिस्ट तानाशाही का नहीं होता, पूँजीवाद भी भयानक तानाशाही है और तीस-चालीस साल पहले लेखक अपने जिस अन्तर्जगत को खड़ा करता था बाहरी व्यवस्था के सामने, उस अन्तर्जगत को भी ये संस्कृति एक उद्योग के रूप में कब्जे में ले रही है और जिसका आज हम एक रूप देख रहे हैं जो कि मीडिया है। अब तो नया साइबर युग आ गया है।

ये सारी चीज़ें जिस चीज़ को आपके भीतर से खत्म कर देना चाहती हैं वो है आपका- इनर स्पेस। आप एक तरह से खाएँ, एक तरह से सोचें, एक तरह से जीवन का आमोद-प्रमोद, ये जो इण्डिविजुअलिटी थी, जो वैयक्तिकता थी, जिससे एक बड़ी कला बीसवीं शताब्दी में पैदा हुई, उसको भी उन्होंने अपने कब्जे में ले लेना चाहा। आपके स्वप्न जगत तक। सपने भी वो बेचेंगे।

मुझे अपने समय में इसका जो सबसे भयानक परिणाम दिखाई देता है, मान लीजिए, मैं टेलीविज़न पर बैठा हूँ, मैं खाना खा रहा हूँ और मैं सामने टेलीविज़न पर हत्या का दृश्य देख रहा हूँ। मैं बहुत सारे बेकसूर लोगों को गोली से उड़ा देने के दृश्य देख रहा हूँ और उसी समय में मैं स्वादिष्ट खाना खा रहा हूँ। ये दोनों चीज़ें एक साथ कैसे घटित हो सकती हैं? न तो मैं पूरी तरह शोकमग्न हो पाता हूँ एक दुनिया की तकलीफ को देखकर और न मैं

अपने खाने का आनन्द ले पाता हूँ। तो मेरा एक जो साइको-सिस्टम है, जो मेरा भावनात्मक जगत है, इसके भीतर बहुत सारी क्रियाएँ-प्रतिक्रियाएँ, इनकी एक पूरी कॉम्प्लेक्स सिचुएशन जो मेरे भीतर पैदा हुई है वो इससे पहले नहीं थी। जब आप शोकमग्न होते थे तो आप शोकमग्न होते थे, जब आप आनन्द ले रहे होते थे तो आनन्द ले रहे होते थे। आज एक ही समय में आप इतनी सारी चीज़ें कर रहे हैं कि आपका जो मानसिक सन्तुलन होता है चीज़ों के प्रति प्रतिक्रिया का, वो गड़बड़ा गया है और ये दिनोदिन बढ़ती जाएगी।

आप सड़क पर दृश्य देखिए कि एक आदमी लाचार पड़ा हुआ है और दूसरे आदमी को काम पर जाने की जल्दी है। मैं यह नहीं कहता कि वह उससे मूव नहीं होता। वह उससे डिस्टर्ब भी होता है कि ये आदमी मरणासन्न अवस्था में पड़ा है, लेकिन उसको अपने काम पर जाने की जल्दी है। तो दोनों ही चीज़ें हैं। एक साथ ही वो ड्यूटी बॉउण्ड भी है और एक साथ ही वह मानवीय है। ये जो जटिल मनःस्थिति है, यह आज के लेखन की सबसे बड़ी चुनौती है।

गोविन्द मिश्र : आपका अपना सन्दर्भ?

विजय कुमार : अपने लेखन की बात... मैं एक ऐसे शहर में पैदा हुआ जहाँ सुबह से शाम तक एक भयानक यांत्रिकीय जीवन हमें देखना पड़ता था...

बम्बई... मैं बम्बई में ही पला-बढ़ा। धीरे-धीरे लोगों का कलेक्टिव अनकौंसस किस रूप में बनता है, मैं नहीं कह सकता, लेकिन जो तात्कालिक प्रतिक्रिया होती है किसी भी घटना पर लोगों की, उससे अन्दाज़ा होता है। किसी भी बड़ी घटना से लोग व्यथित नहीं होते। वो इतने धीरे-धीरे आत्मकेन्द्रित होते चले जाते हैं कि आपको लगता है कि किस तरह की दुनिया बन गयी है और ये कहीं न कहीं आपको डिबेस करती है, आपको विचलित करती है, आपके सारे रूट्स को हिला देती है।

दूसरा एक बहुत बड़ा फ़र्क़ इस बीच में आया है कि आज वास्तविकता, यथार्थ के इतने सारे माध्यम हमारे चारों तरफ हैं कि आप ये कहें कि मैं उपन्यास में या कहानी में यथार्थ को रूबरू होकर बिल्कुल सामने रखूँ तो वो सम्भव ही नहीं है। आपका वो स्पेस मीडिया ने आपसे छीन लिया।

जो बिखरे हुए दृश्य हैं, अनसुनी आवाज़ें हैं, दबे हुए कोने हैं, जो हमारे वक्त का एक अँधेरा पक्ष है, हाशिये की ज़िन्दगियाँ हैं, उन्हें दिखाने की शायद अब मीडिया को ज़रूरत नहीं है। वो हमेशा चीज़ों को सनसनी और एक ग्लैमर के तरीके से दिखाता है और एक प्रोडक्ट के रूप में दिखाता है। शायद साहित्य

की सबसे बड़ी भूमिका अब यही है कि वो सारी चीज़ें, जिनको मिशेल फूको अपनी तमाम किताबों में अलग-अलग ढंग से व्याख्यायित करते रहे, हम वो देखें। वो कौन-से अँधेरे कोने हैं, वो कौन-सी दबी हुई आवाज़ें हैं, वो कौन-से हाशिये के सच हैं जिनको ओझल कर दिया जा रहा है।

आज एक बात हो रही थी आत्म की। आप बहुत सारी रचनाओं को देख जाइए, कहानियों को देख जाइए, कविताओं को देखिए, क्यों ऐसा महसूस होता है कि ये छूती नहीं हैं? हालाँकि यह नहीं कि वो अपने समय के यथार्थ को व्यक्त नहीं कर रहीं, लेकिन वो यथार्थ हमें छूता क्यों नहीं है? मुझे उसका बुनियादी कारण यह लगता है कि सेल्फ़ जो है, सेल्फ़ को प्रिज़र्व करने की जो क्षमता थी वो दिनोदिन हम खोते चले जा रहे हैं और हम इस खतरे को कहीं महसूस नहीं कर रहे कि सबसे बड़ी लड़ाई तो अपने भीतर है। आप बाहर की बहुत सारी समझ और बड़े ज्ञान और बड़े फार्मूले से कविता नहीं लिख सकते, कहानी नहीं लिख सकते। वो जो इनर स्पेस है, जिसमें आप पढ़ने वाले को डिस्टर्ब कर सकते हैं, उसको झकझोर सकते हैं, वो कहीं हमारी भाषा में, हमारी अभिव्यक्ति में कम हुआ है, संकुचित हुआ है और यही कारण है कि यथार्थ का विवरण तो बहुत है, यथार्थ की जो व्यथा है, वह नहीं आ पाती- मैं इसको इस रूप में आज के सन्दर्भ के लिए रखता हूँ।

बसन्त त्रिपाठी : हमारे समय में मीडिया भी वर्चुअल होते हुए भी उतना ही बड़ा यथार्थ है। टी.वी. में यदि सद्दाम हुसैन दिखाया जा रहा है, वो हमारे यथार्थ का हिस्सा नहीं है- ऐसा मैं नहीं मानता। वो भी हमारे यथार्थ का हिस्सा है और उससे जो लेखक का सम्बन्ध है, वो उतना सीधा और साफ नहीं रहा है।

एक फ़र्क़ आप देख लीजिए कि पहले का लेखन और इस समय का जो लेखन है, उसमें कौन-कौन सी वस्तु उपस्थित हैं? आप वस्तुओं की लिस्ट बनाएँगे, मोबाइल है और तमाम तरह के गैजेट्स हैं। ये चीज़ें आपको इसके पहले के लेखन में उस तरह से नहीं दिखाई पड़ेंगी और ये जो गैजेट्स हैं, ये अपने आप में एक तरह की तेजी है। तो हमारे समय की जो तेजी है वो कहीं न कहीं हमारे भीतर एक विचलन पैदा कर रही है, उससे हम सामंजस्य बनाने और नहीं बनाने के द्वन्द्व से घिरे हुए हैं और वहाँ से हम लोग लेखन कर रहे हैं, ऐसा मुझे लगता है।

इन गैजेट्स ने हमारे समय में एक कुछ अजीब तरह की स्थिति पैदा की है। मेरी समझ से टेक्नोलॉजी का भारतीय समाज पर या हम आप पर-

लेखकीय समाज पर कह लें- ये तीसरी बार आक्रमण है। पहली बार आक्रमण कभी वो रेल-वेल के दौर में हुआ था। उस समय नेतृत्व था अंग्रेज़ का। दूसरी बार जब टेक्नोलॉजी का आगमन समाज में हुआ वो आज़ादी के बाद राष्ट्रवाद के नेतृत्व में हो रहा था। लेकिन दोनों में ही हम उसके उपभोक्ता थे। हम रेल के भी भोक्ता थे और ये जो सार्वजनिक उपक्रम बने हम उसके भी भोक्ता थे। ये जो तीसरी बार टेक्नोलॉजी का संचरण हुआ है, इसने हमारे भीतर मालिक होने का गुमान पैदा किया- 'कर लो दुनिया मुट्ठी में'। एक मोबाइल हमारे पास है, गैजेट्स हमारे पास है, हम सोचते हैं कि हम इसके भीतर मालिक हैं, जबकि हम मालिक हैं नहीं। तो मालिक होने या न होने के बीच की जो बेचैनी है, इस बेचैनी ने कई तरह के साहित्य को पैदा किया।

इसके पहले जो बात उठ रही थी कि कोई भी एक विधा में अपने आपको खपा नहीं पा रहा है। मैं अपनी ही बात करूँ तो कई सारी विधाओं में मैं एक साथ सक्रिय हूँ। मुझे लगता है कि जो चीज़ मैं लिखना चाह रहा हूँ, शायद यहाँ पर मैं नहीं खपा पा रहा हूँ या यहाँ पर लिखने के लिए फ़ॉर्म शायद नाकाफी पड़ रहा है तो उसमें मैं जा रहा हूँ।

हमारे समय का जो संकट है, उससे हमारा सन्तुलन स्थापित न हो पाने की बेचैनी है; जिस बेचैनी को हम तलाशने की कोशिश कर रहे हैं। जिसे हम कम्युनिकेट करना चाहते हैं वो हमारी ओर देख ही नहीं रहा है, जिस तक हम पहुँचना चाहते हैं वो हमारी परवाह नहीं कर रहा है। हम चाहते हैं कि वो हमारी परवाह करे- हमारी परवाह न करे, तो हमारे लेखन की तो करे- लेकिन न उसको हमारे लेखन से कोई बहुत बड़ा वास्ता है, न हमारी ज़िन्दगी से। ये हमारे भीतर कहीं फ्रस्टेशन पैदा करती है, तब हम कुछ दूसरी तरह से चीज़ों को लिखने की कोशिश करते हैं, फिर तीसरी तरह से चीज़ों को लिखने की कोशिश करते हैं।

विजय कुमार : पहले लार्ज सर्क्युलेशन पत्रिकाएँ थीं दो-दो लाख, तीन-तीन लाख की। उसमें एक लेखक का जब एक रंगीन पृष्ठ पर चित्र छपता था और कहानी छपती थी और एक मध्यवर्गीय घर में वह पत्रिका जाती थी, तो अचानक एक नायक की छवि उसकी बनती थी। ये पत्रिकाएँ धीरे-धीरे बन्द हो गयीं। उन पत्रिकाओं को रिप्लेस कर दिया मास मीडिया ने, टेलीविजन ने और, उसके और आगे। वो जो नायक की छवि थी एक लेखक की, वो आज कितना भी महत्त्वपूर्ण लेखन आप कर लीजिए, वो छवि आपको अब

नहीं मिलेगी। वो समय बीत गया।

बसन्त त्रिपाठी : मध्यवर्ग में अपनी भाषा से जुड़ाव था, तो उस भाषा के लेखक जो उन पत्रिकाओं के माध्यम से पहुँच रहे थे, वो नायक की हैसियत रखते थे। अब वह जुड़ाव कितना रह गया है? जब भाषा के प्रति आपका लगाव नहीं होगा तो उस भाषा में काम करने वाला कोई भी व्यक्ति- चाहे वह कितना भी महत्त्वपूर्ण क्यों न हो- नायक कैसे रहेगा?

गोविन्द मिश्र : क्या लेखक नायक बनने के लिए लिखता है?

बसन्त त्रिपाठी : नहीं... बिल्कुल नहीं।

विजय कुमार : उसका जो एक प्रभाव पड़ता था...

गोविन्द मिश्र : हम यह बात करें कि हमें किस चीज़ ने आज हताशा दी है, कौन-सी चीज़ें निरुत्साहित करती है। मुझे इनकी बातों में एक चीज़ दिखाई दी- इण्डिविजुअलिटी हमारी खत्म हो गयी। इण्डिविजुअलिटी खत्म होने से दोतरफा नुकसान हुआ। एक तरफ लेखक का जो अपना निजत्व है- नायकत्व नहीं, जो उसका अपना निजत्व है- जो वह सोचता है कि मैं यह कहना चाहता हूँ और उसे वैसा कहने के बाद वह सन्तुष्ट है। वहाँ गड़बड़ हुई। गद्यकारों के लिए, कवियों के लिए भी- गद्यकारों के लिए ख़ासतौर से- बाहर जो इण्डिविजुअल्स दिखाई देते थे, अब उनकी जगह टाइप्स आ गये।

मुझे याद है, मेरे शुरू के उपन्यासों- 'लाल पीली ज़मीन', 'पाँच आँगनों वाला घर'- में इतने कैरक्टर्स जो हैं और वो सब अपने-अपने अलग तेवर लिए हुए हैं। वो इसलिए कि उनकी इण्डिविजुअलिटी अलग दिखती थी। आज सब टाइप नज़र आते हैं। लेखक और उसके पात्र दोनों।

फिराक़ गोरखपुरी का एक उदाहरण दूँ आपको। उनकी पेंशन बन्द हो गयी तो बैंक पहुँचे टकटकाते हुए और बैंक वाले से पूछा। उसने कहा कि आपका जीवित होने का सर्टिफिकेट नहीं था, पता नहीं जीवित हैं या नहीं। फिराक़ बोले- 'अरे फिराक़ कोई मक्खी, मच्छर है जो मर जायेगा और खबर नहीं होगी देश को?' मुझे कोई सर्टिफिकेट देने की ज़रूरत नहीं है। उन्होंने सर्टिफिकेट नहीं दिया, बैठे रहे। ये जो निजत्व था...

बसन्त त्रिपाठी : फिराक़ यदि आज होते तो, अन्ततः उनको अपना सर्टिफिकेट देना ही पड़ता।

इसको निजता का खात्मा इस तरह से तो नहीं कहा जायेगा। मुझे ऐसा लगता है कि पहले जो निजता थी वो यदि कोई यूनिट थी या कोई इकाई

थी तो अबकी जो निजता है वो कई-कई तरीके से परिभाषित होगी। निजता को एक एंगल से आप देख नहीं सकते। आप एक साथ शहर में भी हैं, आपका एक पाँव गाँव में भी है; आप एक साथ अफसर भी हैं, अपना बैंक बैलेन्स भी देख रहे हैं; एक साथ आप इन चीज़ों को क्रिटिसाइज भी कर रहे हैं। इतनी सारी चीज़ें हैं और हम सबमें कोई भी छोड़ने को तैयार नहीं है।

गोविन्द मिश्र : ये स्थिति कमोबेश पहले भी थी। प्रेमचन्द डिप्टी इंस्पेक्टर स्कूल थे। प्रेमचन्द जब 'सोजे वतन' लिखते हैं तो शिकायत जाती है। उनको जाकर माफी माँगनी पड़ती है।

राजकुमार गौतम : अगर हम इस बात में ये जोड़ें कि लेखक को क्या एक पर्टिकूलर तरह के स्वाभिमान की ज़रूरत है? चूँकि अगर वो नहीं होगा तो...

विजय कुमार : गौतम जी, जैसे निराला जी का एक संस्मरण मैंने पढ़ा। गाँधी जी ने इलाहबाद में कुछ ऐसा कहा, कि हिन्दी के लेखक...

नन्दकिशोर आचार्य : हिन्दी में रवीन्द्रनाथ नहीं है...

विजय कुमार : निराला जी ने पढ़ा दूसरे दिन। निराला नहीं थे उस सभा में। वह सर्किट हाउस पहुँच गये जहाँ गाँधी जी ठहरे थे। दरबान ने रोका तो वह अमिताभ बच्चन की तरह- 'तू हट या तुझे उठाकर फेंकूँ मैं' और दरबान डर गया उनका शरीर देखकर। वह अन्दर गये। गाँधी जी से सीधे निराला जी पूछते हैं कि आपने मुझे पढ़ा है। गाँधी जी ने बोला, नहीं पढ़ा है। 'तो फिर आप ऐसी बात क्यों कर रहे हैं? हिन्दी के लेखकों को वैसा लिखना चाहिए जैसा टैगोर लिखते हैं।' फिर निराला ने जो बात कही, गाँधी जी निरुत्तर हो गये। बोले- 'आप राजनीति में हैं, मैं राजनीति के बारे में आपको उपदेश नहीं दे पाऊँगा। साहित्य आपका क्षेत्र नहीं हैं तो आप क्यों मुझे साहित्य के बारे में उपदेश दे रहे हैं?' ये जो एक महामानव वाला सुपर ईगो होता था, वो सुपर ईगो कहीं खत्म हुआ है और हम सब लोग डर्टी मिडिल क्लास हैं जो भीड़ तंत्र का एक हिस्सा है।

मैं नायकत्व की जो बात कर रहा था वो सिर्फ़ छवि आधारित नहीं था। जैसे दो उदाहरण ले लीजिए आप। मुक्तिबोध एक बड़े कवि हैं निराला के बाद और निराला जी भी बड़े कवि हैं। युवा पीढ़ी दोनों को मानती है लेकिन निराला तो गाँधी जी से जाकर भिड़ सकते हैं... और मुक्तिबोध तो इस बात से भी डरते थे कि सामने वो जो आदमी गली के बाहर खड़ा है, वह खुफ़िया पुलिसवाला है और वह मुझ पर नज़र रख रहा है।

निराला से मुक्तिबोध तक आते-आते बीस साल के भीतर लेखक के

व्यक्तित्व में जो ये फ़र्क़ आया, मुझे लगता है कि- कृषि सभ्यता से औद्योगिक सभ्यता के अन्दर- मुक्तिबोध एक बाबू कल्चर के प्रोडक्ट थे, निराला उस खेती और कृषि के जहाँ व्यक्ति जो होता है वह लगभग फ़कीराना अन्दाज़ में भी जी सकता है। तो औद्योगिक सभ्यता में जो ट्रांजिशन हुआ है कृषि से... उसमें आपका व्यक्तित्व वो नहीं रहा। आज हम सब लोग कहीं न कहीं एक बड़ी मशीन के छोटे से पुर्जे हैं और अगर हम बहुत ज़्यादा रिवोल्ट करते भी हैं- हम करते हैं तो एक सीमा तक जाते हैं- फिर उसके बाद उसी मशीन का हम पुर्जा बन जाते हैं। ये शायद एक बेसिक कान्ट्रिडिक्शन है।

प्रियंवद : आप निजता की जो बात कर रहे थे। गोविन्द जी कह रहे थे कि ये कम हुई है। हमको लगता है कि निजता बहुत बढ़ी है। क्या बच्चों की निजता नहीं बढ़ी? क्या उनके स्पेस में किसी को दखल देने का हक़ है? क्या माँ-बाप बच्चों की निजता में बोल पाते हैं? हम लोग बीस साल पहले- हमारे माँ-बाप जितना हमारी ज़िन्दगी में दखल करते थे, हमारी कोई निजता नहीं थी। स्त्रियों-लड़कियों की क्या निजता होती थी? कुछ नहीं थी। जहाँ चाहे ब्याह दिया, जो चाहे कर दिया। आज बिल्कुल निजता है। इण्डिविजुअलिटी तो भयानक तरीके से बढ़ी है और इस इण्डिविजुअलिटी की सत्ता को स्वीकार भी किया जा रहा है।

अब इसमें साहित्यकार की इण्डिविजुअलिटी कम हुई है ऑब्जेक्ट के रूप में और सबकी समाज में बढ़ रही है, वो बात समझने की है। फिर अगर अब आप यह कह रहे हैं कि साहित्यकार के रूप में इण्डिविजुअलिटी कम हुई है तो इसका सीधा-सा मतलब है साहित्यकार के रूप में समाज में स्वीकृति कम हुई है, तभी आपको इण्डिविजुअलिटी कम दिख रही है। एक अर्थ तो वो ही है सीधा-सीधा और अगर समाज में जिनकी इण्डिविजुअलिटी बढ़ रही है- स्त्री की, बच्चे की, आदिवासी की, दलित की- सबकी बढ़ रही है, समाज उनको स्वीकार कर रहा है; साहित्यकार को नहीं कर रहा है। आपको लग रहा है कि मुझे कोई पूछता नहीं, मेरी इण्डिविजुअलिटी खत्म।

बसन्त त्रिपाठी : जिसको आप 'इण्डिविजुअलिटी' कह रहे हैं, मुझे लग रहा है वो आइडेंटिटी है। पहचान- मुझे लगता है कि पहचान, आइडेंटिटी जो है वह... अस्मिता बढ़ी है।

नन्दकिशोर आचार्य : अस्मिता जुड़ी है स्वीकृति से। समाज में स्वीकृति अगर होगी तो पहचान भी बढ़ेगी, निजता भी बढ़ेगी, सम्मान भी बढ़ेगा और

सबका बढ़ रहा है। देखिए, दलितों ने पिछले पचास साल में किस तरह सत्ता हासिल की। आदिवासी, किसान, स्त्री- सबने अपनी सत्ता हासिल की। कलाकार, साहित्यकार। हिन्दी साहित्यकार ने तो नहीं की।

राजकुमार गौतम : दूसरी भाषाओं में स्थिति हिन्दी से बहुत अच्छी है।

नन्दकिशोर आचार्य : दूसरी भाषाएँ उस प्रदेश की मातृभाषाएँ हैं। हिन्दी किसी प्रदेश की मातृभाषा नहीं है।

प्रियंवद : यही त्रासदी उर्दू की है। उर्दू भी किसी क्षेत्र की भाषा नहीं है...

नन्दकिशोर आचार्य : नहीं... लेकिन प्रियंवद इसमें एक चीज़ यह देखने की है, जैसा अभी विजय कह रहे थे कि निराला का वो सम्मान था। वे भी हिन्दी के लेखक थे। प्रेमचन्द का था, फिराक़ का या ज़िगर का, या कि उर्दू के उन लेखकों का भी वही सम्मान था उनके समाज में और उतनी ही लोकप्रियता थी जिसके वो लेखक थे। न उर्दू उस समय मातृभाषा थी, न आज मातृभाषा है। तो उस समय क्यों था और अब क्यों नहीं है?

प्रियंवद : कैसा सम्मान... निराला का क्या सम्मान था, निराला की मृत्यु जिस तरह हुई? सत्य स्वीकार करना पड़ेगा। निराला की जिस तरह मृत्यु हुई, जिन स्थितियों में हुई, क्या वह एक सम्मानित व्यक्ति की मृत्यु है? प्रेमचन्द के उपन्यास की हज़ार कॉपी तब भी छपती थीं और प्रेमचन्द के पत्र आप पढ़ लीजिए। जीवन भर पैसा नहीं है, प्रेस चलाने में संकट है, 'हँस' नहीं बिक रहा है- ये सब उनके पत्र व्यवहार 'कलम के सिपाही' में मिल जाता है। मुक्तिबोध की क्या सामाजिक स्वीकृति थी?

सवाल यह है कि सामाजिक स्वीकृति का मतलब क्या हैं? चार, छः, आठ हज़ार उपन्यास की प्रतियाँ छप जाती थीं। हम लोग हिन्दी के लेखक हैं। हम उसको इस तरह से मानते हैं कि उनको पढ़ा जाता था। चूँकि तब विकल्प दूसरे उतने नहीं थे और अब जो स्थिति है, अब इंग्लिश के लेखकों के बरक्स रख लीजिए, उसको आप देखिए। आज के समय में बच्चे कैरियर के लिए इंग्लिश ले रहे हैं। हमारी नयी पीढ़ी का काव्य पिछले तीस साल में...

नन्दकिशोर आचार्य : आज के लिए मैं मान रहा हूँ, लेकिन उसका कारण जो तुम बता रहे हो कि मातृभाषा न होने के कारण...

प्रियम्वद : है... आज है। उर्दू का भी संकट बिल्कुल यही है।

नन्दकिशोर आचार्य : ये संकट आज थोड़ा हो सकता है, लेकिन उसका कारण ये है, मेरी समझ में यह बात नहीं आती।

विजय कुमार : नागार्जुन की जब मृत्यु हुई तो पटना में भीड़ उमड़ पड़ी

थी उनकी शवयात्रा में। रेणु को भी उसी तरह का सम्मान मिला। क्या सवाल इस बात का है कि नागार्जुन और रेणु का लगाव अपने ग्रास-रूट से बहुत ज़्यादा था और वो लगाव हमारे शहराती लेखकों का उतना नहीं रहा। क्या ये है?

प्रियंवद : बिल्कुल है...

गोविन्द मिश्र : देखिए, इसमें चीज़ों को थोड़ा अलग करिये। शमशेर बहादुर सिंह की शवयात्रा, अहमदाबाद में उनका देहान्त हुआ, सत्रह लोग थे सिर्फ़। मैं उनमें एक था। शहर में उन्हें जानने वाले नहीं थे। इसको बहुत तरजीह नहीं देना चाहिए। अज्ञेय जी का देहान्त जब हुआ तो इला जी ने बाकायदा राजेन्द्र उपाध्याय को बैठाया, फोन कर-करके सबको मैसेज किया गया। बम्बई से बांदिवडेकर और मैं प्लेन से आये। उनके प्रति जुड़ाव भी था और आप कैसे मैनेज करते हो यह भी। नतीजा उनकी शवयात्रा में बहुत लोग इकट्ठा हुए। फिर वहीं जैनेन्द्र कुमार जी की जब अन्त्येष्टि होती है, उनके यहाँ ये ऑर्गेनाइजेशन नहीं है तो कम इकट्ठे हुए। इसको बहुत ज़्यादा तरजीह नहीं देना चाहिए।

सम्मान नहीं मिला! लेकिन कम्बख्त लेखक सम्मान क्यों माँगता है? क्यों नहीं वह साधारण आदमी की तरह जीता? फूल माँगता है क्या? झड़ गया, चला गया, ऐसे हम भी हैं। किताब है, वहाँ भी मेरा नाम अगर झर जाए तो अच्छा, सिर्फ़ किताब का रह जाये।

देखिए, लिखते वक्त, जब हम रचनाक्रम में हैं- रचनाक्रम माने रचना प्रक्रिया नहीं- उस वक्त हमें अपने निजत्व का एहसास अन्दर से इतना चाहिए कि हम परिवेश से निरुत्साहित न हों (विधाओं-इधाओं का जो हमारा सिरदर्द है वो अलग है) और दूसरी तरफ समाज में हम इतना कॉमन में अपने आपको ढाल दें कि उससे कुछ अपेक्षा ही न रखें। इज्जत तो जॉनी वॉकर की बहुत थी। अशोक वाजपेयी भोपाल पहुँचे, बोले- ताज्जुब कि यहाँ रमेशचन्द्र शाह जैसा व्यक्ति रहता है, लोग उन्हें पहचानते नहीं हैं। क्यों पहचानें लोग? क्या ज़रूरत है और क्या उनकी तुलना फ़िल्म वाले से की जाएगी? कोई साधारण कॉमेडियन आता है, उसके पीछे भीड़ लग जाती है। क्या हम वो हैं? तो हमें ये विरोधाभास जीना आ जाना चाहिए।

राजकुमार गौतम : भाईसाहब, मुझे लगता है कि इतना भी निर्मोही होने की ज़रूरत नहीं है। थोड़ा-सा स्वार्थ, थोड़ा-सा लालच, थोड़ा-सा ढोंग- ये अगर आप नहीं रखेंगे तो आप जीवन-भर नहीं चलेंगे। लेखक जब दूसरों से ज़्यादा

खून जलाता है अपने लिखने के लिए, अपने काम के लिए, तो समाज में अपना हक़ पाने की उसे दूसरों के मुकाबले ज़्यादा अधिकार है। क्यों नहीं है उसे? क्यों नहीं वो इतना स्वार्थी होता? अगर वो नहीं होगा तो फिर कौन होगा! लेकिन वो ही कह रहा है कि कुछ है तो ठीक, नहीं है तो ठीक। तो दूसरे को क्या परवाह?

नन्दकिशोर आचार्य : बात हम लोग लेखन और रचनात्मकता पर ले चलें। थोड़ी-सी चीज़ भटक गयी है। बात चल गयी है कि लेखक को कैसे हासिल हो, क्या हो, मान-सम्मान, वो विषय, हम लोग यहाँ पर इसलिए नहीं हैं।

बात लेखन और रचनात्मकता और निजता की थी। निजता में हम लोग यहाँ तक आये थे कि एक समस्या जो दिख रही है, वो है कि समाज में स्वीकृति या निजता या इण्डिविजुअलिटी, जो स्पेस है हिन्दी लेखक का, बहुत सिमट गया है। लेखन में भाषा एक बहुत महत्त्वपूर्ण चीज़ है।

विजय कुमार : ये आज जो भाषा गढ़ी जा रही है, जो भाषा बन रही है, उसमें शुद्धता का, व्याकरण का उतना असर नहीं है। फिर वो चाहे कम्प्यूटर गढ़ रहा हो, मोबाइल गढ़ रहा हो। कल्पनाशीलता या प्रयोगशीलता... जिनको मानकर हमने कहानी लिखी है और हमको लगा कि साहित्य इसके आसपास होता है। इन सबका भी स्पेस बहुत कम होता जा रहा है। विचार कम हो रहा है। साहित्य, ये सब चीज़ें फालतू मान ली गयी हैं। जो सत्ता के आसपास नहीं हैं, जो तत्काल फायदा नहीं दिलाती, उनका भी क्या कोई स्पेस रह गया है? इनका कम होगा तो लेखक, कलाकार... क्या सबका कम नहीं होगा? इण्डस्ट्रीज की हालत आप देख रहे हैं, चीफ़ मिनिस्टर बैठकर निगोशिएट करा रहा है। कला जगत यानी फ़िल्म इण्डस्ट्रीज की इस वक्त जो स्थिति है- पूरी रचनात्मकता खत्म है। जे.एन.यू. की हालत देख रहे हैं, फ़िल्म इंस्टीट्यूट पूना की हालत देख रहे हैं। ये टेक्नोलॉजी, ये पूँजीवाद; क्या ये इन सबका मिला-जुला असर है कि एक अलग दुनिया डिफाइन हो रही है। पूरी दुनिया में कोई वैचारिक आन्दोलन भी नहीं दिखता।

डेनगोइया नाम का एक अमेरिकन क्रिटिक है, उनका एक लेख पिछले दिनों बहुत चर्चित हुआ था- 'केन पोएट्री मैटर'। और अमरीकी समाज जहाँ अंग्रेज़ी भाषा की भी कोई समस्या नहीं है, आज अमेरिका में कोई भी पोएटिक कलेक्शन छपता है, कितनी प्रतियाँ छपती हैं और कितने पाठक हैं अमेरिकन यूनिवर्सिटीज़ में? यह ठीक है कि बहुत सारा रिसर्च होता है वहाँ, बहुत सारी

ग्राण्ट वगैरह है। लेकिन अमरीकी समाज में, खाते-पीते समाज में कविता का पाठक नहीं बचा है। यूनिवर्सिटीज़ में बैठे हुए कुछ लोग होंगे, इण्डिविजुअल रूप में तो बची हुई है कविता, पीएच.डी. भी हो रही होगी, लेकिन कविता का आम अमरीकी समाज में कोई पाठक नहीं है।

नन्दकिशोर आचार्य : विचार, चिन्तन, संवेदना ये सारे बड़े-बड़े शब्द, हम लोग साहित्य में जिनको लेकर आये, उनके स्पेस हैं क्या? कल्पनाशीलता की आज की जनरेशन में कोई स्पेस है?

बसन्त त्रिपाठी : कल्पनाशीलता वैसी नहीं होगी जैसी पहले रही है, लेकिन वो किसी दूसरे तरह की कल्पनाशीलता होगी।

नन्दकिशोर आचार्य : प्रश्न कल्पनाशीलता का उतना नहीं है जितना संवदेन- शीलता का है।

बसन्त त्रिपाठी : संवेदनशीलता का भी जो टैस्ट होगा, वो दूसरी तरह का होगा।

नन्दकिशोर आचार्य : स्पेस कम हो रही है तो रचना पर फ़र्क़ पड़ जायेगा।

गोविन्द मिश्र : देखिए, इसमें थोड़ा-सा ये है- ग़ालिब बोलो, मीर बोलो, हम लोगों की संवेदनशीलता यहाँ तक आते-आते उन लोगों से यों फ़र्क़ हुई है कि वे थोड़े से ज़्यादा आत्मकेन्द्रित थे। हमारे वक्त की संवेदनशीलता, हमारी अपनी पर्सनल जो तकलीफें हैं, उनमें तो है ही, क्या हम बाहर की चीज़ों को भी उसी संवेदनशीलता से देखते हैं?

नन्दकिशोर आचार्य : मैं ये नहीं मानता कि ग़ालिब और मीर सीमित हैं। उनमें समय दूसरी तरह से व्यक्त होता है, और बहुत बार गहराई से व्यक्त होता है। खैर, वो अभी बहस का विषय नहीं है तो उस पर नहीं जाएँगे।

अपने वक्तव्य में मैंने यह बात कही थी कि लेखक की जो टकराहट है, उसकी अपनी एक आन्तरिक टकराहट है- है वो बाहर से लेकिन वो एक आन्तरिकीकरण है टकराहट का। उसका अपना द्वन्द्व है, उसकी अपनी तलाश है जिसके लिए वह लिखता है और उसके बाद अगर कुछ लोग उसको पसन्द करते हैं, तो उसे और अच्छा लगेगा। लेकिन नहीं लगता है तो मुझे इसको लेकर क्यों परेशान होना चाहिए? मेरा तो बड़ा सीधा-सा कहना है। इसके अलावा एक लेखक के या मेरे वश में है क्या? और क्या मैं उसके लिए अपनी तलाश बदल दूँ, क्या मैं उसके लिए अपने ढंग बदल दूँ, क्या मैं उसके लिए कुछ और हो जाऊँ जो मैं नहीं हूँ? क्या वो उचित होगा एक लेखक के लिए?

प्रियंवद : नहीं, नहीं... वो सरोकार तो है ही नहीं। आप जो लिख सकते हैं वो लिखिये, आप अपना काम करिये। बाकी जहाँ उसको जाना है, जैसे जाना है वह जायेगा।

नन्दकिशोर आचार्य : विजय जी ने बात जहाँ से शुरू की थी न, हम उसकी दूसरी तरफ चले गये। वह एक बहुत महत्त्वपूर्ण बात कह रहे थे कि साहित्य के लिए स्पेस कहाँ है। सारी क्रूरता के बीच में, ये सारा जो रोज हमारे सामने यथार्थ बिल्कुल नंगे तरीके से आता है, उसमें हमारी कल्पना का कोई स्थान नहीं है। उस सबके बीच में भी एक किस्म का मानवत्व जहाँ है, चाहे उसकी एक हल्की-सी झलक भी आये... वो हल्की-सी झलक जो है, वो एक तरीके से आपके आत्म को बचाती है और आपके आत्म को नये सिरे से- फिर मैं अपना शब्द इस्तेमाल करूँगा- सृजित करती है। वो तरीका है, जिससे कि आप अपना रास्ता निकालते हैं और बाकी यथार्थ तो हम सब जानते हैं। मेरे ख्याल से उसमें कुछ ख़ास बचा नहीं कि हमको कोई आकर के नया यथार्थ बता देगा, जो दिखता है सामने, पर उसमें वो चैलेन्ज आपके सामने क्या है? वो जो कुछ है वह आपके सामने क्या चुनौती प्रस्तुत करता है आज के लेखक के रूप में? वो चुनौती यही है कि उससे आप अपने मानव, आत्म होने के, मनुष्य होने के अहसास को कैसे उभार पाते हैं।

बसन्त त्रिपाठी : आचार्य जी, एक चीज़ और, यदि आपकी बात पूरी हो गयी हो तो। रास्ता निकालना है- यहाँ तक तो सहमत हूँ। लेकिन जो रास्ता वह निकाल रहा है, उसके प्रति यदि पाठक समुदाय की उदासीनता है, समाज की उदासीनता है, तो उसकी वजह क्या है। पहली बात तो उसके डिटेल में हमको जाना चाहिए और दूसरा यदि वो उदासीनता है, तो उसको तोड़ने के लिए लेखक खुद क्या कर रहा है। वह क्यों यह सोचता है कि कोई दूसरा व्यक्ति इस उदासीनता को तोड़ेगा और उसको स्थापित करेगा। खुद हम लोगों ने, खुद एक लेखक ने एक बड़ा पाठकीय समुदाय बनाने के लिए कोई कोशिश की?

जब पूरा का पूरा पाठक समुदाय '80 के आसपास, '60-70 के आसपास साहित्य से बाहर जा रहा था, जब पाठक की अभिरुचियाँ बदल रही थीं, जब उसकी पढ़ने-लिखने की रुचियाँ बदल रही थीं, वो किसी दूसरी चीज़ में जा रहा था, हम लोग क्यों सचेत नहीं हुए उस समय? हम लोगों ने क्यों जाने दिया उसको? पकड़कर रखने की हम लोगों ने कोशिश नहीं की? क्या इसके लिए लेखक जिम्मेदार नहीं है, केवल सारी बाहरी चीज़ें जिम्मेदार हैं? और

आज भी एक लेखक पाठकीय समुदाय को साहित्य की ओर लाने के लिए व्यक्तिगत तौर पर क्या करता है? कुछ करता भी है? क्या उसकी जवाबदेही नहीं है? ये भी मेरा सवाल है।

विजय कुमार : बसन्त जी, आप सारी स्थिति को सिर्फ़ साहित्य के साथ ही क्यों जोड़ते हैं? एक सार्थक सिनेमा का क्या कोई ऑडियंस बचा है आज? मल्टीप्लैक्स में एक असाधारण फ़िल्म दो हफ्ते दो शो चलकर उलट जाती है। आप पेंटिंग के लिए बताइए, संगीत के लिए बताइए, किसी भी गम्भीर, कोई बहुत बढ़िया भाषण।

बसन्त त्रिपाठी : विजय जी, अभी मराठी में जो नया सिनेमा आया है, जो पच्चीस-तीस साल के लड़कों से लेकर पैंतीस साल के सराटों के- सराट तो बहुत बाद के- उसके पहले कोर्ट, उसके पहले मशान और एक और फ़िल्म थी, मैं भूल रहा हूँ। ये पाँच-छः सिनेमा ने पूरे मराठी सिनेमा की लाइन को बदल दिया।

संगीत की आप बात करेंगे, अभी मैं एक संगीत कन्सर्ट सुन रहा था नागपुर में। बसन्तराव देशपाण्डे बहुत बड़े गायक थे, अभी उनका नाती पहली बार इण्ट्रोड्यूज हुआ और उसको सुनने के लिए कम से कम बीस हज़ार लोग वहाँ पर जमा हुए थे। मैं नागपुर के हवाले से कह रहा हूँ। आप कोई भी ड्रामा देख लीजिए, कोई म्यूजिक कन्सर्ट देख लीजिए, कोई चित्रकला की प्रदर्शनी देख लीजिए- कम से कम पाँच हज़ार लोग। मैंने खुद ब्लैक में टिकिट खरीदकर म्यूजिक कन्सर्ट सुनी है।

नन्दकिशोर आचार्य : बसन्त, यह जो तुम कह रहे हो, एक मिनट के लिए उसको मान लेते हैं। तो सवाल यह उठता है कि क्या उसके लिए उस गायक ने कुछ किया? क्योंकि आप कह रहे हैं कि लेखक ने क्या किया। ये महत्त्वपूर्ण बात है। क्या उसके लिए उस गायक ने कुछ किया या उसके लिए उस कलाकार ने या उस पेंटर ने कुछ किया? क्योंकि ये करना जो है, ये बहुत महत्त्वपूर्ण हो सकता है, मैं उसकी ज़रूरत से इंकार नहीं कर रहा हूँ। लेकिन अगर हम ये जिम्मेदारी भी लेखक पर डाल दें कि वह इसके अलावा ये काम भी करे? हो सकता है कि उसमें वो करने का सामर्थ्य ही न हो। वो करने का एक उस तरह का एटीचूड भी होता है। कुछ ने किया होगा। अज्ञेय कहते थे ज़िन्दगी भर मैं समाज बनाने की कोशिश करता रहा हूँ। करते रहे होंगे, पर यह ज़रूरी नहीं कि हर लेखक ऐसा कर सके। क्योंकि उसका जो मुख्य

काम है, वो वो काम नहीं है। अगर वह अपना पूरा ध्यान अपने मुख्य काम में लगा दे रहा है या दूसरा कुछ करने के साधन और उसके लिए सामर्थ्य या एटीचूड उसमें नहीं है, तो हम इसके लिए उसको दोषी नहीं मान सकते? हम यह कह सकते हैं कोई और भी करता या वो भी करता तो अच्छा होता, वो अलग बात है।

प्रियंवद : बसन्त भाई, एक बात और है, फ़िल्म में बीच में डिस्ट्रीब्यूटर है। पेंटिंग एक्जीबिशन में बीच में वह हॉल-वाला है, एजेन्ट्स हैं, संगीत में टिकिट बेचने को मैनेज करने वाला भी है।

बसन्त त्रिपाठी : प्रियंवद जी, मैं थोड़ा दूसरे स्तर पर बात कह रहा हूँ। अब तो उनके पास सब कुछ है लेकिन पैदा करने के लिए, वो समझ बनाने के लिए...

नन्दकिशोर आचार्य : यहाँ मैं आपसे एक सवाल पूछता हूँ कि लेखक इस काम को कैसे करे? आप बताइए।

गोविन्द मिश्र : इसी बात को हम एक साधारण उदाहरण में कह सकते हैं। उर्दू भाषा, उर्दू जुबान। आजकल वो सबसे ज़्यादा खराब हालत में है जो सबसे खूबसूरत नजाकत वाली भाषा थी, जिससे हिन्दी में भी बहुत चीज़ें आती थीं, लोग मुशायरे सुनते थे और हिन्दी में आधी वह है। बोलचाल में थी। वो बैठ गयी। अब बेचारा शायर जो उर्दू में लिखता है, ग़ज़ल लिखता है। जगजीत सिंह कहते थे कि आगे चलकर ग़ज़ल गायकी जो खत्म हो जायेगी... वह इसलिए नहीं कि गाने वाले नहीं होंगे, इसलिए कि उर्दू समझने वाले नहीं हैं। अब शायर क्या करे ?

बसन्त त्रिपाठी : देखिए, क्या करेगा, सर्वमान्य तो नहीं हो सकता। लेकिन मैं जो करता हूँ मैं वो बता सकता हूँ। सबसे पहले हमारा जो मोहल्ला है, उसमें एक छोटी-सी लाइब्रेरी घर से मैं चलाता हूँ जिसमें अड़ोस-पड़ोस की महिलाएँ हैं, बच्चे हैं, उनको मैं किताबें उपलब्ध कराता हूँ। दूसरी बात- अपने कॉलेज में मैं जो कार्यक्रम करता हूँ, अब चलकर मैं दावा कर सकता हूँ कि साल में कम से कम दो या तीन आयोजन ऐसे होते हैं जिसमें हमारे समय का कोई भी लेखक और कवि आता है, वह आधा-पौन घंटा अपनी कविताएँ या कहानी सुनाता है और आधा-पौन घंटा लड़कियों से बातचीत होती है और मैं आपकी जानकारी के लिए बताऊँ कि इतना हिट कार्यक्रम होता है, कि कम से कम पाँच सौ लड़कियाँ बैठी हैं और वो इन्तज़ार करती रहती हैं कि अगला कार्यक्रम कब होगा।

नन्दकिशोर आचार्य : यह जो तुम कह रहे हो, वो काम मैंने भी अपने कॉलेज में किया है, लेकिन वो एक लेखक के रूप में के रूप में नहीं। ये फ़र्क़ है।

राजकुमार गौतम : सिनेमा के उदाहरण से मैं पूरी तरह सहमत हूँ और मैं माफी चाहता हूँ जो प्रियंवद जी ने कहा कि सिनेमा का एक तंत्र है, उसमें डिस्ट्रीब्यूटर भी है, उसमें तमाम चीज़ें हैं। इस सबके बावजूद मुझे यह कहने में कोई संशय नहीं है कि पिछले पाँच वर्षों में सिनेमा ने जो काम किया है और उन तमाम फ़िल्मों ने जो आज तक रिलीज नहीं हुईं उन्होंने जो काम किया है, उसका एक प्रतिशत भी साहित्य ने नहीं किया।

***

तीसरी बैठक

(बसन्त त्रिपाठी)

गोविन्द मिश्र : बसन्त त्रिपाठी ने अभी तक अपना सन्दर्भ थोड़ा कम रखा है। क्या ये अपने लेखन से सन्तुष्ट हैं। वह तो खैर कोई नहीं होता, लेकिन हम लिखने की क्रिया में हैं या नहीं हैं, हमारे उत्साह में कमी आई या क्या हुआ। थोड़ा वह सन्दर्भ...

बसन्त त्रिपाठी : ज़्यादा तो खैर मैं उस तरह से नहीं बोल पाऊँगा। लिखते हुए सैद्धान्तिक रूप से कुछ भी नहीं सोच रहा हूँ, व्यक्तिगत तौर पर। मतलब यह तो मुझे मालूम है कुछ मैं लिख रहा हूँ, लेकिन एग्जेक्ट क्या लिख रहा हूँ, ये शेप क्या लेगा और क्या-क्या, ये सब मुझे नहीं मालूम। मैं सोच सकता हूँ कोई एक चीज़ पूरी होने के बाद कि मेरा सेल्फ़ इसमें आया या मैंने अपने सेल्फ़ को गढ़ा या मैंने अपने आत्म को गढ़ा।

नन्दकिशोर आचार्य : वो सचेत कुछ नहीं होता, वह प्रक्रिया में होता है...

बसन्त त्रिपाठी : लेकिन ऐसी कोई प्रक्रिया मेरे भीतर मुझे नहीं लगता कि काम करती है लिखते हुए। तो फिर क्या चीज़ काम करती है, क्या चीज़ लिखाती है? कोई अमूर्त सी चीज़ होती होगी, सचेतन रूप में होती होगी, ये बिल्कुल भी नहीं जानता।

लिखते हुए अभी तक उस तरह से हताशा नहीं हुई। हताशा टोटलिटी में है। टोटलिटी में यह कि हमारी भाषा के साहित्य की कोई वैसी छवि नहीं

बन पा रही है जैसी दूसरी भाषाओं की छवि है। ये हताशा मेरी है, लेकिन ये हताशा मेरे लेखन को बाधित करती है- ऐसा अभी तक तो कम से कम मैंने महसूस नहीं किया। यह भी नहीं कि मैं किसी तरह के डिप्रेशन में हूँ।

गोविन्द मिश्र : जितना लिखना आपको इस उम्र में चाहिए, उतना जारी है?

बसन्त त्रिपाठी : हाँ... उतना तो मुझे लगता है। इससे ज़्यादा भी लिख सकता था या कम लिख सकता था, ये तो नहीं मालूम, लेकिन हाँ जो चाहा है वो मैंने लिखा है। अभी तक एक वाक्य भी मेरे भीतर कम से कम अब तक पैदा नहीं हुआ, आज की तारीख तक कि लिखकर क्या होगा। सुना है मैंने लोगों के बारे में, लेकिन किसी को...

राजकुमार गौतम : प्रियंवद कहते हैं। देखिए, जो कुछ वो कह रहे हैं, जो तमाम सारी चीज़ें कह रहे हैं, ये नहीं हो रहा है, वो नहीं हो रहा है, कहाँ जा रहे हैं, ये जो बेचैनी है, ये सकारात्मक रचनात्मकता की पहचान है।

बसन्त त्रिपाठी : शायद उसी बेचैनी की इनकी इतनी अच्छी कहानी 'अकार' में आयी। हाल की कहानी है, 'अकार' का जो ताजा अंक है उसमें- 'गोधूलि'।

गोविन्द मिश्र : हमको कहा था ये पुरानी कहानी है।

बसन्त त्रिपाठी : 'गोधूलि' अभी छपी है 'अकार' के ताजा अंक में। यदि ये बेचैनी इनमें है तो बहुत क्रियेटिव बेचैनी है। मुझे लगता है कि आस्था से ज़्यादा अच्छी बेचैनी है। हम जितने लोग यहाँ बैठे हुए हैं, हम में से कोई यह नहीं कह रहा कि हमने फ्यूज़ कर लिया, हमने पढ़ना-लिखना छोड़ दिया, हम निराश हो गये। हम में से एक भी नहीं कह रहा है।

हम लोग जिस हताशा से गुज़र रहे हैं न, वो दरअसल एक भाषा के साहित्य के प्रति उसके समाज के उदासीन होने की हताशा है, ये मुझे लगता है। उसका समाज अपने लेखन के प्रति उदासीन है। व्यक्तिगत तौर पर यदि किसी की कोई हताशा है तो ये बिल्कुल उसकी निजी है। बहुत सारे लोगों ने हमेशा लिखते हुए कई बार छोड़ा है, कई बार स्टॉप लिया, कई बार बीस-बीस साल का स्टॉप लिया है।

गोविन्द मिश्र : लेकिन कल सुबह जो बात उठी थी- नये लेखकों की इमेज नहीं बन पाती, या जैसे इन्होंने कहा कि हम में से कितने उन्हें पढ़ते हैं। यह नहीं कि पढ़ना नहीं चाहते नये लेखकों को। इसलिए नहीं पढ़ पाते

कि मालूम तो हो कि किन्हें पढ़िये। आज अगर एक पत्रिका नवलेखन अंक तीन-तीन, चार-चार निकालती है, उसमें पचास-साठ लेखक हैं। तो अब हम कैसे चुनें? पुराने वक्त में धीरे-धीरे नये लेखक की एक इमेज बन जाती थी, सबको मालूम होता था, ऊपर सीनियर लोगों को भी कि हम इन्हें पढ़ें। उससे उनकी प्रतिष्ठा में थोड़ा...

बसन्त त्रिपाठी : मुझे लगता है कि यदि ऐसा है, तो इसको भी हम लोग थोड़ा-सा पॉजिटिव रूप में लें। एक तरफ हम कह रहे हैं कि पाठकीय समुदाय की साहित्य के प्रति उदासीनता है, दूसरी तरफ एक ही साल में तीन-चार नवलेखन अंक छपते हैं, हर बार पचास नये नाम, तो क्या ये दो सौ लोग साहित्य में नहीं आ रहे ?

राजकुमार गौतम : छवि किसकी बनी? आ तो रहे हैं लेकिन दिक्कत यह है कि जो छवि बनाने का काम है, वो जब एक प्रायोजित ढंग से किया जाता है तो...

बसन्त त्रिपाठी : एक चीज़ और मैं जोड़ लूँ, उसके बाद बात कहियेगा। जब हम लोग पुराने समय को देखते हैं, उसमें दरअसल छनकर आये हुए नाम होते हैं। बाकी सारे नाम जो हैं वो गायब हो जाते हैं। हम लोगों को हमारा वर्तमान हमेशा खतरनाक लगता है। चार-पाँच हज़ार छायावादी कवि थे, छः-आठ बच गये और समझ लीजिए, चार बच गये। जैसे ही आप मुड़कर देखेंगे, आपको लगता है कि बहुत गिने-चुने लोग थे जिनकी छवि बन पायी।

नन्दकिशोर आचार्य : आज मैं आपको बताता हूँ, मैं उससे निकला हुआ लेखक हूँ। सन् 1980 में 'युवा कथा प्रतियोगिता' लेकर आये 'सारिका' में। हम उसको रख लें, आज के मुकाबले। मैंने ज़िन्दगी में कोई कहानी नहीं लिखी थी। ऐसे ही विज्ञापन पढ़ा कि ये कथा प्रतियोगिता हो रही है, वगैरह-वगैरह। 'सारिका' की 1980 में अपनी हस्ती थी। मैंने एक कहानी उसी समय खत्म की थी, भेज दी। उसके बाद निर्णय आया। 'सारिका' के पास हज़ार कहानियाँ पहुँचीं सन् 1980 में। दस उन्होंने चुनीं। तीन कहानियाँ- पहली कहानी संजीव की 'अपराध', दूसरे एक लेखक थे सूर्यकान्त नागर और तीसरी मेरी..... और, सात और। उस समय युवा कथा लेखन में ये सब नये थे। सूर्यकान्त नागर, आज कोई नहीं जानता कि कहाँ हैं, बाकी के सात कौन थे, कोई नहीं जानता। हज़ार कहानियाँ किसकी थीं, कोई नहीं जानता।

तब भी ये बात आयी। उसके बाद एक साल बाद फिर उन्होंने एक 'कथा प्रतियोगिता' निकाली। फिर मैंने एक भेजी, वह छपी। उसके बाद फिर मैंने भेजना बन्द कर दिया।

देखिए, सन् 1980 में भी 'सारिका' ये कर रहा है? 'युवा कथा प्रतियोगिता' निकालता था, रचनाएँ आती थीं, उसमें से छनते थे। आज अगर तीस साल बाद हमको लग रहा है कि हमारी पहचान बनी है तो तीस साल का सफर है। पिछले दस साल में एक पीढ़ी खड़ी की गयी बाकायदा और उसमें जो भी पन्द्रह-बीस नाम हैं, लेखक-लेखिकाएँ, सबने कुछ न कुछ, दो-चार अच्छी कहानियाँ ज़रूर लिखी हैं, इसमें कोई दो राय नहीं है।

समस्या कहाँ पर हुई? अगर उनका उस तरह नोटिस न लिया जाता और वो लिखते रहते धीरे-धीरे तो शायद वो आज बड़े अच्छे मैच्योर लेखक हुए होते। लेकिन क्या हुआ? 'ज्ञानोदय' ने कथा-लेखन विशेषांक निकाला, अगले महीने घोषणा की गई कि अब 'वागर्थ' भी निकालेगा, तीसरे महीने 'हंस' भी निकाल रहा है, चौथे महीने 'परिकथा' निकाल रहा है, फिर 'कथाक्रम' निकाल रहा है। उन लेखकों में जो एक होड़ थी- मेरा अगर 'ज्ञानोदय' के कथा-लेखन में दस में नाम आया तो उसमें भी आना चाहिए, फौरन एक कहानी उसमें, फौरन उसमें, फिर मेनुपुलेशन और ये और वो- ये गलती। जैसे शैलेश मटियानी कहते थे, मैं हमेशा उसको कोट करता हूँ- 'दस साल इन्तज़ार करो, तब उस लेखक पर टिप्पणी करो।' आप दस साल का समय लीजिए कि किसी का लेखक ज़िन्दा रहता भी है कि नहीं।

गोविन्द मिश्र : नयी पीढ़ी की एक और बात है। हम लोग जब नये थे तब हम लोगों से सीखना चाहते थे या नहीं- यह अलग बात है, अपने सीनियर लेखकों से सम्पर्क बनाने की स्वाभाविक लालसा बेशक होती थी। लगता था कि जब तक वे आपको रिकगनाईज न करें, तब तक आप लेखक नहीं हैं। पत्रिकाओं के सम्पादक भी साहित्यकार होते थे, लेकिन पत्रिकाओं के बाहर जैनेन्द्र कुमार, अज्ञेय, अमृतलाल नागर आदि- हम लोग इनके पास जाते थे, इनको अपनी रचनाएँ/किताबें भेजते थे, उनकी प्रतिक्रियाएँ चाहते थे और आज भी मुझे इतने पुरस्कारों के बाद सबसे महत्त्वपूर्ण इन्हीं लोगों के पत्रांश और इन्हीं लोगों के सर्टिफिकेट लगते हैं। ये चीज़ आज की पीढ़ी भूल गयी है।

बसन्त त्रिपाठी : ये लोग आपसे नहीं जुड़ते, यह एक अलग मामला है। किन्तु उनके अपने जुड़ाव के स्रोत हैं और गजब के स्रोत हैं, बल्कि आपका अपने वरिष्ठों से जो एक अनायास सम्बन्ध था, इनके बाकायदा सायास सम्बन्ध हैं और ये दावा करते हैं कि एक दिन में सौ रुपये फ़ोन पर खर्च करते हैं। आप चिट्ठी लिखते थे और सबके यहाँ जाते थे, मिलते थे, बातचीत करते थे और बहुत अनौपचारिक होता था। इनका बाकायदा औपचारिक सम्बन्ध, बाकायदा केलकुलेटिव सम्बन्ध और सब कुछ इतना है...

गोविन्द मिश्र : वो चीज़ फायदा करती है? नहीं करेगी...

बसन्त त्रिपाठी : लेखन पर तो नहीं करेगी...

विजय कुमार : रवीन्द्र कालिया के यहाँ मैं रेग्युलर कॉलम लिख रहा था। फिर वह नवलेखन अंक आया तो मैंने कहा, अभी मैं दूसरे काम में लगा हूँ। बोले, नहीं लिखो तुम, ऐसे चलेगा नहीं। जो मुझे ठीक लगा मैंने लिखा। उस पर कुछ सवाल उठा दिये युवा लेखकों ने। तो रवीन्द्र कालिया को यह लगा कि मैं उनके खेल में कुछ अड़ँगा डाल रहा हूँ और उन्होंने तीन-चार लोगों को तैयार किया, विजय कुमार पर अटैक करो। उसके बाद मैंने उनके यहाँ लिखना बन्द कर दिया, मेरा उनका सम्बन्ध भी थोड़ा-सा बिगड़ गया। लेकिन देखिए, इस बात को हो गये करीब दस वर्ष, आज वही लेखक मुझे यह कहते हैं कि वो तो हमने उनके कहने पर किया, हम तो आपकी बड़ी इज्जत करते हैं।

मैं यह कहना चाह रहा हूँ कि युवा लेखक छपने के लिए और सम्पादक की गुड-लिस्ट में रहने के लिए कई बार उनके खेल का मोहरा बनता है।

बसन्त त्रिपाठी : दरअसल वो मोहरा बनना उनको उस समय फायदे का काम लगता है।

गोविन्द मिश्र : जिनको रवीन्द्र कालिया ने प्रमोट किया या राजेन्द्र यादव ने प्रमोट किया, वे कहाँ हैं आज? लेखक नया हो, पुराना हो, अपने लिखने- और उसमें दो चीज़ें मैं बहुत ज़रूरी समझता हूँ- एक तो लगातार लिखना, दूसरे क्वालिटी। सब लेखकों को देख लीजिए। दास्तोवॅस्की ने कितना लिखा! वो ज़रूरी है लिखने के क्रम में बने रहने के लिए, एक गद्यकार के लिए तो ख़ासतौर से। फिर ये कोशिश कि हम चीज़ें बेहतर कैसे और लिखें। वो चाहे आप अच्छा साहित्य पढ़कर करें, चाहे आप यात्राएँ करके करें, चाहे जैसे करें।

राजकुमार गौतम : मैं यह कहूँगा कि इनमें से कुछ लोग हैं, बिल्कुल हैं, बाकायदा हैं, लगातार लिख रहे हैं और बहुत अच्छा लिख रहे हैं। उनका प्रतिशत बहुत ज़्यादा नहीं है।

गोविन्द मिश्र : लेकिन वो हमें कैसे मिलें? भीड़ में खो जाते हैं...

नन्दकिशोर आचार्य : आपने उनको पढ़ने, समझने, ढूँढ़ने की क्या कोशिश की? वो खूब परिचित नाम हैं, खूब पत्रिकाओं में छपते हैं। दो-दो, तीन-तीन संग्रह हैं, उपन्यास हैं। उनहें दस-बारह साल लिखते हुए हो गये। और क्या चाहते हैं आप? आप नहीं मिल रहे हैं तो इसके लिए बताइए कि उनका क्या दोष है?

विजय कुमार : मेरा ख्याल है कि गोविन्द जी आलोचना पर निर्भर होना चाहते हैं। आलोचना हो गयी है संदिग्ध। आलोचना ने अपनी विश्वसनीयता खो दी है।

गोविन्द मिश्र : मैंने नयी पीढ़ी की जयश्री, उपासना को पढ़ा है। कुछ की आलोचना शौक से पढ़ना शुरू की, लेकिन उनकी फेहरिस्त इतनी लम्बी-चौड़ी है कि उसमें मैं खो जाता हूँ। कोई मुझे सिलेक्शन में थोड़ी मदद तो करे!

प्रियंवद : कानपुर में मेरी मुलाकात गिरिराज जी से बाद में हुई, गोविन्द जी से पहले हुई और इन्होंने मेरी मुलाकात गिरिराज जी से करायी। यह '82 या '81 की बात होगी। सन् 1980 में मेरी कहानी 'घोषित' छपी 'सारिका' में, '81 की बात होगी। मेरे पास इनका एक पोस्टकार्ड आया- आपको याद होगा कि नहीं- मैंने तुम्हारी कहानी 'घोषित' पढ़ी। मतलब मेरी कुल जमा दो कहानी छपी थीं, तब मैं बिल्कुल नया लेखक था। इन्होंने लिखा मैं कानपुर आ रहा हूँ और तुमसे मिलना चाहता हूँ। तब तक मैं इनकी 'धुँध भरी सुर्खी' और तीन-चार किताबें पढ़ चुका था। मेरे लिए यह बिल्कुल अजीब-सी और बड़ी बात थी कि गोविन्द मिश्र मुझे लिख रहे हैं- 'मिलना चाहता हूँ कानपुर में'। तब ये मुझे गिरिराज जी के यहाँ पहली बार ले गये। बोले- 'मिले हो गिरिराज जी से?' मैंने कहा, मैं नहीं मिला।

कानपुर में रहते हुए मैंने सन् 1980 में पहली कहानी लिखी थी। लेखकों से मेरा सीधा सम्पर्क नहीं था तो मैं नहीं मिला और मेरी प्रवृत्ति भी नहीं है आगे बढ़कर मिलने वाली तो मैं नहीं मिला। फिर मैं आपके साथ पहली बार गया। उसके बाद आपने आज तक किसी नये लेखक को लिखा कि मैंने तुम्हारी कहानी पढ़ी, मैं आना चाह रहा हूँ और तुमसे मिलना चाह रहा हूँ?

गोविन्द मिश्र : अरे यार... लिखा है... कईयों को लिखा, जयश्री को लिखा...

बसन्त त्रिपाठी : मेरी कहानी पर लगभग दो पेज का एक पत्र लिखा था।

गोविन्द मिश्र : उपासना को लिखा। फिर क्यों कह रहे हैं? यह बात दूसरी है कि महिलाओं को पहले लिखा है। राकेश बिहारी को- उनसे सम्पर्क है, आशा है उनसे। हम लोगों में से तो कोई इस पीढ़ी पर लिखेगा नहीं!

जितेन्द्र भाटिया : मैं पता नहीं कर पाऊँगा, या नहीं- लेकिन इन लोगों पर लिखने की जिम्मेदारी हम लोगों ने नहीं निभायी, यह सही बात है, बिल्कुल ठीक बात है।

विजय कुमार : जितेन्द्र जी, किसी भी वरिष्ठ पीढ़ी ने अपने बाद की पीढ़ी पर लिखने की जिम्मेदारी कभी नहीं निभायी। हर पीढ़ी ने अपना आलोचक खुद ही ढूँढ़ा है।

गोविन्द मिश्र : अज्ञेय जी, जैनेन्द्र जी वगैरह ने अगर गोष्ठी हुई तो वहाँ बोल दिया, कभी लिखा नहीं। हर पीढ़ी को अपने आलोचक खुद पैदा करने चाहिए। हमारे आलोचक हुए ये, सुवास कुमार, चन्द्रकान्त बांदिबड़ेकर। वे सारे लेख मैंने डॉ. रामजी तिवारी की किताब 'आकलन : गोविन्द मिश्र' के लिए दिये हैं। आज की पीढ़ी में भी मैं आलोचक ढूँढ़ता हूँ।

विजय कुमार : लेकिन बसन्त त्रिपाठी तो बाकायदा आलोचना लिख रहे हैं...

बसन्त त्रिपाठी : मैंने अपने समकालीनों पर, वरिष्ठों पर और बाद के- तीनों पर ही लिखा है। यह अलग बात है कि मेरे लेखन को कितना पसन्द किया गया। दीगर मामला है। जिसको मैंने पसन्द किया, जिसको मैंने पढ़ा, उससे मेरा व्यवहार, मेरा सब कुछ रहा है और बहुत अच्छे से...

गोविन्द मिश्र : तुमने अपनी पीढ़ी, नयी पीढ़ी के जो जेनुइन लेखक हैं, उनसे सम्पर्क किया?

नन्दकिशोर आचार्य : सुनिए, एक प्रस्ताव अभी पारित करते हैं। एक पूरा अंक निकालते हैं 'अकार' का। दस सीनियर अपने जूनियर के इण्टरव्यू करें। अब वो अपना लेखक खुद चुनें, अपने से अगली पीढ़ी का इण्टरव्यू करें। बड़ी पीढ़ी छोटी पीढ़ी से संवाद करे। बसन्त के सम्पादन में निकालते हैं।

गोविन्द मिश्र : हम तो उन्हीं को चुनेंगे जिनकी किताबें हैं... उन्हीं में से जिन्होंने थोड़ा मेहरबानी करके मुझे अपनी किताबें भेजी हैं।

नन्दकिशोर आचार्य : अगर किसी को किताब की दिक्कत हो तो वह मेरी जिम्मेदारी है, वो मैं उपलब्ध कराऊँगा। वो कहें, मुझे इस लेखक से इण्टरव्यू करना है। इस प्रस्ताव को पारित करिये। एक सार्थक काम करते हैं।

गोविन्द मिश्र : हम वरिष्ठ लोग सिलेक्ट करें नयी पीढ़ी का लेखक और उसका इण्टरव्यू करें या उस पर लेख लिखें?

नन्दकिशोर आचार्य : इण्टरव्यू करें...

गोविन्द मिश्र : और वो 'अकार' में छपे....

नन्दकिशोर आचार्य : भाईसाहब, एक अंक निकालते हैं, जिससे कि ये शिकायत कि अपने से छोटी पीढ़ी पर नहीं लिखते- यह दूर हो।

विजय कुमार : बजाय नये लेखक का इण्टरव्यू करने के, नये लेखक के साथ बातचीत हो।

नन्दकिशोर आचार्य : नहीं... लेकिन उसमें एक बात का फोकस करना। बातचीत का मतलब दूसरा हो गया। बातचीत का मतलब यह नहीं कि वो आपके लेखन पर बात करे। ये नहीं। इण्टरव्यू मतलब फोकस उसी पर होगा, उसकी रचनाओं पर होगा।

गोविन्द मिश्र : मैं इससे सहमत हूँ। उनके लिए हो रहा है तो उनकी रचनाओं पर केन्द्रित हो, उनको पूरा स्पेस दें...

जितेन्द्र भाटिया : समय पर बातचीत हो सकती है लेकिन फोकस उसकी रचनाओं पर ही होगा...

प्रियंवद : आप कह रहे थे कि लेखक ने क्या किया अपना पाठक वर्ग बनाने के लिए। उस दिशा में भी ये एक कदम है, उस सवाल का भी जवाब है। हमने अपनी तीसरी पीढ़ी, अगली पीढ़ी के लिए क्या किया, यह उसका भी जवाब है और दोनों के बीच संवाद नहीं है, ये उसका भी जवाब है। और हमारी पीढ़ी अपने से आगे की पीढ़ी को नहीं जानती, ये उसका भी जवाब है। एक संवाद बनेगा, एक पुल बनेगा। हम लोगों को यह काम करना चाहिए।

***

चौथी बैठक

(जितेन्द्र भाटिया)

गोविन्द मिश्र : मुझे लगता है कि हम लोग अपने वक्तव्यों में जितना सैल्फ़-क्रिटिकल होना सोच रहे थे या होना चाहिए, उतना नहीं हो रहा है। हो जाइए।

जितेन्द्र भाटिया : किसी भी लेखक की ज़िन्दगी में लिखने की जो रफ्तार है या प्रयास है, वह एक जैसा नहीं रहता। उसमें कई बार ठहराव भी आता है, नरम पड़ता है। मैंने जब लिखना शुरू किया था, तो मैंने काफी लिखा। समझ लीजिए कि पहले लगभग दो वर्षों में जब मैंने लिखना शुरू किया, लगभग एक वर्ष दो महीने के अन्दर लगभग आठ कहानियाँ मैंने 'सारिका', 'नयी कहानियाँ', 'ज्ञानोदय' में दीं।

उस वक्त लिखना बहुत आसान था। आसान यानी किसी भी नये लेखक के लिए लिखना थोड़ा-सा आसान होता हैं, क्योंकि उसमें एक दूसरी तरह का उत्साह रहता है। यानी छपे हुए शब्द को देखना, जो कुछ आपने लिखा है उसको उस रूप में वापस ग्रहण करने का, लोगों की प्रतिक्रिया जानने का। वक्त के साथ धीरे-धीरे उसमें एक स्थायित्व आता है, जो मेरे साथ भी हुआ।

मैंने पूर्ण रूप से कहानीकार के रूप में ही लिखना शुरू किया था। काफी सारी कहानियाँ उस दौरान लिखीं और उसके बाद बीच-बीच में कहानी पर या समय पर लिखता रहा। सिनेमा से मेरा जुड़ाव रहा, सिनेमा के बारे में भी बीच-बीच में लिखता रहा। पिछले पन्द्रह वर्षों में मेरा लिखना अपेक्षाकृत कम हुआ। ऐसा नहीं है कि उसमें कोई रुकाव आया है। मैं लगातार लिखता रहा हूँ और छपता भी रहा हूँ।

सन् 1999 में हम लोगों ने एक योजना शुरूकी थी कि नयी सदी आ रही है, उसके लिए हम चुनाव करें कुछ ऐसी रचनाओं का, जो पिछली सदी की यादगार रचनाएँ हों, उनका अनुवाद करें। मैंने कुछ मित्रों के साथ इसको डिस्कस किया और तय किया कि नयी सदी के आने तक चार-पाँच किश्तों में हम ये काम करेंगे। उसमें दो-चार लोग और भी साथ थे। हमने कहा, बारी-बारी से हम सब लोग लिखेंगे- एक लेख और अनुवाद। एक विजय कुमार को छोड़कर किसी ने नहीं किया। इन्होंने एक कविता का अनुवाद किया था।

मैंने तीन रचनाएँ कीं। उसका जो रिस्पॉन्स था, वह इतना अच्छा रहा कि लगातार मुझे यह लगा कि ये करना चाहिए और मैंने कोशिश की कि ऐसी रचनाओं को चुनूँ, जिन्हें लोगों ने नहीं पढ़ा हो, जिनके बारे में लोग न जानते हों और जिन्हें प्रस्तुत करना ज़रूरी हो अपने समय के लिए।

जब मैंने ये शुरूआत की, मुझे नहीं मालूम था कि इतनी लम्बी खिंच जायेगी। लेकिन बहरहाल, हुआ यह कि अन्ततः लगभग चालीस रचनाएँ उसमें मैंने कीं- चालीस रचनाएँ और उसके साथ में चालीस लेख, जिसमें लगभग छः

से आठ वर्ष का समय लग गया। उस दौरान मैंने बहुत सारे सवाल अपनी कहानियों को लेकर अपने सामने देखे। जब मैंने विश्व की श्रेष्ठ कहानियाँ पढ़ीं, उनका अनुवाद किया- जब अनुवाद करते हैं, और अनुवाद बड़ी जटिल प्रक्रिया है। एक बार करते हैं, दो बार करते हैं, तीन बार करते हैं, क्योंकि जब तक आप उसको पूरी तरह से आत्मसात नहीं कर लेते तब तक वो सही अनुवाद हो नहीं पाता। मैंने भरसक कोशिश की कि ऐसा अनुवाद करूँ जो अनुवाद जैसा न लगे।

उसके साथ एक प्रक्रिया उसके समानान्तर और हुई, कि मुझे अपना जो लेखन है, अपनी कहानियाँ जो हैं उन पर पुनर्विचार करने का एक अवसर मिला और कुछ हद तक मुझे यह भी लगा कि इतनी बढ़िया चीज़ें विश्व में लिखी गयी हैं- हम कहाँ हैं, मैं कहाँ हूँ, मेरा लेखन कहाँ है। उसमें एक प्रश्नचिह्न लगना स्वाभाविक है। एक यह बड़ी वजह रही कि मैंने उस दौरान स्वयं अपनी कहानियाँ लिखना काफी कम किया, जहाँ मैं एक साल के अन्दर कम से कम तीन-चार कहानियाँ लिखता था- मैंने उन आठ वर्षों में चार कहानियाँ लिखीं।

ऐसा नहीं है कि मेरा लिखना कम हो गया। जो अपना समय है, उसको लेकर मैंने गद्य काफी लिखना शुरू किया और विशेष रूप से मैंने 'पहल' में बहुत कुछ लिखा- पर्यावरण को लेकर, जो समकालीन समस्याएँ हैं उनको लेकर लिखा, पानी के बारे में लिखा और जो काफी मेहनत का काम था और उसको काफी पसन्द भी किया गया। समय के जो प्रश्न हैं- 'इक्कीसवीं सदी की लड़ाइयाँ' नाम से उसको अभी हाल में समाप्त किया है।

मुझे ऐसा नहीं लगा कि मेरा जो रचनात्मक लेखन है, उसमें कोई रुकाव आया है। कहानी लिखना ज़रूर मैंने कम किया। इस बीच मेरा एक उपन्यास भी आया, उपन्यास चर्चित भी हुआ, पुरस्कृत भी हुआ। वो उपन्यास लिखा, लेकिन मुझे अपना लेखन जो था, अपनी ही नज़र में थोड़ा-सा कमजोर लगा। कुछ चीज़ें मैंने लिखीं, लिखकर छोड़ दीं।

नतीजा यह हुआ कि मेरी पहचान थोड़ी-सी बदली है। जो लोग पहले पढ़ते रहे होंगे, वो मुझे कहानीकार के रूप में थोड़ा-बहुत याद करते होंगे, लेकिन मेरी अधिक पहचान, जो अधिक मेरे पाठक इस समय हैं, जो मुझसे सम्पर्क करते हैं, बात करते हैं, उनमें 'इक्कीसवीं सदी की लड़ाइयाँ' प्रमुख रूप से है। इसके अलावा अनुवाद भी काफी लोगों ने पसन्द किया है और अनुवाद चूँकि सिर्फ़ अनुवाद नहीं थे, उनमें एक दृष्टि थी।

मेरे अनुवादों के चार-चार, पाँच-पाँच, छः-छः भाषाओं में पुनः अनुवाद हुए। बहुत सारे। उसमें एक कहानी मृत्यु पर थी। मृत्यु को लेखक कैसे देखता है, किस तरीके से आत्मसात करता है, एक लेख था उसे लेकर।

खुशी की बात यह है कि बहुत सारे लेखक ऐसे थे जिनके अनुवाद मैंने किये, उनकी कहानियों के छपने के बाद उनको विश्व के सबसे ऊँचे पुरस्कार नोबल प्राइज वगैरह मिले। इसमें कहीं से भी मुझे ऐसा नहीं लगा कि मेरे लेखन में कहीं कोई ठहराव आया है, लेकिन प्रॉयरटीज़ थोड़ी-सी बदलीं, मैं कहानी से थोड़ा अलग हुआ।

मेरे व्यक्तिगत जीवन में कुछ कठिनाईयाँ आयीं, जिनकी वजह से सन् 2006 के बाद लगभग सात-आठ वर्ष का समय जो है वो एक अजीब तरह के टेंशन में गुजरा और उस टेंशन का प्रभाव मुझ पर पड़ा, मुझे स्ट्रोक हुआ, स्ट्रोक के बाद मैं बहुत समय तक काफी अस्वस्थ भी रहा। मैं उससे बाहर निकला और उसके बाद मैंने दो कहानियाँ लिखीं और वो दोनों कहानियाँ लोगों ने पढ़ीं, पसन्द कीं और उनमें जो मेरी सोच थी, उससे एक बड़ा परिवर्तन आया। जैसे एक 'विज्ञान' कहानी थी। लेकिन वह 'विज्ञान' कहानी हो भी सकती है, नहीं भी हो सकती, जो 'पहल' में छपी थी। 'जहरखुरानी' लम्बी कहानी थी। तो उसने मुझे एक तरीके से कहानी दोबारा लिखने की शक्ति दी।

इधर पिछले पाँच-छः वर्षों से मुझे ऐसा लगने लगा, उसके बाद मैंने एक कॉलम 'कथन' के लिए भी शुरू कर दिया। एक कॉलम मैं नियमित रूप से 'पहल' के लिए करता था। समसामयिक प्रश्नों को लेकर एक लम्बा आलेख होता था वो। उसमें काफी सारा समय जाता था।

पिछले चार-छः वर्षों से ऐसा लगा कि मुझे समय नहीं मिल पा रहा है क्रियेटिव राइटिंग के लिए। क्रियेटिव लेखन के बारे में यदि मैं कहूँ, तो मुझे व्यक्तिगत रूप से एक बड़ा फ़र्क़ दिखाई देता है। जब आप एंक वैचारिक लेख लिखते हैं तो बाहर से बहुत सारी चीज़ें आप पढ़ते हैं, बटोरते हैं तमाम चीज़ें, उसके बाद आप लिखते हैं। कई बार आपको बड़ी परेशानी होती है- एक डेडलाइन होती है, किसी तरह से इसको पूरा करना है। जब आप कहानी लिखते हैं या कविता लिखते होंगे तो आपके ऊपर किसी तरह का कोई अंकुश नहीं रहता। आप स्वतंत्रता के साथ लिखते हैं। एक दूसरी तरह की स्वतंत्रता, जिसमें अपनी बात खुल-खुलकर आप कह पाते हैं।

मैंने दो उपन्यास शुरू कर रखे हैं। अब दोनों उपन्यास इतने मुश्किल हैं, काफी सारा लिखा मैंने, उसके बाद वो आगे अभी नहीं बढ़े, लेकिन मैं शायद उनमें से कम से कम एक को कर पाऊँगा।

मुझे कभी भी ये दुविधा या संकट नहीं रहा कि मैं लिख नहीं रहा हूँ। लेकिन ये संकट ज़रूर रहा और मैं इसको बिल्कुल स्वीकार करता हूँ कि जो क्रियेटिव राइटिंग है वो आप में एक नयी तरह की स्फूर्ति देती है, जो वैचारिक लेखन है वो उस तरह की स्फूर्ति नहीं देता। कम से कम मुझे नहीं देता। वो एक असाइनमेन्ट जैसा होता है।

जो उसका सकारात्मक पक्ष है, वो यह है कि हमारे आसपास बहुत सारी चीज़ें ऐसी हैं- जैसा कि मैंने कल थोड़ा-सा उसको लेकर कहा- उनके बारे में कहानी लिखने की ज़रूरत नहीं है। उनके बारे में सीधे लिखने की ज़रूरत है।

गोविन्द मिश्र : सन्तोष आपको इन विधाओं में कहाँ है?

जितेन्द्र भाटिया : सन्तोष तो सबसे ज़्यादा, मूलतः मैं उपन्यासकार से भी ज़्यादा अपने आपको कहानीकार समझता हूँ, उसी में सबसे अधिक सन्तोष है।

नन्दकिशोर आचार्य : ये बताइए, अभी आपने जो कहा कि कहानी लिखने में जो आनन्द है वो वैचारिक लेखन में इसलिए नहीं मिलता कि वो असाइनमेन्ट के तहत, किसी दबाव के तहत लिखना पड़ता है। मान लीजिए, किसी पत्रिका में आप कॉलम लिख रहे हैं जिसकी एक डेडलाइन है। अगर ये बन्दिश न हो, आप खुद कोई ऐसी बात कहना चाहें जिसमें दो-तीन साल का समय लगे, जैसे उपन्यास में लगता है। आप बड़े मुद्दों को लेकर कुछ उस पर रचना चाहें, कुछ कहना चाहें, कोई नयी चीज़ निकालें, कोई अवधारणा पैदा करें- तो क्या उसमें उतना आनन्द नहीं मिलेगा जितना कहानी में?

जितेन्द्र भाटिया : मिलेगा... मिलेगा। मुझे बहुत रश्क होता है गोविन्द जी की बात से, वे कहते हैं कि- 'मैं कुछ दिनों को जाऊँगा और गोवा में बैठकर लिखूँगा।' मैंने आज तक कभी ऐसे कोई चीज़ नहीं लिखी। अगर आप मुझे किसी बहुत अच्छी जगह, सुन्दर जगह पर अकेला छोड़ दीजिए, मैं नहीं लिख पाऊँगा। मैं अपनी व्यस्तताओं के बीच, अपने दबावों के बीच, अगर मैं उसमें से तीन घंटा चुरा लेता हूँ तो वो मेरे लिए सबसे क्रियेटिव समय होता है। उसमें मुझे एक ऊर्जा मिलती है।

मैं बहुत सारी चीज़ें एक साथ करता हूँ। और मैं कुछ ऐसी चीज़ें भी कर रहा हूँ जिनका कोई अन्त शायद नहीं होगा। नागपुर से एक किताब निकली

है, एक शब्दकोश है, जिसमें शायरी और शे'र हैं- हर शब्द, उर्दू के शब्द के साथ। वह काफी मुकम्मल किताब है। शायद आपने देखी नहीं? नागपुर से छपी है। उस शब्द के साथ, उस शब्द के प्रयोग से और वो तीन भाषाओं में है- हिन्दी, मराठी और अंग्रेज़ी। मैंने जब उस पर लिखा, उस किताब के तीन एडीशन आ चुके हैं, बहुत लोकप्रिय किताब है 'ग़ज़ल', कुछ इस तरह से।

खैर, उसकी प्रेरणा से मैंने ये काम शुरू किया आज से चार-पाँच साल पहले। मैंने लगभग तीन हज़ार शब्दों का काम किया है, जो मुझे छः हज़ार, आठ हज़ार शब्दों तक जाना है। उस किताब से मुझे सबसे बड़ी शिकायत यह थी कि उसका शे'रों का जो चुनाव था वो बहुत रद्दी था। दूसरा कई बार कई शब्द ऐसे होते जिनमें चार, छः, आठ अर्थ निकलते हैं और उन अर्थों का इस्तेमाल करते हुए, शे'र भी हैं उर्दू में। आज के समय में इसको इकट्ठा करना अपेक्षाकृत आसान है।

नन्दकिशोर आचार्य : अभी कर रहे हैं?

जितेन्द्र भाटिया : हाँ... कर रहा हूँ। आप यह समझ लीजिए कि मैंने जो काम किया है उसमें अभी लगभग ढाई से तीन हज़ार के बीच में शब्द और लगभग साढ़े तीन हज़ार शे'र हैं उन शब्दों के। बहुत बड़ा काम है। वो काम खत्म होगा कि नहीं, ये भी मैं नहीं कह सकता, हालाँकि एक प्रकाशक ने बहुत ज़ोर देकर मुझे कहा है।

गोविन्द मिश्र : और... फ़ोटोग्राफ़ी?

जितेन्द्र भाटिया : फ़ोटोग्राफ़ी मैंने अनायास शुरू की। वो एक ज़रूरत थी। मुझे जब स्ट्रोक हुआ, उसके बाद डॉक्टर ने कहा कि तुम्हें कम से कम एक घंटा वॉक करना है। अब वॉक करने के साथ-साथ कुछ और भी... तो मैंने बहुत सीरियसली फ़ोटोग्राफ़ी को सीखना शुरू किया। मेरे पास उस वक्त तक कैमरा नहीं था। तो छोटा कैमरा, फिर उससे बड़ा, फिर उससे बड़ा, फिर मैंने उसको फोकस किया और फोकस जाकर पक्षियों की फ़ोटोग्राफ़ी पर हुआ। इस बात में कहीं से भी कोई महत्त्वाकांक्षा नहीं काम कर रही थी कि मुझे बहुत नामी फ़ोटोग्राफ़र बनना है।

गोविन्द मिश्र : महत्त्वाकांक्षा साहित्य में तो थी...

जितेन्द्र भाटिया : नहीं... नहीं। देखिए, मेरी महत्त्वाकांक्षा साहित्य में भी नहीं है। वो इस बात से स्पष्ट हो जायेगा कि 'इक्कीसवीं सदी की लड़ाइयाँ'... उसकी पच्चीस किश्तें हो चुकी हैं, वो पचास मर्तबा मुझ पर दबाव डाल चुका

है कि इसको किताब की शक्ल में दे दो। मैंने अभी तक नहीं दिया। मेरा कहानी संग्रह, मैंने उनको...

गोविन्द मिश्र : मेरा ख्याल है कि सब आयाम इन्होंने साफ कर दिये, बहुत तटस्थ होकर, थोड़ा-थोड़ा क्रिटिकल होकर भी। इतनी जगह इनकी सर्जनात्मकता फैली हुई है, फिर भी कहानी में सन्तोष मिलता है। लेकिन इनके कहानी लेखक को कुछ चीज़ों ने जो दबा दिया है, वो दो तो मैं बिल्कुल सीधे-सीधे रेखांकित कर सकता हूँ।

एक तो जो अनुवाद इन्होंने किये और उसमें बाकायदे उन कहानियों पर टिप्पणियाँ और लम्बी टिप्पणियाँ थीं। मैंने कुछ पढ़ी हैं। ऐसे काम में मेहनत के अलावा, उसमें जो क्रियेटिव इनवॉल्वमेन्ट आप का होता है, ख़ासतौर से जब आप दूसरे की रचना का कर रहे हैं, क्योंकि एक रचनाकार जब उसका अनुवाद करता है, तो वह उस लेखक की रचना प्रक्रिया में अनायास जाता भी है। उसमें कई बार ये होता है कि आप अपने को कम्पेयर करने लगते हैं, छोटा पाते हैं। वो जो सृजनात्मकता के लिए हम निजत्व की बात कल कर रहे थे वो दब जाती है। आप संकुचित होते हैं, आप यह भी सोचने लगते हैं कि इतनी अच्छी रचनाओं के आगे जो मैं लिख रहा हूँ... क्या फायदा उसका? ये एक बात है।

दूसरी बात, जिसने संकुचित किया इनका क्रियेटिव लेखन, वो समय पर इन्होंने जो लेख लिखे। अब अगर एक रचनाकार उपन्यास और कहानियाँ लिखता है तो उसके मार्फत समय से वह टकराता ही है। कहानियों में आप कह सकते हैं एक टुकड़े में, उपन्यास में बड़े टुकड़े में। कहानी-उपन्यास के माध्यम से समय को पकड़ना और समय पर सीधे-सीधे लेख रखना। वो जो एक क्यूरोसिटी होती है अपने समय को जानने की- घटनाओं के मार्फत, जीवन के मार्फत, आप अगल-बगल जो देख रहे हैं उनके मार्फत, वो एक तरह से तृप्त होकर बैठ जाती है। वैसे दो बड़े महत्त्वपूर्ण काम जितेन्द्र ने किये हम लोगों के लिए- कहानियों के अनुवाद और उन पर लेख।

नन्दकिशोर आचार्य : आप जब बड़ी रचनाओं पर लिखने की बात कर रहे थे, एक जगह आपने कहा कि उस श्रृंखला को लिखते हुए आपको अपनी कहानी से शिकायत होनी लगी। ये किस तरह की शिकायत है, वो थोड़ा स्पष्ट नहीं हो पा रहा है।

जितेन्द्र भाटिया : लगा कि आप एक जगह पहुँचे और वहीं पर फिर आप उसके इर्द-गिर्द घूम रहे हैं और उसी को आप दोबारा कर रहे हैं। बहुत सारा लेखन जो आप अपने इर्द-गिर्द देखते हैं, ख़ासतौर पर हिन्दी में, उसमें अधिकांश लेखन अब भी और पहले भी आपको बहुत प्रेरित नहीं करता और उसी का एक हिस्सा बनकर, उसका एक एक्सटेंशन बनकर अगर आप लिखते हैं तो कहीं...

नन्दकिशोर आचार्य : उसी को थोड़ा-सा पिन प्वाइण्टली आप अपने लिए एक्सप्लेन कर सकते हैं, कि ये जो शिकायत थी कि अगर आपको लग रहा था, आपकी कहानियाँ उसी तरह की बातें कह रही हैं जो आसपास की कहानियाँ कह रही हैं। एक तो ये शिकायत हुई। पर वो क्या था जो कि आप नहीं कह पा रहे थे कहानियों में? वो क्या तलाश थी जो आप सोच रहे थे? क्या नयी प्रकार की चुनौती थी?

जितेन्द्र भाटिया : आपका सवाल जो है वो बहुत महत्त्वपूर्ण सवाल है। अगर मैं अपने आपको ईमानदारी से देखूँ, शायद कुछ ऐसी चीज़ें थीं जो मैं कहना चाहता था और मैं कहानी के जरिये नहीं कह पा रहा था। आपने जैसा कहा, शायद हो सकता है कि मैंने एक शार्टकट के जरिये, एक अधिक आसान रास्ते के जरिये, वैचारिक लेख के जरिये वो बात कहने की कोशिश की, डायरेक्ट कहने की कोशिश की। उसमें बहुत सारे सकारात्मक पक्ष भी हो सकते हैं लेकिन क्रियेटिव राइटर की दृष्टि से उसका एक नकारात्मक पक्ष भी था, जिसका आपने ज़िक्र किया।

नन्दकिशोर आचार्य : मैं अगर अपने अनुभव से कहूँ, मैं दोनों तरह का लेखन करता रहा- वैचारिक भी और क्रियेटिव राइटिंग भी। और काफी विविध प्रकार का वैचारिक लेखन। लेकिन साथ ही मेरा कविता लेखन में, नाटक लेखन में- नाटक तो रोज नहीं लिखे जाते- उन पर प्रभाव मुझे नहीं दिखाई दिया। जो चुनौतियाँ मैं वहाँ देख रहा था, वो शायद कविता में भी देख रहा होऊँगा। वो हो पायी कि नहीं, वो अलग बात है। लेकिन कोशिश यह थी कि कैसे कविता में वो चीज़ आ सकती है।

बसन्त त्रिपाठी : जैसे आप कह रहे हैं, आपने सात-आठ साल तक वैचारिक लेखन लिखा, अनुवाद का काम किया। सात-आठ साल तक अगर आप कोई काम करते रहे, तो निश्चित रूप से आपको उसमें क्रियेटिव आनन्द मिल रहा था। आप उस बात को नहीं समझ पा रहे हैं। छोटा वक्फ़ा नहीं

है, सात-आठ साल तक आपने चालीस विश्व स्तर की कहानियों का अनुवाद किया, उस पर टिप्पणी दी, लेख लिखा। तो आपको उसमें क्रियेटिविटी की तृप्ति मिली। जिस बात को कल भी मैं कह रहा था कि वैचारिकता को क्रियेटिविटी से अलग करके जब-जब आप बात करेंगे, भटकेंगे। उस वक्त भी आप क्रियेटिव थे, आप आनन्द ले रहे थे, तभी आप उसको सात-आठ साल तक खींच पाये।

गोविन्द मिश्र : यह ठीक है कि सृजन का आनन्द तो मिलता है, तभी तो इतना लिखता है। लेकिन एक विधा ऐसी होती है जिसमें सबसे ज़्यादा सन्तोष मिलता है वो इनके लिए, इन्होंने खुद कहा कहानी थी। जैसे शायद अज्ञेय के लिए कविता थी, भले ही ढेरों चीज़ें और कीं।

अब अगर वही पूरा सन्तोष देता था... अनुवाद का क्रम जारी रखते। आखिर दुनिया में बहुत सारा श्रेष्ठ है, उसे टिप्पणी के साथ प्रकाश में लाना- यह भी बड़ा काम है।

नन्दकिशोर आचार्य : भाईसाहब, आपकी बात यह सवाल पैदा करती है कि हम अगर विधा बदलते हैं या विधा का चुनाव करते हैं तो उसका आध ाार क्या होता है? अगर आनन्द की ही बात है तो हम विधा बदलते ही क्यों हैं? हर बात हम कविता, कहानी में कह सकते हैं। हम क्यों चले जाते हैं वैचारिक लेखन की ओर। निश्चित तौर पर विधा का चुनाव आप इस पर करते हैं कि क्या कहना है और क्या विषय है और कहाँ तक जाना है। आनन्द वाली बात वहाँ नहीं है। वहाँ जो आपका कथ्य है, जो आपको कहना है, उसकी डिमाण्ड है।

गोविन्द मिश्र : इसमें मुझे सिर्फ़ नाइत्तिफ़ाकी इतनी है कि जब आप सीधे कहते हैं किसी चीज़ को लेख में या कहानी और उपन्यास में- तो दोनों में अपने समय से आपके 'स्व' की टकराहट होती है। लेकिन इन दो में फ़र्क़ ये हो जाता है कि वैचारिक लेखन में निष्कर्ष जो हैं, या तो ऑलरेडी अराइव्ड या बड़ी जल्दी मिल जाते हैं। उपन्यास में चूँकि जीवन के मार्फत आप उस समय से टकरा रहे हैं, वहाँ पहुँचने में समय लगता है। वहाँ आप ज़्यादा खुले हैं। लेख में जो सृजनात्मक तृप्ति है, वो इसलिए उतनी नहीं हो पाती कि हम उस समय में जीवन के मार्फत प्रवेश नहीं किये। हमने सीधे-सीधे समय पर कमैन्ट किये।

यह ठीक है कि इन्हें सन्तोष मिला। लेकिन कहीं डिग्रीज की भी बात

आ जाती है, कि ज़्यादा कहाँ। वो बाद में प्रकट यों होती है कि आपने इतना लिख लिया, उसके बाद आपको लगा कि कहानी लिखना क्यों छूट गया। ?

नन्दकिशोर आचार्य : उसका कारण है जितेन्द्र जी का व्यक्तित्व। इनकी पूरी बात में यह स्पष्ट होता है कि ये बहुत व्यस्त आदमी हैं। ये कह रहे हैं कि मैं मुश्किल से तीन-चार घंटे का समय निकाल पाता हूँ। यानी रचनात्मकता पार्टटाइम जॉब है इनके लिए। आप ध्यान दीजिए इनके स्टेटमेन्ट पर, कि मुख्य काम कोई दूसरा है। वहाँ से दो-तीन घंटे का समय निकाल कर आप कभी कहानी लिख रहे हैं, कभी वैचारिकी लिख रहे हैं, कभी फ़ोटोग्राफ़ी करते हैं, कभी कुछ कर रहे हैं। अगर रचनात्मकता आपका फुलटाइम जॉब है, जो कि होना चाहिए, तो ये संकट नहीं आयेगा।

जितेन्द्र भाटिया : पहली चीज़ तो ये मैं बहुत स्पष्ट कर देना चाहूँगा, जैसे-जैसे आप कहानी लिखते जाते हैं, कहानी लिखना और ज़्यादा मुश्किल होता चला जाता है। क्योंकि आप अपने सबसे बड़े जज होते हैं और आपको लगता है कि आप जब तक आगे नहीं बढ़ रहे हैं, तब तक लिखने का कोई प्रयोजन नहीं है। एक तो ये चीज़ होती है।

दूसरा अगर मैं चाहूँ कि मुझे कहानी लिखनी है और मुझे चार दिन तक कहानी लिखनी है, इसके अलावा मुझे कुछ नहीं करना है तो मेरे पास कम से कम आज कमोबेश ऐसी सुविधा है। ऐसा नहीं है कि बहुत सारा काम मेरे ऊपर लादा गया है जिसमें मैं नहीं कर सकता। ऐसी असुविधा नहीं है मेरे साथ। लेकिन इसके बावजूद अपने आपको डायवर्ट करना, दूसरा काम करना, फिर वापस इसी में आना, ये मुझे रुचिकर लगता है।

बसन्त त्रिपाठी : मेरी एक छोटी-सी जिज्ञासा है। आपने बतलाया कि इन चीज़ों से अलग होने का एक कारण थोड़ा-सा आपका निजी जीवन भी रहा। जब निजी जीवन के उस फेज़ में आप गये, जो निराशा भरा या जो भी रहा होगा और आपको स्ट्रोक आया तो आपको वहाँ से वापस खींचने में साहित्यकार की या साहित्य की जिजीविषा का कोई रोल रहा?

जितेन्द्र भाटिया : बहुत बड़ा रोल... उसके तुरन्त बाद कहानी लिखी। मुझे यह कहने में कोई शक नहीं है कि उससे बाहर निकलने में साहित्य ने या लेखन ने या रचनात्मकता ने मेरा सबसे बड़ा साथ दिया।

विजय कुमार : मैं दूसरा सवाल जितेन्द्र जी से पूछना चाहता हूँ। मैं

जब पहली बार जितेन्द्र जी से मिला, ये आईआईटी में बीटेक की पढ़ाई कर रहे थे। ये बात होगी 1969 के आसपास की और 'धर्मयुग' में इनकी एक कहानी छपी थी- 'डरपोक'। एक कहानी थी आपकी 'दो मिनट और' जो 'सारिका' में छपी थी, वो मृत्यु शोकसभा की कहानी थी। आपने बताया था कि आईआईटी में किसी की डैथ हो गयी थी। प्रत्यक्ष घटना। फिर हम लोगों का परिचय हुआ। मुझे उत्सुकता थी इनसे मिलने की। उत्सुकता का एक ख़ास कारण यह था कि ये व्यक्ति आईआईटी में टेक्निकल पढ़ाई कर रहा है और जैसा हम लोग देखते थे चारों तरफ का माहौल, जो लोग तकनीकि विधाओं में जाते हैं, आमतौर पर साहित्य या कला को बड़ी हेय दृष्टि से देखते हैं। ये मानसिकता थी कि जिन बच्चों का दिमाग कमजोर होता है वो आर्ट-वार्ट में जाते हैं, इण्टेलीजेण्ट बच्चे साइंस में जाते हैं। इस तरह की मानसिकता स्कूली दिनों से बनायी गयी थी।

मेरे लिए दिलचस्पी की बात यह थी कि ये व्यक्ति आईआईटी में है, आईआईटी में साधारण लोग एडमीशन नहीं पाते, फिर ये कहानी भी लिख रहे हैं, भाषा इतनी अच्छी है, 'डरपोक' कहानी पढ़ी। मैं इनसे मिलने गया। मुझे अभी भी याद है, इनका कमरा नं.-245 था, हॉस्टल नं.-8 था, आईआईटी, पवई। ये मुझे कमरे में बिठाकर थोड़ी देर के लिए चले गये, कुछ चाय-वाय का इन्तज़ाम करने। इनका एक पोर्टेबल टाइपराइटर था। ऐसे ही मैंने उत्सुकतावश देखा, उस पर कोई कहानी चल रही थी।

मैंने इनसे ये सवाल पूछा उस वक्त कि आपका जो टाइम मैनेजमेन्ट है, आपके दिमाग का गियर, जैसे फ़र्स्ट गियर से सेकेण्ड गियर में जाते हो, वो क्या सिस्टम है। आप एक घनघोर तकनीकी पढ़ाई करते हैं और आप कलात्मकता की ओर जाते हैं। बड़ा दिलचस्प जवाब इन्होंने दिया, जो आज पता नहीं इनको याद होगा कि नहीं। इन्होंने कहा कि- 'जब मैं उस पढ़ाई से थक जाता हूँ जो कि तकनीकि पढ़ाई है, तब ये मुझे रिजनरेट कर देती है।'

गोविन्द जी के साथ भी ये है। गोविन्द जी बड़े जिम्मेदार पद पर रहे हैं। वहाँ तमाम तरह का प्रशासनिक दबाव होता है और उसके बाद क्रियेटिविटी की ओर आना। बादल सरकार के साथ यही था। और भी तमाम लोग इस तरह के रहे हैं जो तकनीक और उस तरह के पदों पर रहे हैं और फिर क्रियेटिविटी की ओर आते हैं। न्यूरोस्लाव होल्तो बहुत बड़े साइंटिस्ट थे और साइंस और कविता के सम्बन्धों पर अद्‌भुत उन्होंने लिखा है।

मैं एक चीज़ जानना चाहता हूँ कि हमारे दिमाग में ये जो स्विच-ओवर होता है, एक गियर से दूसरे गियर में जो हम अपनी गाड़ी को लेकर जाते हैं। ये क्या प्रक्रिया है? ये हमें बताइए कि एक साथ आप बहुत तार्किक हैं, विज्ञान की पढ़ाई कर रहे हैं, एक साथ आप उसमें बहुत केलकुलेटिव हैं, निष्कर्षात्मक हैं और दूसरी ओर आपका यह जो स्पेस है वह अमूर्तता का है।

जितेन्द्र भाटिया : देखिए, मैं आईआईटी के बारे में आपको भी बताना चाहता हूँ। मैंने बहुत नजदीक से देखा है, मैं काफी समय वहाँ रहा, वहाँ पर जो विद्यार्थी आते हैं। मैं राजस्थान से गया था। अपने क्षेत्र से टॉपर और ये तमाम सारी चीज़ें। वहाँ जब आप पहुँचते हैं तब आप पाते हैं कि आप टॉपर नहीं हैं, आप बीच में कहीं हैं। आईआईटी में देश के पहले दस प्रतिशत के ऊपर के सब विद्यार्थी होते हैं- टॉप टेन। आपको आश्चर्य होगा यह जानकर कि सब जीवन में बहुत सफल नहीं होते।

गोविन्द मिश्र : सही है।

जितेन्द्र भाटिया : सफल नहीं होते, क्योंकि उस टॉप में पहुँचने के लिए आपके दिमाग में इकहरापन होना बहुत ज़रूरी है। सफल वो लोग रहते हैं जो बीच में हैं। सबसे ज़्यादा सफल यानी कई क्षेत्रों में जो जाने जाते हैं, वे... जैसे चेतन भगत सरीखे। मुझे ऐसा लगता है और जैसा मैंने कहा, उसमें भी कोई विरोधाभास नहीं है कि मैं व्यस्तता के बीच में लिखता हूँ। कम्पार्टमेन्ट दिमाग में है, उसके बीच में एक से दूसरे में।

गोविन्द मिश्र : ये बताइए कि अब जहाँ आप हैं इतनी चीज़ों में, अब कहाँ जाना चाहते हैं?

जितेन्द्र भाटिया : मैं अब भी- अगर मुझे कहें कि लेखक के रूप में आप क्या हैं, तो मैं अपने आपको 'कहानीकार' कहना पसन्द करूँगा। लेकिन इसका मतलब यह नहीं है कि कल से चार कहानियाँ या छः कहानियाँ लिखना शुरू करूँगा। हो सकता है मैं और भी कम कहानियाँ लिखूँ।

नन्दकिशोर आचार्य : पर मैं दुबारा उसी प्रश्न पर आता हूँ कि क्या-क्या चैलेन्ज़ेज थे कहानी लेखन के लिए, जिसके कारण से आपको अपनी पहले की कहानियाँ- या जो आपने बताया कि इस कारण कहानी-लेखन कमतर लगने लगा- और क्या नये चैलेन्ज़ेज आप महसूस कर रहे थे, जिसके लिए आप कहानी नहीं लिख पा रहे हैं?

जितेन्द्र भाटिया : तीन-चार चीज़ें हैं... कहानी लिखने को लेकर। एक तो विषय। विषय दिमाग में बहुत स्पष्ट है कि इस चीज़ के बारे में। उसको कहानी की शक्ल देना कभी-कभी मुश्किल होता है। आप दे पाते हैं, नहीं दे पाते हैं। उसको सही कर-कराकर घटनाक्रम के जरिये कह पा रहे हैं या नहीं, वो एक चैलेन्ज होता है।

दूसरा, उसके लिए शब्दों का जो चुनाव है या भाषा का चुनाव है, वो अपने आप में एक दूसरा चैलेन्ज होता है। मैं अभी पीछे जो अधलिखा है वो देख रहा था, उसमें कुछ कहानियाँ अधूरी थीं। मैंने एक कहानी पढ़ी, जो मैंने पूरी नहीं लिखी और मुझे उस समय भी लगा था और उसी वजह से मैंने वो छोड़ दी थी। मुझे लगा कि इसकी जो भाषा है, उस पर निर्मल वर्मा का बहुत अधिक प्रभाव है। निर्मल वर्मा मेरे प्रिय लेखक रहे हैं और बहुत कुछ उनसे मैंने ग्रहण किया। भीष्म साहनी से मैंने बहुत कुछ ग्रहण किया।

दो अलग-अलग चीज़ें हैं। भीष्म साहनी से मैंने इसलिए ग्रहण किया क्योंकि उनकी जो स्थितियाँ होती थीं, उनकी माँ हैं या उनके परिवार के लोग हैं, वो जिस परिवेश से उठाते हैं, वो मेरा अपना परिवेश था और मैं इमिडिएटली उसको आइडेंटिफाई करता था, इसकी वजह से मैं भीष्म साहनी के बहुत निकट था। निर्मल वर्मा की जो भाषा थी और मानसिक तौर पर जो कहानी की रचना चलती थी, वो बहुत प्रभावित करती थी, क्या कहना चाहिए दोराहा, या दोहराव कह लीजिए, उसका एक ख़ास तरह का मुहावरा भी होता था, सड़क पर हवा है और सूखे पत्ते उड़ रहे हैं, उस तरह का माहौल पैदा करते थे। उस प्रभाव से अलग होना....

विजय कुमार : एक सवाल मैं थोड़ा-सा कर लूँ। जितेन्द्र जी से बाद में बात करने का मौका नहीं मिलेगा। आप समान्तर आन्दोलन के चर्चित कथाकार थे। सन् 1970 के आसपास ये आन्दोलन शुरू हुआ था, फिर वह आन्दोलन बिखर गया। उसमें बहुत सारे लेखक थे, कामतानाथ जिनकी असमय मृत्यु हो गयी, इब्राहिम शरीफ थे, आप... चार-पाँच लोगों को ही आज हम याद कर पाते हैं, जबकि उस आन्दोलन में कम से कम उस समय बीस-पच्चीस तो रहे ही होंगे। आज जब आप पीछे मुड़कर उस आन्दोलन को और अपने उस समय को देखते हैं तो आपका तटस्थ विवेचन क्या होता है।

जितेन्द्र भाटिया : बहुत स्पष्ट है। पहली चीज यह है कि वो आन्दोलन चाहे जो भी रहा हो, लेकिन उस आन्दोलन के तहत मैंने कहानियाँ नहीं लिखीं

और मेरी अधिकांश कहानियाँ उस समय 'कहानी' में छपीं या दूसरी जगह छपीं। दूसरी, उस आन्दोलन की जो गति थी वो एक फ्रॉड गति थी।

विजय कुमार : जितेन्द्र की कहानियों के साथ इनके वैचारिक निबन्ध भी समान्तर आन्दोलन के होते थे।

गोविन्द मिश्र : ये आपको 'प्रवक्ता' कह रहे हैं...

विजय कुमार : काफी हद तक...

जितेन्द्र भाटिया : नहीं... प्रवक्ता तो मैं कभी भी नहीं रहा। लेकिन उनके आयोजनों में ज़रूर शरीक हुआ। उनके आयोजन जो होते थे वो लगभग संगठन जैसे ही आयोजन होते थे और बहुत अच्छे आयोजन होते थे, इसमें कोई शक नहीं। उसमें आन्दोलन का ठप्पा लगाने की कतई ज़रूरत नहीं थी। हाँ... वो दूसरे साहित्य से इतर था।

नन्दकिशोर आचार्य : आपके कहानी कम लिखने के पीछे कारण कमलेश्वर या समान्तर आन्दोलन तो नहीं था? कोई व्यक्तिगत अनुभव था जिसने आपको अचानक कहानी और हिन्दी साहित्य से विमुख किया सात-आठ साल और आप उस पर चले गये कमलेश्वर के साथ? आप बता चुके हैं, इसलिए मैं पूछ रहा हूँ।

जितेन्द्र भाटिया : मुझे इसमें कुछ भी कहने में दिक्कत नहीं है। कमलेश्वर के साथ बहुत भयानक मोहभंग हुआ। उन्होंने एक पत्रिका निकाली, उसमें मैं एक कॉलम लिखता था। वो कॉलम जो था वो एक दिलचस्प किस्म का था। जैसे एक कॉलम था 'टूथपेस्ट', उसमें लोगों के ब्राण्ड को लेकर कि कैसे ये कम्पनियाँ धोखा देती हैं, ये तमाम चीज़ें। उसका मैंने व्यक्तिगत खामियाजा भुगता। मेरा हिन्दुस्तान लीवर ने ट्रांसफर कर दिया। मुझसे कहा गया कि क्या है ये सब? कमलेश्वर से मोहभंग, वो लगभग उसी समय हुआ और कुछ इस तरह का प्रचार हुआ कि अलग होने की वजह से मैं वहाँ से छोड़कर चला गया। ऐसी स्थिति बिल्कुल भी नहीं थी। उसके बाद मैंने लगभग एक-डेढ़ साल का समय जो था, जिसे आप कह रहे हैं कि विधा का चुनाव, उसके बाद मैंने नाटक लिखा। 'जंगल में फिरने वाली फिरकी' कलकत्ता जाकर लिखा। कलकत्ता में मैंने उपन्यास भी लिखा 'प्रत्यक्षदर्शी'।

बसन्त त्रिपाठी : लेकिन मुझे क्या लग रहा है, ये जो आपने सन्तुष्टि वाली बात कही न, कि कहानी लिखने में मुझे ज़्यादा सन्तुष्टि मिलती है। यह

मामला बिल्कुल निजी है। उदाहरण के लिए मैं कविता लिखता हूँ, मुझे खाना बनाने में सन्तुष्टि मिलती है, ये बिल्कुल दीगर मामला है।

जितेन्द्र भाटिया : देखिए, एक बात कह दूँ। 'सन्तुष्टि' शब्द जो है, वो बहुत गलत है। 'असन्तुष्टि'। असन्तुष्टि मिलती है मुझे कहानी से, लेकिन उसमें मज़ा आता है। जो बैचेनी है आपकी, उस बेचैनी को बढ़ाती है कहानी।

गोविन्द मिश्र : नहीं, आपने अभी यह कहा कि आप अपनी पहचान कहानीकार के रूप में करते हैं। इसको कोई अस्वीकार करने की ज़रूरत नहीं है।

बसन्त त्रिपाठी : लिखना कम होने वाली जो बात हुई न, उसके पीछे मुझे एक दूसरी चीज़ नज़र आती है। पिछले बीस-तीस साल में कम से कम कहानी में तो मैंने यही देखा है कि अस्सी प्रतिशत लोग एक स्टार कहानी लिखना चाहते हैं। अज्ञेय ने हमेशा कहा है कि- 'ज़्यादा लिखना इम्पोंटेण्ट होता है। उस ज़्यादा लिखने से ही छन करके कुछ बेहतर चीज़ आती है।' ज़्यादा लिखने को अज्ञेय ने हमेशा महत्त्व दिया है।

दूसरी बात मैं आपके वक्तव्य से जोड़कर कहना चाहूँगा कि बड़ी चीज़ों को पढ़ने के दो इफेक्ट मुझे लगते हैं। एक तो आप कम्पीट करने लगते हैं, उसके कारण अपना लिखा कई बार कमतर लगने लगता है। दूसरे आप चैलेन्ज महसूस करते हैं और लिखना बढ़ता भी है। ये दोनों ही चीज़ें होती हैं।

विजय कुमार : मैं आपकी बात का एक पॉजिटिव पक्ष रखना चाहता हूँ। जब हम बहुत सारा बाहर का पढ़ते हैं... दो चीज़ें घटित होती हैं। एक तो आप जिनको पढ़ते हैं, वो सिर्फ़ पढ़ नहीं रहे हैं, वो आपके भीतर जा रहे हैं और हमारे भीतर कितने रसायन हमारा व्यक्तित्व बनाते हैं, एक व्यक्ति कैसे आपके अन्तर्तम का हिस्सा बन जाता है।

दूसरी चीज़ बड़ा लेखन, दुनिया का मास्टर पीस जो है, वो आपको विनम्रता भी सिखाता है... कि ये तो लिखा गया, उसके बाद भी लिखा जायेगा, आने वाली पीढ़ियाँ भी लिखेंगी। कालिदास के बाद किसी को कविता लिखने की ज़रूरत नहीं थी। फिर भी लिखा जाता है। तो बड़ा लेखन जो है, कहीं आपको रोकता नहीं है। ये जो डॉयलेटिक्स है- 'हम कुछ नहीं हैं, फिर भी हम करेंगे', ये अजीब तरह की ऊर्जा भी आपको देती है।

मैं जितेन्द्र जी के ताल्लुक से एक बात और कहना चाहता हूँ। आप लोगों को शायद कम हो उसकी जानकारी। जितेन्द्र जी के साथ कुछ और लोग हमने देखे थे उस दौर में। बम्बई में थे हम लोग। एक विश्वेश्वर नाम के व्यक्ति थे। अब पता नहीं कि लोग उनका नाम भी जानते हैं कि नहीं।

वह आदमी जैसे धूमकेतु की तरह साहित्य में आता है और उतनी ही तेजी से वो गायब हो गया है, बल्कि श्रीपत राय जी की कहानी प्रतियोगिता में उनको पहला या दूसरा मिला था- उसको शायद पहला था- तीसरा निरूपमा सेवती थी। मैं एक चीज़ को अक्सर देखता हूँ, जो साहित्य में बड़े धूमकेतु की तरह आते हैं, उतनी ही तेजी से कई बार उनका अस्त भी होता है। एक मिडिल-वे का जो यात्री है, जो संयमित चल रहा है, लगातार चल रहा है, वो लम्बे समय तक है। ऐसे कई उदाहरण हैं। हमने एक उदाहरण आलोक धन्वा का देखा जो उतनी ही तेजी से...

जितेन्द्र भाटिया : मैं एक अन्तिम बात और कहना चाहता हूँ। मेरा जो व्यक्तिगत अनुभव रहा, व्यक्तिगत जीवन में मेरे साथ जो हुआ, उसका एक प्रभाव ये भी हुआ। वैसे भी मैं बहुत सामाजिक प्राणी नहीं हूँ और विशेष रूप से लेखकीय दुनिया में तो बिल्कुल भी सामाजिक प्राणी नहीं हूँ, लेकिन उस व्यक्तिगत हादसे का एक खामियाजा ये भी मैंने भुगता, कि बहुत सारे ऐसे लोग थे जिनके साथ मेरा बहुत निकट सम्बन्ध था, मुझे उसको परिवर्तित करना पड़ा। उसका बहुत सारा खामियाजा मैंने स्वयं भी भुगता और इसे भी आप एक हद तक, यानी एक उलझन की स्थिति या न लिख पाने की स्थिति मान सकते हैं।

गोविन्द मिश्र : ठीक है... अब मेरा ख्याल है राजकुमार गौतम जी...

(राजकुमार गौतम)

राजकुमार गौतम : जैसे आमतौर से होता है मेरा लिखना-पढ़ना भी कविता से हुआ- छोटा शहर था, मुजफ्फर नगर। शुरू में सम्पर्क धीरेन्द्र अस्थाना से, कुछ और लोग थे। हम लोग साथ ही थे, एक ही गली में रहते थे।

कुछ पृष्ठभूमि हमारी इस तरह की थी कि विष्णु प्रभाकर मुजफ्फर नगर के रहने वाले हैं, से.रा. यात्री मुजफ्फर नगर के रहने वाले हैं, गिरिराज किशोर मुजफ्फर नगर के रहने वाले हैं, शमशेर बहादुर सिंह मुजफ्फर नगर के रहने वाले हैं। बिजनौर में दुष्यन्त त्यागी रहते थे। रवीन्द्रनाथ त्यागी बिजनौर के थे।

लगा कि ये धरती ऐसी है कि यहाँ से कुछ किया जा सकता है। नौकरी मिली और थोड़ा इधर-उधर कुछ कोशिश की कहानी लिखने की। रमेश बत्रा हमारे दोस्त होते थे उन दिनों चण्डीगढ़ में, वह एक पत्रिका निकालते थे 'निरक्षर'। उसमें मेरी पहली कहानी 'काले दिन' नाम से छपी। ये मेरे ख्याल

से 1974-75 की बात होगी और वहाँ से फिर लिखने का सिलसिला शुरू हुआ।

जैसा कि आपने कहा कि शुरू में आपके पास इतनी सामग्री होती है, इतनी कच्ची सामग्री होती है कि आप धड़ाधड़ उसे लिखते जाते हैं और कुछ सोचते नहीं हैं। मेरे साथ भी वैसा ही रहा। हम लिखते चले गये, जो भी विधा मिली, उन दिनों पता नहीं कुछ भाग्य कि दुर्भाग्य, कि वो चीज़ें छपती गयीं। और छपना, आप देखिए, कि जब छपकर नाम आता था तो उसे निहारा करते थे। इस तरह का रोमांटिसिज़्म था। लेकिन वो शायद ज़रूरी था उस प्रेम को बनाये रखने के लिए।

उसके बाद फिर मैं लैंसडाउन चला गया। लैंसडाउन पौड़ी गढ़वाल में एक जगह है... बहुत शान्त-सी जगह है। वहाँ जाकर बहुत लिखना हुआ। 'अमर उजाला' उन दिनों बहुत छोटा अख़बार होता था। उसका जो रविवार वाला पृष्ठ होता था, उसमें लघुकथा, कविता, कहानी... ये सब छपते थे। रेणु जी की डैथ हुई। मैंने कहीं पढ़ा था कि लतिका जी के गहने गिरवी हुए और उन्होंने अपने आप छपवाया था 'मैला आँचल'। उसमें जो मुझे स्मृति से याद आया वो मैंने लिख दिया। चूँकि उस इलाके में लिखने वाले उस तरह के लोग नहीं थे, तो वो शायद फटाफट छप भी जाता था।

देहरादून बड़ा केन्द्र था साहित्य का। शशिप्रभा शास्त्री वहाँ थीं। मोहन राकेश की पहली पत्नी वहाँ के किसी डिग्री कॉलेज में थीं। विद्यासागर नौटियाल वहाँ थे। सुभाष पंत वहाँ थे। अवधेश कुमार थे 'चौथा सप्तक' के कवि। देशबन्धु थे, धीरेन्द्र अस्थाना थे। मतलब बहुत सारे लोग वहाँ थे। तो वहाँ जाना-आना होता था। कुछ दिनों बाद रवीन्द्रनाथ त्यागी की भी बदली वहाँ हुई और वे मेरे डिपार्टमेण्ट के बॉस थे।

इस तरह से करते-करते हम फिर 1980 के करीब दिल्ली आ गये और दिल्ली में कुछ ऐसा इत्तिफ़ाक रहा कि धीरेन्द्र अस्थाना भी दिल्ली में आये, वह राजकमल प्रकाशन में नौकरी करने लगे। बलराम आये, वह सारिका में थे। सुरेश उनियाल से पहले से मुलाकात थी। और बहुत सारे लोगों से थी। दिल्ली में एक केन्द्र बन गया। असग़र वजाहत, हिमांशु जोशी, विनोद दास, सूरज प्रकाश वहाँ थे। वहाँ से हम लोगों में पढ़ने और लिखने का तरह का कम्प्टीशन जैसा पैदा हुआ। चूँकि समकालीन पीढ़ी काफी थी, हम लोगों का

जो कल मैं कह रहा था कि एक जो शहर का लाभ है वह थोड़ा-सा मिलता था, कि बड़े लोगों को सुनने को मिल गया। अब वह नहीं होता।

अभी लोग चुपचाप साठ साल के हो जाते हैं। लेकिन मुझे याद है कि उन दिनों दिल्ली में अगर कोई लेखक साठ साल का होता था तो बाकायदा एक गोष्ठी होती थी और उसमें लड्डू बँटा करते थे। विशेषाँक निकलते थे लोगों पर। विष्णु जी का मुझे याद है, जब विष्णु जी साठ साल के हुए। तो उस तरह का माहौल था। लगता था कि पूरी मुकम्मल दुनिया है साहित्य की, जिसमें आप बाकायदा रह सकते हैं।

उसमें क्या हुआ, कि आपको दफ्तर से छुट्टी ज़्यादा चाहिए। आपको सटर्डे-सण्डे बजाय इसके कि घर-गृहस्थी का कोई काम आप निपटाएँ, उसके बजाय यह होता था कि वहाँ चले जाएँ, उनसे मिल लें। धीरे-धीरे उसका असर आपके परिवार पर, आपकी सामाजिकता पर कि आपको पिता के पास गये हुए इतना समय हो गया। मतलब इस तरह की चीज़ों पर भी पड़ने लगा।

एक तरफ पारिवारिक सोसायटी से मैं कटा, उसकी वजह से मैं साहित्य से ज़्यादा जुड़ा या साहित्य से ज़्यादा जुड़ा था इसलिए सोसायटी को मैंने नम्बर-दो पर डाला और परिवार में भी उन्हें ऐसा लगता था कि ये परिवार का पालक नहीं लेकिन एक खलनायक जैसा है। मुझे लगता है कि ये दुर्दशा अधिकांश जो मध्य-वित्त लेखक हैं, उनके साथ होती हो। हमारी प्रॉयरटीज़ बदलती गयी। फिर किसी ने देखा- अच्छा, ये पुस्तक समीक्षाएँ लिखते हैं, ये उसके दोस्त हैं, तो फिर आपके पास बहुत सारा काम ऐसा आने लगता है।

मान लिया, कहीं कोई सम्पादक बैठा है किसी अख़बार में जो सण्डे मैगजीन देखता है और आपके कहने से वह तीन किताबों को छाँट लेता है कि इस-इसकी समीक्षा आप लिख दो, तो चौथी किताब देने का हक उसे भी हो जाता है कि वो अपने पसन्द की कोई किताब कहे। वह यह भी कह सकता है कि इसे थोड़ा-सा देख लेना। 'देख लेना' का मतलब थोड़ा फेवर कर देना। अब अगर आपको उसके साथ सम्बन्ध रखने हैं, आगे आपको काम करना है तो आपको वो लिहाजदारी निभानी पड़ती है। तो उस तरह से होने लगा।

फिर धीरे-धीरे क्या हुआ, कि परिवार बढ़ने लगा, आर्थिक परेशानियाँ बढ़ने लगीं। हमारा दफ्तर जो था, दुर्भाग्य से ऐसा था कि वहाँ हर छींकने-खाँसने पर ट्रांसफर हो जाता था, इतना डिसिप्लन्ड ऑफिस था। दिल्ली छोड़कर कहाँ जाएँ, अगर कहीं जाएँगे तो डबल इस्टेबलिशमेन्ट कैसे चलेगा? तो डर की

वजह से नौकरी में ज़्यादा पिल गये। फिर किताबें छपने लगीं। व्यंग्य लिखने लगे। एक-दो व्यंग्य संग्रह आये।

धीरे-धीरे मुझे यह एहसास हुआ कि आखिर मैं कर क्या रहा हूँ, मुझे क्या करना चाहिए? लेकिन नौकरी की अनिवार्यता इतनी ज़्यादा थी कि उसका कोई विकल्प मेरे पास नहीं था कि मैं इसे छोड़कर कुछ और कर लूँ। साहित्य की दुनिया में थोड़े बहुत ऑफर मिलते थे कहीं। लेकिन सरकारी नौकरी की जो एक सुरक्षा होती है, उतनी सुरक्षा की गारण्टी वहाँ नहीं होती थी।

मुझे उस तरह के काम मिलने लगे, कि जिसमें मेरा नाम नहीं जाता था, मेरी कोई भूमिका नहीं पता होती थी, लेकिन मुझे वो काम साहित्य के ही करने पड़ते थे। जैसे उदाहरण के लिए किसी प्रकाशक ने आपको पाँच पाण्डुलिपियाँ दे दीं और उन्होंने कहा कि इन पर राय दे दीजिए कि ये छपनी चाहिए या नहीं छपनी चाहिए, या एडिट हो तो क्या इसमें एडिट हो। वो इस तरह के काम करने पड़ रहे थे।

उसमें क्या हुआ, कि जब मैं प्रकाशकों के करीब गया, तो मुझे पुस्तक नाम की चीज़ से थोड़ी वितृष्णा... मैं वितृष्णा तो नहीं कहूँगा जो श्रद्धा होती है- कि एक लेखक के साथ उसकी किताब का नाम जुड़ता है, मुझे किताब में वो श्रद्धा नहीं रह गयी। मुझे लगा कि जो इसे प्रकाशित करते हैं, उनके लिए ये सिर्फ़ पैसा या सम्बन्ध या अन्यत्र जो भी कारण हों, उस सबकी वजह से है। बाकी किताब से उनका कोई लेना-देना नहीं है, साहित्यकार से उनका कोई लेना-देना नहीं है। यहाँ मुझे दुख पैदा होना शुरू हुआ।

फिर उसी तंत्र में रहते हुए मुझे यह लगा कि मैं इस अधकचरे प्रकाशक या सम्पादक से जो काम मैं करा सकता हूँ, वह करा लूँ। अगर ये अपनी चीज़ों की या दो किताबों की समीक्षा अपनी मर्जी से लिखवाना चाहता है तो दो मैं अपनी मर्जी की किताबों की समीक्षा लिखूँ, ताकि एक व्यापक रूप में लिटरेचर को कान्ट्रीब्यूशन दे सकूँ। शायद ही कोई मैगजीन उन दिनों की ऐसी होगी जिसमें मेरी समीक्षाएँ न छपी हों। वो शायद सैंकड़ों की संख्या में होंगी। लेकिन उससे भी मुझे सन्तोष नहीं था।

फिर धीरे-धीरे कहीं कोई कहानी की प्रतियोगिता हो रही है, तो उसमें मुझे कोई पहला, दूसरा लेबल का जज बना दिया या कमेन्ट्स माँग लिये। मैंने एकाध पुरस्कार शुरू कराये, कुछ उस तरह की चीज़ें शुरू करायीं, उसमें मुझे थोड़ा-सा सन्तोष मिलने लगा कि मैं अपने लिए नहीं कर रहा हूँ, जैसे

किताबघर प्रकाशन का जो आर्य स्मृति साहित्य सम्मान है, उसकी शुरूआत, उसका बीजारोपण मैंने कराया। उसमें नीलेश रघुवंशी का पहला कविता संग्रह पुरस्कृत हुआ। उससे संजय खाती का पहला कहानी संग्रह- पहला और अभी तक का अन्तिम- पुरस्कृत हुआ। एक वीणा सिन्हा हैं, अभी शायद भोपाल में ही हैं। उसके जजेज में गोविन्द मिश्र थे। उनका एक उपन्यास...

नन्दकिशोर आचार्य : संजय खाती नहीं लिख रहे अब?

राजकुमार गौतम : नहीं... अब नहीं लिख रहे हैं। इसी तरह से हमने कुछ कहानियाँ आमंत्रित करके सीधे किताब के रूप में छापी थीं। वो काम किया। कुछ पुस्तक सीरीज शुरू की और बहुत सारी चीज़ें इस तरह लोगों से लिखवायीं बाकायदा।

रामविलास जी से कहा कि आप अपनी आत्मकथा लिखिए। उन दिनों उन्हें वो कौन-सा रोग होता है जिसमें हाथ काँपता है और नहीं लिख पाते- उन्होंने कहा, मुझे तो ये है और मैं ये सब नहीं कर पाऊँगा। हमने किसी तरह से प्रकाशक को तैयार किया कि आप इनसे कहिये कि ये डिक्टेट करा दें, उसे ट्रांसक्राइब करके टाइप हम करा देंगे, उस टाइप मैटर को देख लेंगे। उसका खर्चा प्रकाशक ने दिया, मैंने मोटिवेट किया। तीन भागों में उनकी आत्मकथा आयी।

उसके बाद उनका हिन्दी प्रदेश वाला जो दो खण्ड का ग्रन्थ है, वो इसी तरह से लिखा गया। अन्त समय में मैं चाहता था कि वे भवभूति पर एक उपन्यास लिखें। उसके लिए मैटर भी उन्होंने इकट्ठा करना शुरू कर दिया था। लेकिन वो नहीं हो पाया। यहाँ आकर मुझे यह लगा कि शायद मेरी भूमिका साहित्य में- अपनी लेखनी से मैं क्या करूँगा, ज़्यादा से ज़्यादा चालीस-पचास मीडियाकर टाइप की कहानियाँ लिख लूँगा- मैं अगर पचास-सौ किताबें इस तरह से लोगों से निकलवा लूँ, कुछ लिखकर, उन्हें कुछ आइडिया देकर, कुछ लोगों को बताकर, तो शायद वो कान्ट्रीब्यूशन मेरा ज़्यादा होगा।

उसके बाद मुझे लगा कि मुझे वीआरएस ले लेना चाहिए, और मैंने तीन साल पहले अपनी नौकरी छोड़ी। मुझे लगा कि अब मैं लिखने के प्रवृत्त होऊँ, लेकिन तब तक मेरा वो अभ्यास, मेरी वो श्रद्धा और मेरा जो कमिटमेन्ट था वो खत्म हो चुका था। मुझे मुश्किल हुई कि मैं लिखने पर कैसे बैठूँ।

और दूसरा यह कि, जैसे आप कहते हैं कि लेखक को अपना ग्राफ ज़रूर देखना चाहिए। अगर वो एक ही जगह रुका है, एक ही कहानी को सौ बार लिखता है तो फिर उसे एक सौ एकवीं कहानी नहीं लिखनी चाहिए। मैंने यह सोचा कि एक पत्रिका निकाली जाये... उस भाव से हमने थोड़ा-सा काम करना शुरू किया। अभी भी वो चल रहा है। उसमें मैंने यह सोचा है कि मैं लोगों से लिखवाऊँगा। मैं लिखा हुआ नहीं लूँगा। जैसे मैं प्रियंवद से पूछ रहा था कि आपने किसी लेखक पर संस्मरण लिखा, तो इन्होंने कहा, नहीं लिखा। मैं इनसे आग्रह करूँगा। मुझे लगता है कि अगर मैं गिरिराज किशोर को जानना चाहता हूँ तो मैं इनसे पूछूँगा कि आप जितना जानते हैं उतना लिखेंगे क्या। नहीं लिखें, अलग बात है। लेकिन इस-इस तरह की चीज़ें मैं लिखवाना चाहता हूँ।

दो सवाल मैं आप लोगों के सामने रखता हूँ। मुझे हमेशा से पता था कि मैं स्टार राइटर नहीं हूँ, तो क्या ऐसे व्यक्ति को संघर्ष नहीं करना चाहिए इस दुनिया में रहने के लिए, जो साहित्य की दुनिया है? मतलब जो नम्बर-दो के लोग हैं। दूसरा सवाल मेरा यह है कि जो उस तरह के एक्टिविज़्म हैं, जैसे मैंने सोचा कि एक पत्रिका निकालें, उसमें नयी चीज़ें लिखवायें... जैसे हमने गोविन्द जी से कहा कि आपको हिन्दी के सारे पुरस्कार मिल चुके हैं। आप बताइए कि आपको अब कैसा लगता है? चूँकि पूरी ज़िन्दगी तो ये रहता है, ये मिल जाये, वो मिल जाये... शीर्ष पर पहुँचकर कैसा लगता है? इस तरह की चीज़ें...

तो उस मैगजीन में मैं ये भी करूँ कि पूछूँ कि राजा रायमोहन लायब्रेरी ने इस साल हिन्दी की कौन-कौन सी किताबें खरीदीं हैं और वो उस पत्रिका में छापूँ। प्रकाशक लोग जो लेखक को धोखा देते हैं, उसका पर्दाफाश करूँ। हृदयेश को हम सब बड़ा कहानीकार मानते हैं, कोई बड़ा पुरस्कार उनके पल्ले नहीं आया। उसकी क्या वजह है? कोई आदमी अगर बाहर बैठा हुआ लिख रहा है।

एक बार 'हंस' में 51 हज़ार रुपये का कहानी पुरस्कार देने की घोषणा की गयी। उन्होंने उसकी स्क्रीनिंग के लिए मुझे भी बुलाया। एक कहानीकार की कहानी, आप यकीन नहीं करेंगे, किसी गाँव से वो कहानी आयी थी और जो लिफ़ाफ़े होते हैं कागज़ के बने हुए, जिनमें जो परचून के दुकान वाले काग़ज होते थे, उन्हें काट-काट कर जो कोरा पेज था, उस पर लिखकर उसने

वो कहानी सुई-धागे से बाँधकर भेजी आर फॉरवर्डिंग लैटर में लिखा हुआ था कि मेरे पास इस कहानी को भेजने के लिए पैसे नहीं हैं, इसलिए मैं इसे बैरंग भेज रहा हूँ। आप इसे छुड़ा लीजिए। और वो कहानी, सचमुच ऐसी कहानी थी कि हमारी दोनों-तीनों लेयर ने, जिसने भी वो कहानी देखी, उसने उस कहानी को सिलेक्ट किया। मैं कहानीकार का नाम याद नहीं कर पा रहा हूँ। मैं चाहता हूँ कि ऐसी प्रतिभाओं को मैं सामने लाऊँ।

मेरे ये दो सवाल थे कि क्या लेखक को इस तरह के काम नहीं करने चाहिए? और जो 'बी' कैटेगरी वाले लेखक हैं, उन्हें साहित्य में रहने का कोई अधिकार है कि नहीं।

गोविन्द मिश्र : चलिए, बहुत अच्छे- आपने बड़ी ईमानदारी से! लेकिन अब यहाँ पहुँचकर जब आप पीछे देखते हैं तो आपको क्या लगता है, क्या खोया आपने?

राजकुमार गौतम : देखिए, खोने का तो यह है, मुझे लगता है कि सब कुछ खोया ही खोया है।

गोविन्द मिश्र : अभी जो दो सवाल इन्होंने किये, उसमें यह बात उठती है कि यह 'स्टार राइटर' क्या होता है! उसके बाद इनको अधिकार है कि नहीं? उससे यह ध्वनि निकलती है बन्धु, कि आप थोड़ा यह मिस तो करते हैं कि आप कहानियाँ एक वक्त लिखते थे, शायद आपके समकालीन- धीरेन्द्र अस्थाना वगैरह अभी भी लिख रहे हैं, उनको देखकर थोड़ा ईर्ष्या होती होगी।

राजकुमार गौतम : मुझे ये तो नहीं लगता। मतलब प्रतिभा की एक सीमा है, उसे मैं पहचानता हूँ। मुझे यह लगता है, जैसे अभी वो सवाल उठा था कि जब आप बड़े साहित्य को पढ़ लेते हैं तो फिर उधेड़बुन तो चलती है, कि क्या मुझे?

गोविन्द मिश्र : जिस तरह इन्होंने अपनी पूरी यात्रा सुना दी, मैं इसको विश्लेषित करूँ, तो यह देखता हूँ कि ये तय नहीं कर पाये कि इन्हें क्या करना है और उसमें कितने सारे कामों की तरफ होते गये। लेकिन पीड़ा, कसक आज भी है, वो यह है कि हम जैसे सर्जनात्मक अपने शुरू के दौर में थे, कुछ अलग तरह से सामूहिक सर्जनात्मक काम तरफ जाएँ। बायपास...ये भी एक बायपास है कि हम जो दबी हुई प्रतिभाएँ हैं, उनको प्रकाश में लाएँगे। इसमें बहुत सर्जनात्मकता देखता नहीं हूँ।

नन्दकिशोर आचार्य : आप यह बताइए, मैं व्यक्तिगत रूप से जो थोड़ा जानता हूँ, क्योंकि वह समय मेरा भी कहानी लिखने का था। हम लोगों ने उस दिन त्रयी की बात की थी। आप लोग जब कहानी में आये, जब बलराम भी 'सारिका' में थे, धीरेन्द्र जी 'दिनमान' में आ गये थे और दोनों अपने समय की बड़ी पत्रिकाएँ थीं, टाइम्स ऑफ़ इण्डिया का अपना एक वो था और दिल्ली थी। उदयप्रकाश भी 'दिनमान' में थे। राजेन्द्र यादव, कमलेश्वर और मोहन राकेश की एक त्रयी ने पिछले बीस सालों में, पन्द्रह सालों में हिन्दी साहित्य पर जिस तरह और जिस तरीके से घुसपैठ की, फिर कब्जा किया, फिर वर्चस्व बनाया, आप लोग उससे पूरी तरह प्रभावित थे।

मैं दोहराता हूँ कि आप लोग प्रभावित थे और आप तीनों लोगों ने एक त्रयी बनायी, बाकायदा डाक्युमेण्ट में त्रयी की तरह वो नाम लिखेंगे- धीरेन्द्र अस्थाना, बलराम और राजकुमार गौतम। क्या आपके लिखने के पीछे ये रहा? उस त्रयी में धीरेन्द्र अस्थाना और बलराम दूसरे तरीकों से, किसी भी तरीके से, थोड़ा आगे निकले और आप पीछे रह गये या कुछ आपसी समीकरण बिगड़े या वो कुछ गणित बिगड़ा? किताबें भी आप तीनों ने मिलकर सम्पादित कीं। साक्षात्कार की भी शायद एक किताब थी। बहुत काम आप तीनों ने मिलकर किये और पूरी कोशिश की कि साहित्य में त्रयी का वर्चस्व स्थापित हो। क्या ये सर्जनात्मकता और रचनात्मकता के इतर साहित्य की राजनीति का खेल नहीं था, जिसमें कहीं आप पिछड़ गये और फिर आप पिछड़ते चले गये और आपने छोड़ दिया? ईमानदार जवाब की उम्मीद।

राजकुमार गौतम : धीरेन्द्र अस्थाना मेरा बहुत पुराना दोस्त था। हम लोगों ने लगभग लिखने का साहस, दुस्साहस एक साथ शुरू किया था। एक ही गली में हम रहते थे और वहाँ से ही सब शुरू हुआ। ये मैंने कई जगह, डायरी वगैरह, में लिखा है, कभी आयेगा। बलराम से मुलाकात हमारी बाद में हुई।

ये जो आप त्रयी वाली बात कह रहे हैं, इसमें जो स्थापित राइटर हैं, अगर आप इसे देखें, तो उनका कोई भी अनुकरण हम लोगों की प्रवृत्ति में आपको दिखाई नहीं देगा, नम्बर एक। नम्बर दो, यह विशुद्ध संयोग है कि दो किताबें हम तीनों की आ गयीं। एक साक्षात्कार वाली किताब है और एक कहानियों की 'सामना' किताब है, जिसमें तीन लम्बी-लम्बी कहानियाँ हम लोगों की हैं। ये सिर्फ़, अगर आप दिल्ली में रहेंगे, कई बार क्या होता है कि वहाँ प्रकाशक आपको एवेलेबल हो गया और वह धीरेन्द्र का प्रकाशक या बलराम का है, मैंने हाँ कर दिया उससे ये हो गया।

उसके बाद एक उपन्यास हम लिखना चाहते थे... तीनों मिलकर। उस उपन्यास का नाम था 'मानसी'। हम लोगों ने वो किया था। उसमें बलराम ने अपना पोर्शन लिख दिया था, धीरेन्द्र ने अपना पोर्शन लिख दिया था। शायद धीरेन्द्र की कहानी भी 'मानसी' नाम से है। मैं उसमें थोड़ा पीछे रह गया, मैं उसे पूरा नहीं कर पाया। लेकिन आप तीनों के नेचर देखो, धीरेन्द्र बिल्कुल सायंकालीन सभा वाला, वह शुरू से ही था। हमने मिलकर कहीं कुछ किया हो.. ऐसा नहीं है।

दोस्ती का मतलब राजनीति तो नहीं होता। हम तीन दोस्त थे, तो लोगों ने ये ज़्यादा प्रचारित कर दिया कि ये त्रयी है। आपने हमारे, किसी के भी, स्टेटमेण्ट को नहीं देखा होगा।

नन्दकिशोर आचार्य : क्या बलराम ने 'सारिका' के मंच और धीरेन्द्र ने 'दिनमान' के मंच का इस्तेमाल किया जो आपके पास नहीं था?

राजकुमार गौतम : वो तो निश्चित रूप से हुआ होगा।

नन्दकिशोर आचार्य : हुआ होगा... नहीं। हुआ। वो आगे बढ़ने के पीछे कारण 'सारिका' और 'दिनमान' था।

राजकुमार गौतम : वो स्वाभाविक था।

गोविन्द मिश्र : खैर, ये हो जाता है। अच्छी बात है कि आपने आत्मस्वीकृति की कि मैं अपने को उस तरह लेखक नहीं मानता। अपने इन दोस्तों के लेखन को अब आप कैसे देखते हैं? आप आलोचक भी हैं तो एक आलोचक की हैसियत से...

राजकुमार गौतम : धीरेन्द्र की भाषा मुझे बहुत पसन्द है। वह कहानी में पाठक को जिस तरह से बाँधता है, उसके बहुत सारे लोग दीवाने हैं, इस बात में कोई शक नहीं है, वो है। लेकिन उसका विज़न कहानी में- मतलब जो एक पाठक की अपेक्षा है- वो उतना बड़ा मुझे नहीं लगता। उपन्यासों में तो और कम है।

बलराम के साथ दूसरी दिक्कत है। वह एक व्यक्ति के रूप में बहुत अच्छा है मगर लेखक के रूप में बिल्कुल, एक तरह से जिसे कहते हैं कि अडिग है, कि उसे समझना नहीं है। मैं उसको कहता था कि तुम एक किताब के पन्द्रह संस्करण क्यों कराते हो? तुम उसके प्रूफ पढ़ने में, उसके कामों में, उसके प्रकाशक पटाने में जितनी मेहनत करते हो, इतनी मेहनत एक नयी किताब लिखने में करो। दिल्ली की मार्केटिंग है, कैप्चर करना उसे आया। धीरेन्द्र ने

भी उतना नहीं किया। मुझे बलराम के लेखन से तो ये शिकायत है। अभी कुछ ही दिन पहले, पिछले हफ्ते उसने अपनी एक नयी किताब मुझे दी और कहा कि 'तुम्हें किताब देने का फायदा तो कोई है नहीं'। उसका मतलब यह था कि तुम कभी लिखते तो हो नहीं।

जितेन्द्र भाटिया : ये त्रयी वाली बात है... एक सवाल आपसे पूछना चाहता हूँ जो मुझसे भी पूछा गया था। अगर आपके पास पूरी सुविधा हो, आप क्या लिखना चाहेंगे और कौन-सी विधा में?

दूसरी चीज़, आपने कल सवाल किया था और उस सवाल का मुझे काफी हद तक- जो कुछ आपने कहा उससे- समझ में आया कि हमारी हिन्दी भाषा में एक तंत्र है, साहित्येतर तंत्र है साहित्य का जिसका काम है क्रियेटिविटी को नष्ट करना। इससे निकलने का क्या रास्ता हो सकता है? चूँकि आपने, बहुत चीज़ों को देखा। इसमें कोई शक नहीं कि आपके जो हालात रहे, उसमें कोई अपोलोजेटिक होने की ज़रूरत नहीं है कि उसकी वजह से आपके लेखन में बाधा आयी। हरेक आदमी के साथ यह होता है।

राजकुमार गौतम : मैं समझता हूँ कि जब मैंने नौकरी से वीआरएस लिया, तो मैं लगभग उस स्थिति में था। मेरे पास जगह भी थी, मेरे पास टाइम भी था, मुझे रोटी की चिन्ता नहीं थी, वो सब था। लेकिन हुआ क्या? मुझे यह लगा कि अगर अन्दर से अर्ज नहीं आ रही है। अन्दर से अर्ज क्यों नहीं आ रही?

आज की तारीख में मैं यह चाहूँगा कि मैं अपने पाँच सौ पेज न लिखूँ और मैं लेखकों से जो श्रेष्ठ हैं, उनसे पाँच हज़ार पेज लिखवाऊँ, उनके पास बैठूँ।

गोविन्द मिश्र : ठीक है... ये आपकी अपनी च्वाइस है।

बसन्त त्रिपाठी : 'सारिका' या 'धर्मयुग' का बहुत ज़िक्र हो रहा है। मुझे लगता है कि आपकी पीढ़ी- मतलब नवें दशक के पहले की पीढ़ी- अभी तक 'सारिका' और 'धर्मयुग' के मोह से बाहर नहीं आई है।

जितेन्द्र भाटिया : नहीं... नहीं... ऐसा नहीं है। आपने जो बात कही न, बड़ी दिलचस्प बात है और उस समय भी एक पूरी पीढ़ी थी, जो 'धर्मयुग' और 'सारिका' में नहीं छपती थी और बहुत बगावत के साथ नहीं छपती थी। इन दोनों पत्रिकाओं ने जहाँ एक सकारात्मक काम किया, वहाँ कई गलत काम भी इन्होंने किये। लेकिन जो समकालीन लेखक थे उस समय- मैं था या और भी लोग थे- तो हम सिर्फ़ यह कहें कि हम 'धर्मयुग' या 'सारिका'

की वजह से पहचाने गये, ऐसा नहीं रहा, क्योंकि बहुत सारी दूसरी पत्रिकाएँ थीं और वो उतनी ही और शायद ज़्यादा इम्पोंटेण्ट थीं।

बसन्त त्रिपाठी : जो इनकी बात है, उसमें दो-तीन बात मैं कहना चाहता हूँ। हम सब लेखक हैं, कोई लेखक लेखन छोड़कर यदि इस तरह के कामों में जाता है तो हम रोते बहुत हैं, कि 'अरे आपने समीक्षा क्यों लिखी, अपना कहानी वाला रास्ता क्यों छोड़ दिया। लेकिन अन्दरूनी तौर पर हम सब चाहते हैं कि हमारे ऊपर कोई समीक्षा लिख दे, हमारे ऊपर कोई किताब निकाल दे, हमको कोई पुरस्कार मिल जाये। अन्दरूनी तौर पर हम सब यह चाहते हैं।

इन्होंने अपना रास्ता बदला- वो सैल्यूट करने की बात है। मुझे लगता है कि बड़ी बात है जो इन्होंने पूरी ईमानदारी के साथ इसको स्वीकारा। आपने जितना कहा, मेरे लिए भी उतना ही सच है। उसके पीछे के दौर में तो मैं नहीं जाता हूँ।

एक बात आपने कही, जो मुझे थोड़ी-सी चुभती हुई-सी लगी कि शनिवार और रविवार आप लेखक समूह में शामिल होते गये, परिवार आपसे छूटता गया। ये मैं पूरे हिन्दी के लेखक समाज की भयंकर दिक्कत और भयंकर दोयम दर्जे की चीज़ मानता हूँ कि आप जब लेखन में घुसते हैं तो अकेले तो आप चले जाते हैं। क्यों नहीं आप अपने साथ अपने परिवार को भी ले जाते? आप चाहते हैं कि दूसरे का परिवार, पूरा एक सामुदायिक माहौल पाठक का बने, तो आप शुरूआत अपने ही परिवार से क्यों नहीं करते?

राजकुमार गौतम : एक ही व्यक्ति के समोसे का इन्तज़ाम होता है।

बसन्त त्रिपाठी : समोसा खाने यदि हम उसमें जाते हैं, मैं आपके मज़ाक को समझ रहा हूँ, लेकिन अगर दिल्ली में समोसा खाने के लिए कोई कार्यक्रम में जाता है, तो भैया, उससे ज़्यादा टैक्सी में, मेट्रो में खर्च कर देता है। वह एक अलग मामला है।

जो आपने 'स्टार राइटर्स' वाली बात कही, ये भी हिन्दी की एक बड़ी दिक्कत मैं देखता हूँ। यदि मैं इसको दूसरी भाषा में- खराब भाषा में- कहूँ, हिन्दी का जो लेखक है, वह स्टार राइटर को कन्सीव तो कर लेता है, उसकी डिलेवरी नहीं करता और जीवन-भर इस मुग़ालते में रहते हैं कि हम स्टार राइटर्स हैं।

जितेन्द्र भाटिया : बसन्त भाई की परिवार वाली जो बात है, वो ठीक है, लेकिन वो हमेशा सम्भव हो नहीं पाता। मेरा एक कहानी संग्रह है जिसमें

अपनी व्यावसायिक और औद्योगिक ज़िन्दगी की कहानियाँ मैंने लिखी हैं। इसका जो समर्पण है वो मैंने अपनी दोनों बेटियों को किया है और उसमें साथ में यह लिखा है- 'यह जो जीवन है, जिसकी कहानियाँ मैंने लिखीं, इस जीवन ने साहित्य से भी ज़्यादा वह समय मुझे नहीं दिया, जो मुझे अपने परिवार को देना चाहिए था।'

मैं अपनी बेटियों को देखता हूँ तो हमारे बहुत सारे जुड़ाव के बिन्दु हैं और मेरी एक बेटी का कम से कम लेखन की तरफ काफी झुकाव भी है। लेकिन मुझे यह स्वीकार करने में कोई संकोच नहीं है कि मैं उसे प्रेरित नहीं कर पाया।

विजय कुमार : मैं कल वाली बात को फिर से दोहराऊँगा कि साहित्य की मण्डियों में जो लोग हैं, वो कई बार बहुत ऊर्जा नहीं देते। वो आपकी ऊर्जा को सोख लेते हैं। उससे एक चीज़ पैदा होती है जो बहुत घातक है- साहित्य में स्पर्धा। जब चार लेखक रोज मिलते हैं तो चार लेखक एक दूसरे को प्रेरित ही नहीं कर रहे, उनमें एक ख़ास तरह की स्पर्धा पैदा हो रही है।

नन्दकिशोर आचार्य : और एक दूसरे को काट रहे हैं....

विजय कुमार : निगेटिव इम्पैक्ट बहुत ज़्यादा है। ईर्ष्या, द्वेष, किसी को पुरस्कार मिल गया मुझे नहीं मिला, उसने लाइम लाइट ले ली। ये चीज़! देखिए, अगर आपने अपना आवश्यक एकान्त नहीं चुना है और साहित्य का परिवेश लेखकीय परिवेश नहीं होता। साहित्य का परिवेश वो तमाम, सड़क पर चलता हुआ आदमी भी है, उससे मेरा रिश्ता बनता है। मैं क्यों मिलूँ एक लेखक से? मुक्तिबोध ने शायद ये कहीं लिखा है कि जितना हो सके साहित्य के करीब जाओ और साहित्यकारों से जितना हो सके दूरी रखो।

मैं अपने निजी जीवन की बात करूँ। मैंने कल ये बात कही भी थी। 1980 से लेकर '90 तक एक क्रेज था साहित्यकारों से मिलना, लिखना, उनसे बड़ा अभिभूत रहना और हमारे जीवन में एक बहुत बड़ा- कल प्राइवेटली हम लोग बैठे थे, मैंने बताया कि भारती जी के यहाँ हमने नौकरी शुरू की 'धर्मयुग' में। लेकिन एक ख़ास मोहभंग की स्थिति थी और उसके बाद में जिसको कहते हैं- ख़ास तरह से निर्वासन के अन्दर चले जाना।

अस्सी का दशक था, उन्हीं दिनों मेरा पहला कविता संग्रह आया और ज्ञानरंजन से मेरा परिचय हुआ। बसन्त जी, अस्सी का दशक बहुत मायनों में बहुत अर्थ रखता है। अस्सी का दशक वो था जब ऐसी पीढ़ी साहित्य में आ

रही थी, जो बहुत पढ़े-लिखे लोग थे। वे सिर्फ़ कवि-अवि नहीं थे, बहुत सारा बाहर का पढ़ रहे थे, लिख रहे थे और इस तरफ ज्ञानरंजन, 'पहल' और उस तरफ अशोक वाजपेयी 'भारत भवन', साहित्य में ये पैरलल चीज़ें चल रही थीं। कभी साहित्य का सांस्कृतिक इतिहास लिखा जाएगा, तो आप भूल नहीं सकते कि 'पहल' एक इंस्टीट्यूशन था और 'भारत भवन' एक इंस्टीट्यूशन था और इनके बीच में एक स्थिति नामवर सिंह की थी। नामवर सिंह एक बड़े कुशल ऑपरेटर थे। वे भारत भवन भी जा रहे थे और पहल में भी जा रहे थे।

'90 में ये सब चीज़ें बिखर गयीं। अशोक वाजपेयी वो नहीं रहते जो भारत भवन में थे। 'पूर्वग्रह' के शुरूआती अंकों में एक ख़ास तरह की वो थी कि हम 'पूर्वग्रह' में छपें। 'पहल', 1990 के बाद अचानक आप देखते हैं कि एक बड़ा ह्रास दिखाई देता है।

नन्दकिशोर आचार्य : 'हंस' का उदय इसका एक कारण है। 1987 में 'हंस' आता है।

विजय कुमार : लेकिन उन कवियों का क्या होगा? कहानीकार तो 'हंस' में अपना स्पेस ढूँढ़ लेंगे।

जितेन्द्र भाटिया : 'आलोचना' तो बीच में बन्द रही।

विजय कुमार : देखिए, आप कुछ भी कह लीजिए, नामवर सिंह तो बहुत कम काम 'आलोचना' का करते थे। जो 'आलोचना' का अच्छा काम हुआ वो परमानन्द जी के ज़माने में हुआ। मुझे 1990 के बाद यह लगता है कि कहीं एक उभार आया है और उसमें बहुत बिखराव भी है।

***

पाँचवी बैठक

(गोविन्द मिश्र)

गोविन्द मिश्र : देखिए, जब मैं अपना जीवन और लिखना देखता हूँ तो मुझे कभी कोई अपना ऐसा वक्त उसमें नज़र नहीं आता जब लिखना रुका हो- जब से शुरू हुआ। पहले चौदह साल की उम्र में भी मैंने कहानियाँ लिखी थीं, लेकिन ख्याल यह था कि पहले हमें अपनी आर्थिक स्थिति ठीक करना है। ये मैं आज सब नये लेखकों को समझाता हूँ- अगर लिखना है तो पहले अपने को आर्थिक रूप से व्यवस्थित कर लो।

जब मैं डिपार्टमेण्टल इम्तिहान पास कर चुका, पोस्टिंग पर धनबाद आ गया, तब सही माने में लिखना शुरू हुआ। जोश था- हर हफ्ते एक कहानी लिखता था। टाइपराइटर ले लिया था। छोटी पत्रिकाओं से छपने का सिलसिला शुरू हुआ। जैसी कि कल बात हुई थी- हम लोगों का समय वह था- श्रीपत राय जी की पत्रिका, 'लहर' और 'नयी कहानियाँ', 'कल्पना' जैसी। वहाँ से फिर 'धर्मयुग', 'हिन्दुस्तान', 'सारिका' वगैरह।

इलाहाबाद में भैरवप्रसाद गुप्त जी से मुलाकात हुई। पहला डोरा उन्होंने हम पर डाला- 'आओ, गोविन्द आओ। तुम बड़े काम के आदमी हो।' मतलब अपने में समेटना।

मेरे स्वभाव में दो चीज़ें थीं- एक तो पूरा डूब जाने की प्रवृत्ति। जब मैं चरखारी के पहाड़ और उसके इर्द-गिर्द देखता था तो मुझे परिवार-अरिवार, माता-पिता कुछ भी ध्यान नहीं रहता था- 'लाल पीली ज़मीन'। एक तरह से सिंक कर जाता था। दूसरी इंडिपेंडेंस की इच्छा। तो चाहे भैरवप्रसाद गुप्त हों या कोई- मुझे एक स्वाभाविक वितृष्णा ऐसे व्यक्ति से होने लगती थी, जो मुझे पकड़कर रखना चाहता था।

आरा में विजयमोहन सिंह, मधुकर सिंह और मैं मिला करते थे। विजयमोहन सिंह एक संकलन सम्पादित कर चुके थे- 'साठ के बाद की कहानियाँ'। उसमें मैं नहीं था। उसके बाद हमारा परिचय हुआ था, लेकिन वो यह मानकर चलते थे कि ये हमारे हैं। इस बीच अज्ञेय जी बाहर से आये। दिल्ली मेरे घर आये और उन्होंने 'नया प्रतीक' में मुझे लिखने को कहा। मैं तब नेताजी नगर में रहता था और कई कहानियाँ छप चुकी थीं। श्रीपत राय जी के वे भी करीबी थे, 'कहानी' पत्रिका में देखी होंगी।

विजयमोहन सिंह ने कहा- 'देखो, तुम अगर अज्ञेय जी के 'नया प्रतीक' में लिखोगे तो बदनाम हो जाओगे।' अब... इतना बड़ा लेखक! मैं क्या हूँ उसके सामने? वह घर आया मेरी कहानी माँगने। हमारे पास इधर-उधर के, चाहे भैरवप्रसाद गुप्त हों या कोई आते थे- इनकम टैक्स के हो तो विज्ञापन दिलवा दो। और इस शख़्स ने ऐसी कोई बात नहीं की, कहानी माँग रहा है। मैं अन्दर से प्रफुल्लित था। मैं तो दूँगा। इतने बड़े साहित्यकार से जुड़ने में क्या बदनामी! तो वह मेरा स्वभाव था।

आरा में एक गोष्ठी हम लोगों- विजयमोहन, मधुकर सिंह और मैंने की थी, उसमें कमलेश्वर आये थे। तब कमलेश्वर 'समान्तर' और इस सबका

सूत्रपात कुछ कर रहे थे। मैंने कमेलश्वर को यह कहते सुना- 'सारिका में जा रहा हूँ। मेरी एक जेब में उन लेखकों की सूची है जिन्हें खत्म कर देना है और एक में वो है जिनको स्थापित करना है।' मैं सोचता, ये सम्पादक होना क्या आपको ये ताकत देता है कि आप खत्म कर दोगे।

विजयमोहन एंड कम्पनी या दूसरे ही मुझे कैसे देखते है, मुझे परवाह नहीं रही। जैनेन्द्र, अज्ञेय जी जैसों में मैंने कभी ग्रुपबाजी जैसी चीज़ नहीं पायी, जो इनके बाद के कहानीकारों राजेन्द्र यादव आदि में थी। यहाँ तक कि अज्ञेय जी की पत्रिका में मैंने अज्ञेय जी के गद्य की आलोचना की और उन्होंने छापा।

तो इन लोगों के करीब मैं ज़्यादा हुआ और इनसे फौरन बाद की पीढ़ियों से कम जुड़ा। जिनसे जुड़ा उनके लेखन की वजह से- निर्मल वर्मा, शैलेश मटियानी। मटियानी जी अज्ञेय और जैनेन्द्र की धुनाई करते रहते थे। मैंने एक बार शैलेश जी से कहा कि- 'देखिए, अगर आपको इन लोगों से वितृष्णा है, तो आपके कारण होंगे! मेरे कोई कारण नहीं हैं, मुझे बड़ा स्नेह मिलता है और मुझे ऐसा लगता है कि अपने बड़े लेखकों के नज़दीक रहने से आपकी लेखन के प्रति आस्था बढ़ती है, और ये निश्चित रूप से हुआ।

निर्मल वर्मा अक्सर शराब के नशे में अंग्रेज़ी में हमको गालियाँ सुनाते थे- 'यू कॉल भीष्म साहनी, ए राइटर? वो वहाँ रूस में रहकर स्लॉटर देखता रहा, वो लेखक है?' मैं दबे-दबे बोलता था कि- 'निर्मल जी, मुझमें आकर्षण अगर आपकी भाषा का है तो एक आकर्षण मेरे लिए जिस सहजता से भीष्म साहनी का लेखन आता है वो है। मैं तो दोनों को पसन्द करता हूँ।' हो सकता है कि इसकी वजह से इन लोगों से भी थोड़ी दूरी रही हो, लेकिन मैं अपने को उनका करीबी महसूस करता था।

अभी बाद की पीढ़ी तक भी, महेश कटारे और प्रियम्वद दोनों को मैंने अज्ञेय जी को इण्ट्रोड्यूज किया था कि- 'आप शिविर में इन्हें लाइये।' बोले- 'मैं तो जानता नहीं हूँ इन्हें, आप कहते हैं तो!' दोनों वहाँ आये, बाद में ये अपने रास्ते चले। महेश कटारे प्रगतिशील हो गये और इस हद तक प्रगतिशील... ग्वालियर में संगमन की गोष्ठी हुई थी। महेश कटारे स्थानीय आयोजक थे। प्रियंवद इत्तिफ़ाकन सवेरे देखने पहुँचे कि किस हॉल में आयोजित है। महेश कटारे ने वहाँ सारे कम्युनिस्ट राइटर्स के बड़े-बड़े फ़ोटो लगा रखे थे... गिरिराज किशोर, गोविन्द मिश्र, ये सब गायब। प्रियंवद ने ठीक कराया। लेकिन महेश

कटारे भी अपने ढंग से 'दादा, दादा' कहकर चरण छूता है। ठीक है, उसका अपना रास्ता।

विजय कुमार : जो आपके समकालीन लेखक थे- दूधनाथ सिंह, ज्ञानरंजन, काशीनाथ सिंह और गिरिराज किशोर और किसी हद तक महेन्द्र भल्ला- इनसे आपके सम्बन्ध कैसे रहे?

गोविन्द मिश्र : आरा की गोष्ठी में काशीनाथ सिंह थे, गंगाप्रसाद विमल थे, रवीन्द्र कालिया थे। 'नयी धारा' का गोष्ठी अंक मुझे सम्पादित करना था। जब कालिया को यह पता चला तो उसने अपना जो लेख गोष्ठी में पढ़ा था, उसमें जहाँ एक जगह कहानीकारों के नाम लिखे थे, उसमें किसी एक नाम को काटकर गोविन्द मिश्र का नाम डाल दिया। मुझे लगा, जो बात वह वहाँ कह रहा था, उसमें गोविन्द मिश्र फिट भी होता है क्या... या सिर्फ़ यों ही नाम डाल दिया! नेम ड्रापिंग।

ज्ञानरंजन से मिलना बहुत बाद में हुआ, लेकिन मैं उनकी प्रतिभा का कायल था और मेरा आज भी मानना है कि इन लोगों के पूरे ग्रुप में सबसे अच्छी कहानियाँ ज्ञानरंजन ने लिखीं। चूँकि मैं कम्युनिस्ट नहीं था, तो वह दूरी बनाकर रखते रहे। लेकिन एकाएक एक दिन आये, जब मैं मेम्बर था दिल्ली में, बहुत सालों बाद, तब तक उनका लिखना-इखना एकदम बन्द हो गया था, 'पहल' चलाते थे। उसके लिए मुझसे मदद माँगने आये थे। मैंने कुछ नहीं किया। उनसे इतना ही मेरा सम्बन्ध रहा। मेरा मानना है कि अगर उन्होंने अपने को एक आइडियालॉजी में बन्द नहीं किया होता, तो शायद उनका लिखना चलता रहता।

मेरी रचनाओं का जन्म पीड़ा से होता है। मैंने कहीं दुख देखा, दर्द देखा या अपना ही दुख। एक किस्म का नशा लगातार चलता आया है और कुछ ऐसा रहा कि क्या लिखना है, वह भी आता रहा, मेरी अपनी आत्मपरक चीज़ों से भी... अपने को समझने की कोशिश से उपन्यास शुरू हो गया या या दूसरे की पीड़ी देखी, उससे। उपन्यास मेरे लिए जीवन को समझने की कोशिश है और उसी के रास्ते अपने समय को खोजता हूँ, पकड़ने की कोशिश करता हूँ। जैसे अभी ये कश्मीरी लड़की शिया और उसके प्रेमी सुन्नी का मसला। एक बाप जो इतना खुला हुआ है, अपनी लड़की को इतना चाहता है, लेकिन वह उसकी शादी उसके प्रेमी से नहीं करायेगा, इसलिए कि मिडिल ईस्ट में

इस्लामिक स्टेट ने इबादत करते हुए शियाओं पर बम गिराये। उससे उसका स्वभाव ही बदल गया।

मैं लेख बहुत यों नहीं लिखता, क्योंकि निष्कर्षों तक कम पहुँच पाता हूँ। जब जीवन की स्थितियाँ एक उपन्यास के मार्फत आयेंगी, तब उस रास्ते कहीं, और वो भी उस रचना में शायद पहुँच पाऊँ।

एक और बात- गौतम जी की बात के सन्दर्भ में कहता हूँ कि कोई बाहर की चीज़ मेरे लिखने पर असर नहीं डालती।

नन्दकिशोर आचार्य : बाहर की चीज़ से मतलब...

गोविन्द मिश्र : बाहर के जो प्रभाव हैं... दफ़्तर वगैरह के। दफ़्तर में जिन्होंने भी नौकरी की है- चाहे वो छोटी हो या बड़ी हो- उसमें बहुत तनाव होते हैं। उन्हें जितना जल्दी हो सके दरकिनार कर हमेशा साहित्य में लगा रहा। शुरू से ही यह लगता था कि मैं अपने बॉस वगैरह से बड़ा हूँ, ज़्यादा दूर तक देखता हूँ, ज़्यादा चीज़ें सोचता हूँ।

एक और चीज़ मैं अपने स्वभाव की बताऊँ- अकेला रहने की आदत। उस तरह का कम्प्टीशन, जो आप लोग कह रहे थे। मैंने अपने को किसी से कम्प्टीट किया नहीं। मैंने हमेशा सोचा है कि मेरा कम्प्टीशन मुझसे ही है। अब जैसे पिछले दिनों कहानियों का लगातार सिलसिला चलता रहा, साल में तीन हो जाती थीं। अब वो बन्द हैं। मैं इसको लेकर परेशान नहीं होता, सोचता हूँ- वह उपन्यास लिखने की वजह से है।

नियमित रूप से किसी पत्रिका या अख़बार में लिखने की तरफ़ मैं कभी प्रेरित नहीं हुआ। मुझे वही लिखना है जो मेरे अन्दर से उठता है। बाहर से कोई विषय आरोपित करूँ या जैसे अशोक वाजपेयी फिलहाल लिख रहे हैं या रमेशचन्द्र शाह 'अक्षरा' में 'शब्द निरन्तर' लिख रहे हैं। मुझे ऐसे ऑफर आये, लेकिन मैंने नहीं लिये।

जितेन्द्र भाटिया : एक सवाल मैं पूछता हूँ। आपने ज्ञानरंजन के बारे में कहा था। आप क्या समझते हैं, जो किसी लेखक की राजनीतिक विचारधारा है- क्या वो उसके लेखन में बाधा बनती है?

गोविन्द मिश्र : बिल्कुल बनती है। क्योंकि जब आपको सारे सॉल्यूशन मिल गये, आप हर चीज़ उसी दिशा में डालेंगे। आप यथार्थ को या जीवन को उसी तरह इण्टरप्रिट करेंगे, ओपन माइण्डेड नहीं रहेंगे।

नन्दकिशोर आचार्य : फिर आपके सोल्जेनित्सिन प्रिय लेखक कैसे हैं?

गोविन्द मिश्र : सोल्जेनित्सिन मेरे प्रिय लेखक नहीं हैं। मेरे प्रिय लेखक दास्तोवॅस्की हैं और हिन्दी में जैनेन्द्र कुमार और निर्मल वर्मा हैं।

विजय कुमार : दोस्तोवॅस्की में तो क्रिश्चियनिटी बहुत है...

नन्दकिशोर आचार्य : सोल्जेनित्सिन की अक्सर आप बात करते हैं। उसको आप कहाँ पर रखते हैं?

गोविन्द मिश्र : सोल्जेनित्सिन जो हैं, वो जैसे गुलाग आर्कीपिलागो, जिस पर नोबल प्राइज मिला- कल जो बात हो रही थी- वह बहुत अच्छी किताब नहीं है।

उसमें जो प्रिजनर्स हैं, आप उनके इण्टर्व्यूज़ लिख रहे हैं कम्युनिस्ट तानाशाही के ख़िलाफ़ सुबूत बटोरने और दिखाने के खातिर। वे भी एक ख़ास तरह के पूर्वग्रह से प्रेरित थे। लेकिन 'कैंसर वार्ड' उनका उपन्यास... वह बेहतर साहित्यिक कृति है।

प्रियंवद : कैंसर वार्ड भी सिम्बॉलिक है, राजनीतिक विचारधारा पर है।

गोविन्द मिश्र : राजनीति से क्रियेटिव स्तर पर परहेज नहीं हो सकता। लेकिन वैचारिक स्तर पर अगर हमने पर्दा डाल लिया तो वो घोड़े की तरह हो जाता है, जिसको आँखों पर यों लगा दिया गया, फिर ताँगे में जोत दिया।

बसन्त त्रिपाठी : मुझे लगता है कि जो राजनीति हमको सूट करती है, वो यदि लेखक में है तो हम लोग उसे जायज़ ठहरा लेते हैं। आप जैनेन्द्र कुमार का नाम बार-बार ले रहे हैं। क्या जैनेन्द्र कुमार ने गाँधी के प्रभाव में या उस दौर में जो था, उसके प्रभाव में कहानियाँ नहीं लिखीं। पूरी क्रान्तिकारी विचारधारा को जैनेन्द्र कुमार ने खारिज करते हुए लिखा। 'पत्नी' कहानी देख लीजिए।

गोविन्द मिश्र : ये प्रभाव हैं। प्रेमचन्द कभी स्वतंत्रता आन्दोलन में जेल नहीं गये। प्रेमचन्द के सबसे करीबी जैनेन्द्र ही थे। जैनेन्द्र जी से जब पूछा गया कि क्या प्रेमचन्द पर मार्क्स का प्रभाव था? उन्होंने कहा कि- नहीं, गाँधी का प्रभाव था। गाँधी का प्रभाव प्रेमचन्द पर इस हद तक था कि उपन्यासों में ज़्यादातर वे आश्रम का हल सुझाते हैं। जैनेन्द्र में यह बहुत कम है। जैनेन्द्र कितनी बार जेल गये स्वतंत्रता संग्राम में; आचरण में गाँधीवादी रहे, लेकिन जो चीज़ उनकी रचनाओं में छनकर आती है- वह कुछ और है। अब जैसे 'त्यागपत्र' है; एकाध कैरेक्टर से बात नहीं बनती, पूरी कृति क्या कहती है- 'सुनीता'- ये उनकी मेजर कृतियाँ हैं।

'त्यागपत्र' में वह सबसे ज़्यादा उस कोयले वाले को पसन्द करती है, जहाँ उस महिला को शरण मिलती है, कि एक व्यक्ति चाहे जो काम करता हो, उसमें अगर मानवता है तो वही महत्त्वपूर्ण है। 'सुनीता' में मानवता है। वो दृश्य.. सुनीता का अपने वस्त्र उतारने का कहना...यह उस वक्त के लिए बड़ी चीज़ थी, मैं उसमें मानव स्वभाव का आधुनिक विश्लेषण देखता हूँ।

ऐसे ही 'अन्ना कैरेनिना' में, कि माँ होते हुए भी वह प्रेमी के साथ भाग जाती है। क्रिश्चियनटी के उस युग में टॉलस्टाय के लिए ज़रूर वह चैलेन्ज रहा होगा। 'सुनीता' को लिखते वक्त जैनेन्द्र के लिए भी चैलेन्ज रहा होगा- स्त्री का इस तरह निर्वस्त्र हो जाने का कहना। इसमें गाँधीवाद कहाँ आता है? सबसे ज़्यादा उनका 'दशार्क' उपन्यास- एक लेडी जिसके कई पुरुषों से सम्बन्ध हैं। बाद में सत्येन कुमार ने एक उपन्यास लिखा- 'नदी को याद नहीं', उसमें भी ऐसा ही एक कैरेक्टर उठाया गया। दोस्तोवॅस्की का 'क्राइम एंड पनिशमेंट'- उसमें वो वैश्या है जिसके प्रेमवश होकर नायक सरैन्डर करता है। तो आपकी दृष्टि कहाँ है? मनुष्य पर, मनुष्य की मनुष्यता पर, उसकी कमजोरियों पर और प्रेम पर। जैनेन्द्र बड़े उपन्यासकार मुझे इसलिए लगते हैं कि वो इस मनुष्य को पकड़ते हैं और उसके भीतर की प्रेम की धारा को पकड़ते हैं।

नन्दकिशोर आचार्य : आपका पूरा जोर साहित्य की बात करने पर मनुष्य और मानवता पर है। 'मानवता' शब्द बार-बार आता है। मनुष्य हज़ारों सालों से है और नैतिकता भी।

मनुष्य और मानवता पर हज़ारों सालों से धर्म में, दर्शन में, साहित्य में खूब व्याख्याएँ और चर्चाएँ हो चुकी हैं और वो होती रही हैं। एक शाश्वत विषय है। राजनीतिक विचारधारा मनुष्य और मानवता को समय के अनुकूल विश्लेषित करती हैं, परिभाषित करती हैं। अगर आप दो सौ साल पहले वाली मानवता को विश्लेषित करेंगे या टॉलस्टाय और 'अन्ना कैरेनिना' के समय जो मानवता की परिभाषा होगी- जो मनुष्य की परिभाषा होगी, उसे किसी राजनीतिक विचारधारा ने अगर हस्तक्षेप करके उसको बदला तो...? राजनीतिक विचारधारा से अगर हम परहेज कर रहे हैं साहित्य में, रचनात्मकता में, तो मनुष्य या मानवता की परिभाषाओं में कोई परिवर्तन कभी सम्भव ही कैसे होगा? अगर राजनीतिक विचारधारा से कोई प्रेरित है तो? परिभाषित तो वह करती है आज के सन्दर्भ में कि मनुष्य क्या है?

गोविन्द मिश्र : मेरा ख्याल है कि समय-समय पर 'न्यू मोरैलिटी' आती है।

प्रियंवद : न्यू मोरैलिटी कौन तय करता है? राजनीतिक विचारधारा तय करती है।

गोविन्द मिश्र : मार्क्स क्या नैतिकता तय कर पाये? सबसे बड़ी राजनीतिक विचारधारा हम लोगों के युग में मार्क्स की थी। वो क्या नैतिकता तय कर पायी?

प्रियंवद : नयी मानवता... हम लोग 'नैतिकता' शब्द को हटा देते हैं- मानवता, मनुष्य और मानवता।

गोविन्द मिश्र : उसको इण्टरप्रिटेट कैसे करोगे? जैसे 'सुनीता' का जो व्यवहार है वो उचित है या नहीं, या 'त्यागपत्र' की मृणाल का या 'दशार्क' की उस नायिका का सबके साथ सम्बन्ध बनाना उचित है या नहीं, या मेरे उपन्यास 'तुम्हारी रोशनी में' सुवर्णा का सबसे सम्बन्ध बनाना उचित है कि नहीं? अगर हम उस वक्त के मनुष्य पर दृष्टि केन्द्रित करें, तो अपने आप उस रचनाकार की दृष्टि भी उस कृति के सन्दर्भ में झलक जाती है, जो अन्तिम नहीं है। राजनैतिक विचारधारा में उसे अन्तिम मानने का आग्रह होता है।

प्रियंवद : नहीं भाईसाहब... आज प्रेमचन्द पर जो आरोप हैं, जैसे उन्होंने 'ठाकुर का कुँआ' लिखा। दलित विमर्श में अम्बेडकर ने या पूरे दलित आन्दोलन ने एक राजनीतिक विचारधारा प्रस्तुत की। आज प्रेमचन्द को खारिज किया जाता है 'कफ़न' के लिए। बहुत लोग आरोप लगाते हैं- घीसू और माधव का इस तरह का चरित्र खड़ा करके एक महाजनी संस्कृति ने... या 'ठाकुर का कुँआ' दलितों के ख़िलाफ़ है।

विजय कुमार : 'ठाकुर का कुँआ' में क्या ऑब्जेक्शन बनता है?

प्रियम्वद : आपने उसे इस तरह मरते हुए दिखा दिया...

गोविन्द मिश्र : मैं एक रचनाकार की प्रक्रिया से उसे देखता हूँ कि अगर प्रेमचन्द ने यह लिखा तो उनका नज़रिया क्या रहा होगा? 'कफ़न' में उनका नजरिया मनुष्य की- चाहे वह इस वक्त का हो, उस वक्त का हो, दलित हो, नीचे का हो, ऊपर का हो, उसकी विवशता दिखाना है। 'कफ़न' कहानी में वह सिर्फ़ उस विवशता को दिखा रहे हैं। अन्दर बीबी की लाश पड़ी है और वो दारू पीते हैं- उस विवशता को पाटने के लिए... जिससे और करुणा उत्पन्न होती है।

विजय कुमार : 'ठाकुर का कुँआ' में शायद उसका 'गंगी' नाम है। आवाज़ आयी, ठाकुर निकला और वह भाग गयी। कोई अम्बेडकरवादी कहता है यह तो पराजय है। क्या कला हमेशा झण्डे वाले तरीके से ही किसी संघर्ष को

दिखायेगी? 'कफ़न' में घीसू और माधव का जो डिकेडैन्स है, वो एक आदमी में क्यों पैदा होता है? वो समाज व्यवस्था से पैदा होता है, मूल्यहीनता के चरम तक पहुँचता है। क्या हम कला में हमेशा किसी निष्कर्ष को ढूँढ़ेंगे या कला जिन सवालों को उठा रही है, उन सवालों से हम एक बड़े परिप्रेक्ष्य की ओर जाएँगे? कला में हम सिम्पलीफिकेशन क्यों चाहते हैं?

प्रियंवद : ये सिम्पलीफिकेशन मार्क्सवादी विचारधारा में भी आता है। भैरवप्रसाद गुप्त की कहानी 'निर्धन'- गेहूँ नहीं खाऊँगी- वो क्या थी? वो कौन-सी कहानी है?

नन्दकिशोर आचार्य : मैं गोविन्द मिश्र की इस बात से सहमत हो रहा हूँ कि विचारधाराएँ- बल्कि मैं 'विचारधाराएँ' शब्द का प्रयोग नहीं कर रहा हूँ- दार्शनिक प्रणालियाँ कह रहा हूँ। दर्शन पद्धतियाँ। क्योंकि विचारधारा और भी संकुचित हो जाती है।

एक चीज़ होती है मूल्य और मूल्य केवल कॉन्सेप्ट नहीं है, वो एक संवेदना भी है। एक चीज़ होती है जिसको हम दार्शनिक पद्धति कहते हैं या दार्शनिक प्रणाली कहते हैं या कहिये कि ये फलाँने का दर्शन है। ज़रूरी नहीं है कि हर दर्शन राजनैतिक तरीके से अपने को व्यक्त कर रहा हो? और एक अपनी विचारधारा भी होती है। किसी दर्शन को आधार बनाकर एक पूरे समाज की व्याख्या करना और आगे का समाज कैसा होगा, इसके बारे में सोचना और कैसे वो हो सकता है, इसके बारे में सोचना। आइडियालॉजी के अर्थ यही हैं। कहीं भी आप जाएँगे, आइडियालॉजी शब्द का पारिभाषिक अर्थ यही है।

अब सवाल उठता है कि कोई भी विचारधारा या कोई भी दार्शनिक प्रणाली क्या मनुष्य को समग्रता में परिभाषित कर पायी है? अगर कर पायी होती तो उसके बाद किसी विचारधारा की ज़रूरत नहीं होती। हर विचारधारा में उसकी ताकत भी होती है, उसकी सीमाएँ भी होती हैं।

मैं यह मानता हूँ कि एक लेखक, और मैं वैचारिक लेखन भी इसमें जोड़ता हूँ। अगर वह एक जेनुइन लेखक है- जेनुइन के स्तर भी हो सकते हैं, सिंसीयर्टी के, लेकिन वह अगर पूर्णतः जेनुइन लेखक है- तो वह इन सीमाओं को भी पहचानेगा अपनी अनुभव-यात्रा में, अपनी विश्लेषण प्रक्रिया में, और इनको पहचानते हुए इनका अतिक्रमण करेगा।

अभी 'कफ़न' की बात हुई। मैं 'कफ़न' को कमजोर कहानी मानता हूँ। इस अर्थ में नहीं कि उन्होंने जो चरित्र वगैरह बनाये वो गलत हैं या प्रभावित

नहीं करते। क्योंकि उसके पहले पैराग्राफ़ की दूसरी पंक्ति में वह बता देते हैं कि जब ऐसा होता है तो मनुष्य ऐसा हो जाता है। अगर आपको याद हो? एक पैराग्राफ़ है, उसमें वह बता देते हैं कि वणिक सभ्यता जब हो तो आदमी आलसी हो जाता है, कामचोर हो जाता है। यह कहने की ज़रूरत नहीं है लेखक को। उसके बाद आप केवल एक केस स्टडी कर रहे हैं, कि जो आपने कहा है, उसको आप प्रमाणित कर रहे हैं।

मैं यह कह रहा हूँ कि जो मूल संवेदन है वो अधिक महत्त्वपूर्ण है, क्योंकि वो मनुष्य को समग्रता में लेता है और जब आप उसको पहले से एक ख़ास तरीके से डिफाइन कहकर, कि एक विचारधारा ने इसको इस तरह से डिफाइन कर दिया है, इसलिए आज मनुष्य ये है, ऐसा नहीं है। मगर वो उस विचारधारा की सीमा है- मनुष्य की नहीं।

बसन्त त्रिपाठी : मनुष्य एक बदलती हुई चीज़ है या इकाई जो भी कहें। क्या किसी बदलती हुई और निरन्तर बदलती हुई चीज़ की एक परिभाषा हम तय कर सकते हैं?

विजय कुमार : यही बात विचार के लिए भी है। मार्क्स ने वो सब कुछ हेगल से लिया। हेगल यह कहते हैं कि एक विचार के भीतर ही थीसिस, एण्टीथीसिस और सिन्थेसिस है- इस तरह से वह लगातार बदला जाता है। लेनिन जो थे, स्टॉलिन जो थे, उसके बाद लूकाज हुए हैं, उसके बाद एडर्नो भी हैं। एक लम्बी विचारधारा है। मार्क्स को क्यों? जो शिकायत हमें रामविलास शर्मा जी से है।

नन्दकिशोर आचार्य : जिस समय आप हेगल और मार्क्स की बात कर रहे हैं, ठीक उस समय एक विचारक और हैं किर्केगाद। ठीक हेगल के समकालीन है किर्केगाद। वह यह मानते हैं कि कोई विचारधारा मनुष्य को परिभाषित नहीं कर पायी और जितना ज्ञान है और सत्य है, वो सब्जेक्टिव है। क्योंकि ज्यों ही आप मनुष्य को परिभाषित करते हैं, और एक ख़ास प्रणाली के अन्तर्गत उसके सारे कार्यों को देखना चाहते हैं, तब आप एक व्यक्ति/मनुष्य को निरपेक्ष बना देते हैं। निरपेक्ष सिद्धान्त के आधार पर आप उसकी सारी प्रक्रियाओं को देखना चाहते हैं। उसमें उसका अपना कोई महत्त्व नहीं रहता।

अब अगर एक लेखक मनुष्य को समझना चाहता है या अपने को मनुष्य की तरह समझना चाहता है, तो उसको स्ट्रिक्ट कम्पार्टलाइज कर

देना कि इसी तरह से ये है- ये कहीं न कहीं आपकी रचना प्रक्रिया को बाधित करता है।

गोविन्द मिश्र : मैंने अपनी रचनाओं में महसूस किया है कि आप जिस वक्त नयी रचना लेते हैं, तो पहले की रचना में मनुष्य को पकड़ने की जो कोशिश थी वो एकदम दूर चली जाती है, आप इसमें नये ढंग से एप्रोच करते हैं। अगर मेरे पास भी इस तरह की कोई विचारधारा हो, तो हम उसी ढंग से उसे पकड़ने की कोशिश करेंगे।

नन्दकिशोर आचार्य : आपने चलते-चलते यह कहा और जब भी वैचारिक लेखन की बात हुई तो आपने कहा कि उसमें निष्कर्ष पहले से तय हैं, कि क्या कहना है। ये तो बड़ा सीधा, सिम्पल-सा वैचारिक लेखन है। वैचारिक लेखन में भी आदमी अपनी उलझनों से टकराता है, अपने सवालों से टकराता है। कई बार निष्कर्ष तक नहीं पहुँचता, लगातार संघर्ष करता है। यह जो वैचारिक लेखन है, ऐसा बहुत सारा है।

गोविन्द मिश्र : देखिए, विचार से तो परहेज नहीं है, न कोई करना चाहता है। अपनी हर रचना में मनुष्य के मार्फत, लेखक अपने 'स्व' और अपने समय से टकराता हुआ, आखिर में एक विचार तक पहुँचता है। अगर हमारा वो विचार उस रचना के मार्फत और उस सन्दर्भ से उपजता है तो वो ज़्यादा विश्वसनीय हो जाता है।

नन्दकिशोर आचार्य : नहीं... नहीं... मुझे आपके उससे एतराज नहीं है। एक रचनाकार के रूप में आप वो सब कर पा रहे हो। आप जब यह कहते हो कि वैचारिक लेखन में सृजनात्मकता नहीं आती... उससे मैं सहमत नहीं हूँ।

❑❑